HTML5 Schnelleinstieg
für Dummies

Andy Harris

HTML5 Schnelleinstieg für Dummies

Übersetzung aus dem Amerikanischen von Gerhard Franken

WILEY-VCH

WILEY-VCH Verlag GmbH & Co. KGaA

Bibliografische Information
der Deutschen Nationalbibliothek
Die Deutsche Nationalbibliothek verzeichnet diese Publikation in der Deutschen Nationalbibliografie; detaillierte bibliografische Daten sind im Internet über http://dnb.d-nb.de abrufbar.

1. Auflage 2012

Printed in Germany

Gedruckt auf säurefreiem Papier

Korrektur: Frauke Wilkens, München
Satz: Mitterweger und Partner, Plankstadt
Druck und Bindung: CPI – Ebner & Spiegel, Ulm

ISBN: 978-3-527-70900-7

Über den Autor

Andy Harris besaß einmal einen Tandy TRS-80 Model I. Das Gerät befindet sich heute noch in seiner Garage. Er kann sich noch gut daran erinnern, wie er BASIC-Code in diesen Heimcomputer eingetippt hat und wissen wollte, wie dieses Gerät eigentlich arbeitet. Schließlich hatte er sich genug Programmierkenntnisse beigebracht, um als Berater arbeiten zu können, während er eine Karriere als Fachlehrer anstrebte. Heute ist er an der IUPUI (Indiana University – Purdue University Indianapolis) als Dozent in Computerwissenschaften tätig. Dort unterrichtet er Webprogrammierung und Spieleentwicklung und gibt computerwissenschaftliche Einführungskurse.

Über den Übersetzer

Gerhard Franken, der Übersetzer und Bearbeiter der deutschen Auflage dieses Buches, ist seit seiner Zeit als Systemadministrator und Fachlektor in einem Verlag seit Jahren als Übersetzer, Autor und Bearbeiter von Computerbüchern und anderen Publikationen tätig und hat mittlerweile an einer Vielzahl von Computerbüchern mitgewirkt, in der Reihe der ... *für Dummies*-Bücher zählen dazu beispielsweise *Linux für Dummies*, *Netzwerke für Dummies*, *Android Apps Entwicklung für Dummies*, *Applikationen mit PHP und MySQL für Dummies*, *Homerecording für Dummies* und *Podcasting für Dummies*.

Inhaltsverzeichnis

Kapitel 8 Arbeiten mit canvas 227

Einführung

Willkommen bei der *HTML5 Schnelleinstieg für Dummies*. Bewahren Sie das Buch in Reichweite auf, um schnelle Antworten auf Ihre Fragen zu erhalten.

Über dieses Buch

HTML ist die vorherrschend zur Erstellung von Webseiten verwendete Programmiersprache. HTML5 ist die jüngste Version des HTML-Standards, die vom W3C (World Wide Web Consortium) definiert und verwaltet wird. HTML5 ist – wohl seit der Entwicklung von XHTML – die bedeutendste und erheblichste Weiterentwicklung von HTML. Es bietet endlich umfassende Unterstützung von Medien, Datenbanken, Skript-APIs und Diensten für Mobilgeräte (beispielsweise Geolokation).

Dieses Buch behandelt die Grundlagen der Entwicklung von Websites mit HTML5. Dabei grenzt es die einzelnen Bereiche klar voneinander ab und liefert Ihnen Codebeispiele, schrittweise Anleitungen, Tipps und Hinweise. Dieses Buch versorgt erfahrene und neue Webprogrammierer und -entwickler mit einer Kurzreferenz, mit deren Hilfe sie sich schnell mit HTML5 vertraut machen können.

In diesem Buch verwendete Symbole

Da es sich hier um ein ... *für Dummies*-Buch handelt, rechnen Sie sicherlich mit einigen der für diese Reihe typischen Symbole, oder? Folgende werden Ihnen begegnen:

Hier finden Sie kleinere und größere Einsichten und Erkenntnisse, die ich auf meinen Wegen gewinnen konnte.

Hier finden Sie eine Menge Details. Mit diesem Symbol weise ich auf wichtige Dinge hin, die Sie ansonsten leicht vergessen könnten.

Vorsicht! An den Stellen, die ich mit diesem Symbol markiert habe, sind die Dinge für mich oder meine Studenten gelegentlich schon einmal fürchterlich in die Hose gegangen. Mit diesem Symbol weise ich auf potenzielle Probleme hin.

Ab und zu kann ich nicht anders und kehre den Freak raus. Hier und da meine ich, ein paar Dinge ein wenig eingehender erklären zu müssen. Lesen Sie dies, wenn Sie die Experten bei der nächsten Cocktailparty beeindrucken wollen, oder überspringen Sie diese Details einfach, wenn Sie sie wirklich nicht benötigen.

Eine Anmerkung zum Begriff HTML5

Als dieses Buch kurz vor seiner Fertigstellung stand, verkündete das W3C (World Wide Web Consortium), dass die geänderte neue HTML-Version nicht HTML5, sondern einfach HTML heißen sollte. Begründet wurde das damit, dass es sich bei einem gemeinschaftlich erarbeiteten Projekt wie einem HTML-Standard eher um eine Evolution als einen echten Meilenstein handelt. Sofern HTML5 halbwegs universell Verbreitung gefunden hat, wird es ohnehin nicht mehr nötig sein, von HTML5 zu sprechen. Einfach »HTML« reicht dann völlig aus.

Im Rahmen dieses Buches sind die Unterschiede zwischen dem aktuellen Status und dem sich entwickelnden Standard aber wichtig, da diese hier eine zentrale Rolle spielen. Daher werde ich mich auf die entstehenden Standards mit *HTML5* beziehen, um sie von den älteren Ansätzen der Webentwicklung zu unterscheiden und den Begriff HTML5 im Buchtitel beibehalten zu können.

Begleitressourcen im Web

Den Quellcode der ins Deutsche übertragenen Beispiele finden Sie unter `www.downloads.fuer-dummies.de`.

Umstieg auf HTML5

1

In diesem Kapitel ...

- Die Geschichte von HTML
- Was ist HTML5?
- Unterstützte Browserfunktionen testen
- Auswahl eines passenden Browsers
- Die unterstützten Funktionen im IE mit Chrome Frame erweitern

HTML5 ist die neueste Version der HTML-Sprachfamilie. HTML (HyperText Markup Language) ist einer der Hauptgründe für die Leistungsfähigkeit und Nützlichkeit des Webs. Dabei handelt es sich um ein recht einfaches System von Codes in Textdateien, die für die Struktur aller Webseiten im Internet sorgen.

In diesem Kapitel werden wir uns kurz ansehen, wie sich HTML5 in die Geschichte des Webs eingliedert und ein paar Werkzeuge zusammenstellen, die Sie benötigen, um loslegen zu können.

Laden Sie sich den Beispielcode unter der Adresse `www.downloads.fuer-dummies.de` herunter, um ihn lokal ausführen zu können.

Die Geschichte von HTML in aller Kürze

HTML ist ein wesentlicher Bestandteil des Internets und kann bereits auf eine kurze, aber höchst abwechslungsreiche Geschichte zurückblicken. Um verstehen zu können, worum es bei HTML5 geht, ist es nützlich, einen Blick auf seine Herkunft zu werfen. Der Wandel des Internets (und insbesondere des Webs) hat sich mit ungeheurer Geschwindigkeit vollzogen. Und HTML versucht dabei mitzuhalten.

Im ersten Entwurf umfasste HTML eine Handvoll Tags und legte wirklich kaum mehr als das Aussehen der Seite fest. Mit der fortschreitenden Entwicklung des Webs kamen viele Funktionen hinzu. Im modernen Internet geht es zwar weiterhin um Dokumente, aber auch um Anwendungen. Heutige Websites sind dynamische, interaktive *Apps*.

Und auch die Art der Geräte, mit der wir das Internet nutzen, hat sich verändert. Früher konnten wir das Web nur mit Desktoprechnern nutzen. Heute spielen Mobiltelefone und andere Mobilgeräte eine wichtige Rolle bei der Webnutzung. Sie erfordern andere Denkansätze als die alten, an den Schreibtisch gebundenen riesigen Geräte, die noch vor ein paar Jahren vorwiegend für diese Zwecke genutzt wurden.

Damit wird es Zeit für einen frischen Satz von Standards, die der heutigen Art der Internetnutzung gerecht werden und diese unterstützen. HTML5 stellt diesen Satz von Standards zur Verfügung.

Ein wenig Frühgeschichtliches

Im fernen Nebel der Vergangenheit (1989) entwickelte Tim Berners-Lee ein neues System, mit dem elektronische Dokumente miteinander verknüpft werden konnten. Er entwarf eine einfache Sprache, mit der Autoren verschiedene Dokumente mithilfe einer beschränkten Menge von Formatierungsoptionen miteinander verknüpfen (verlinken) konnten. Diese Sprache wurde HTML genannt.

Zu der Zeit gab es das Internet zwar bereits, der Zugriff darauf erfolgte aber noch vorwiegend über einfache Befehlszeilenprogramme. Daher war es auch nicht gerade leicht nutzbar. Bei der Entwicklung von HTML (und einigen anderen zugrunde liegenden Technologien) stand von Anfang an die einfache Nutzung im Vordergrund und die erstellten Dokumente sollten von den Benutzern leicht gewartet und verwaltet werden können. Das HTML-Design wurde absichtlich einfach gehalten, damit sich möglichst viele Leute am Prozess der Erstellung von Dokumenten in diesem neuen Format beteiligen konnten.

Bekanntermaßen begann damit der enorme Siegeszug des Webs, das schon bald allgegenwärtig war. Schon bald wurde aber auch klar, dass die einfachen Funktionen aus dem HTML-Basisbefehlssatz nicht ausreichen würden, um allen Anforderungen der vielen Anwender gerecht werden zu können, die mittlerweile Webseiten erstellten.

Und der erste Browserkrieg brach aus …

Als nach und nach verschiedene Unternehmen mit der Erstellung von Webbrowsern und damit Programmen begannen, die HTML-Dateien lesen und anzeigen konnten, fügten sie neue HTML-Funktionen hinzu, um sich Vorteile vor den Konkurrenten zu verschaffen. 1993 konnten dann mit dem Mosaic-Browser Bilder auf Webseiten angezeigt werden (das hatte die ursprüngliche Spezifikation nicht vorgesehen). Überall auf der Welt wurden Browser von kleinen Teams programmiert, die ihnen jeweils einen eigenen Satz neuer Funktionen verpassten.

1994 kristallisierte sich eine dominante Browserplattform heraus. Der Netscape Navigator feierte als Browser immense Erfolge. Gleichzeitig bildeten sich Arbeitsgruppen, um sich mit dem Problem der fehlenden Standards im Webbrowserbereich zu befassen. Die wichtigste dieser Gruppen war das W3C (World Wide Web Consortium), das von Tim Berners-Lee und damit eben jenem Typ geleitet wurde, mit dem das ganze Durcheinander im Web begonnen hatte. Netscape war jedoch derart dominant, dass dessen Repräsentanten den Tagungen zur Standardisierung häufig fernblieben. Netscape verwirklichte seine Wunschfunktionen einfach auf eigene Faust.

Microsoft spielte im Browserbereich bis 1995 keine Rolle. Der Internet Explorer (IE) wurde als direkter Konkurrent zum Netscape-Browser konzipiert. Eine Weile (während der Zeit, die auch als »erster Browserkrieg« bezeichnet wird) lieferten sich Netscape und Microsoft ein Kopf-an-Kopf-Rennen und versuchten jeweils exklusive Funktionen anzubieten, um Entwickler von der eigenen Vision des Webs zu überzeugen.

Es gab zwar ein Gremium zur Festlegung von Standards, praktisch ergänzten Netscape und Microsoft aber einfach ihre gewünschten Funktionen und ignorierten dabei im Prinzip das W3C. Hinsichtlich der Webstandards gab es einige kleine Fortschritte. HTML 2 wurde 1994/1995 als Standard verabschiedet (aber von keinem der Hersteller umfassend umgesetzt). HTML 3.2 wurde 1997 veröffentlicht und im Frühjahr 1998 folgte HTML 4.

Etwa zur selben Zeit, als HTML 4 Fuß fassen konnte, wurde die Dominanz von Microsoft im Browserbereich deutlich. 2002 benutzten etwa 95 Prozent der Internetnutzer den Internet Explorer. Angesichts dieser Dominanz lag die Zukunft von HTML nahezu völlig in Microsoft-Händen. Die Bemühungen der Standardisierungsgremien wurden damit weitgehend irrelevant. Microsoft hatte den ersten Browserkrieg in jeder Hinsicht gewonnen. Der (vorrangig auf HTML 4 aufbauende) Internet Explorer 6 war der einzige Browser, der noch eine echte Rolle spielte. Daraufhin gab es über etliche Jahre hinweg kaum noch Innovationen.

Ein neuer Herausforderer erhebt sich aus der Asche

Einige neue Browser stellten die Microsoft-Dominanz jedoch auf die Probe. Insbesondere der erstmals 2004 erschienene Firefox-Browser muss hier erwähnt werden, da er mit einer Reihe innovativer Funktionen aufwarten konnte und sich an die meisten Standards der W3C-Arbeitsgruppe hielt. Firefox (und in geringerem Ausmaß andere Browser wie Apples Safari, Opera und schließlich Google Chrome) rüttelten das Web wach. Diese Browser legten tendenziell wesentlich mehr Wert auf die Einhaltung der Standards als der IE und führten nach einer längeren Zeitspanne der Stagnation dazu, dass auch wieder neue Versionen des Internet Explorer entstanden. Zumindest in Lippenbekenntnissen bekannte sich jetzt auch Microsoft zu Standards und versprach, diese in den kommenden IE-Versionen verstärkt einzuhalten. Teilweise wird dies als der Beginn des zweiten Browserkriegs betrachtet, in dem es um den Kampf verschiedener Anbieter um Anteile des Browsermarkts geht.

Diesmal gibt es jedoch einen entscheidenden Unterschied. Das Web ist mittlerweile nicht mehr neu, sondern zu einem wesentlichen Bestandteil der Geschäftswelt und Gesellschaft geworden. Dokumente im Web werden nun nach ähnlichen Kriterien wie gedruckte Dokumente beurteilt und mit HTML 4 lassen sich die entsprechenden Standards nicht leicht erfüllen. Tatsächlich steht die gesamte Idee des Webs als Ansammlung von Dokumenten gewissermaßen auf dem Prüfstand. Web*seiten* werden durch Web*anwendungen* (Applikationen oder Apps) ersetzt. Viele der heutigen Aktivitäten im Internet haben nicht mehr viel mit dem Lesen von Dokumenten zu tun. Und Entwickler benutzen heute das Web selbst als eine Programmierschnittstelle.

HTML 4 wurde langsam alt

Durch den Wandel des Webs wurde es notwendig, die Standards für Dokumente zu überdenken. Es wurde klar, dass HTML 4 die moderne Webentwicklung nicht mehr hinreichend unterstützen konnte. Die verschiedenen, über die Jahre hinweg ergänzten proprietären Tags hatten zwar ein wenig mehr Flexibilität gebracht, aber das reichte nicht annähernd aus. Es fehlten befriedigende Lösungen für das Seitenlayout oder den Umgang mit Schriftarten. Es gab zwar eine Reihe von Funktionen für die Eingabe von Formulardaten, der war aber zu beschränkt und in der Handhabung zu sperrig. Die meisten Browser enthielten zwar Varianten der Programmiersprache JavaScript, dessen Implementierung fiel aber höchst unterschiedlich aus. Mit Webtechnologien echte Anwendungen zu erstellen, wurde daher zu einem recht riskanten Vorhaben.

Um einige dieser Probleme zu beheben, stellte das W3C 2002 XHTML vor. Als neue HTML-Version sollte sich XHTML an den strengeren Standards der Auszeichnungssprache XML (eXtensible Markup Language) orientieren. XHTML ist weit weniger fehlertolerant als HTML. Wenn daher eine Seite die stringenten Anforderungen des Standards erfüllt, sollte sie (vermutlich) allgemein keine

Probleme bereiten und voraussagbare Resultate liefern. Praktisch wurde das idealistische Projekt der XHTML-Bewegung leider nie verwirklicht. Die Erstellung valider XHTML-Dokumente erwies sich als derart schwierig, dass sich nur sehr wenige Entwickler überhaupt daran versuchten. Von den Browsern wurde selbst mangelhafter XHTML-Code noch halbwegs vernünftig (wenn nicht sogar perfekt) dargestellt. Tatsächlich arbeiteten die meisten Browser eigentlich nicht einmal mit XHTML, sondern wandelten es insgeheim irgendwie in HTML um. Daher gab es für Entwickler auch kaum Anreize, sich an die XHTML-Standards zu halten.

Um in HTML fehlende Funktionen nachzurüsten, nutzten viele Entwickler Plug-in-Technologien wie eingebettete Java- und Flash-Applets. Java bleibt zwar in anderen Bereichen äußerst wichtig, konnte aber als clientseitige Umgebung nie richtig Fuß fassen. Flash hingegen war eine Weile recht beliebt. Leider verursacht es selbst wieder Probleme. Der Inhalt von Flash-Applets lässt sich nur mit Flash-Editoren ändern und ist für Suchmaschinen nicht oder zumindest nicht leicht lesbar. Viele der neuen HTML5-Funktionen (insbesondere die Unterstützung von Schriftarten und das `canvas`-Tag) kann man als direkte Antwort auf Flash betrachten.

Das W3C setzte seine Bemühungen zwar fort und erstellte mit XHTML 2.0 eine neue XHTML-Variante, aber in der Zwischenzeit begann eine zweite Gruppe namens *WHATWG (Web Hypertext Application Technology Working Group)* mit der Arbeit an einem eigenen konkurrierenden Standard, der unter der Bezeichnung *HTML5* bekannt wurde. Der Hauptgrund für diese konkurrierenden Standards besteht darin, dass der Eindruck entstand, XHTML sei zu starr und würde sich weiterhin zu sehr auf den Gedanken von HTML als Seitenbeschreibungssprache konzentrieren. Die Entwicklung von HTML5 wurde teilweise dadurch angeregt, dass ein Rahmen (ein Framework) für die Erstellung von Webanwendungen entstehen sollte, den Entwickler auch wirklich nutzen würden. Schließlich ließ das W3C XHTML 2 fallen und unterstützt nun die WHATWG-Vorschläge, weshalb es sich bei HTML5 wohl um den nächsten kommenden Standard handeln dürfte.

Das eigentliche HTML5 kennenlernen

Die WHATWG-Gruppe scheint aus der Geschichte einige Lektionen gelernt zu haben. Das Design von HTML5 weist auf die folgenden Schwerpunkte hin:

- ✔ **Die Kernsprache sollte einfach sein.** In HTML5 geht es ein wenig aufgeräumter zu als in XHTML. Insbesondere beim Dokumenttyp kam ein wenig frischer Wind rein, wenn man ihn mit dem Unsinn vergleicht, den man am Anfang einer XHTML-Seite schreiben muss. Alle Tags beschreiben irgendein Merkmal der Seite. Bei den meisten Tags handelt es sich um englische Ausdrücke, die von ein paar Abkürzungen ergänzt werden.

- ✔ **Die Auszeichnungen basieren auf der Semantik.** Einer der ursprünglichen HTML-Ansätze bestand in Auszeichnungen, die auf der *Bedeutung* (der Funktion) und nicht auf *Details* basieren sollten. Beispielsweise wird eine Überschrift (headline) einfach mit `<h1>` ausgezeichnet, ohne dass eine bestimmte Schriftgröße oder Schriftart angegeben wird. HTML5 kehrt zu dieser Tradition zurück und fügt eine Reihe neuer Tags zur Beschreibung gängiger Teile von Seiten hinzu.

- ✔ **CSS wird für die Details der Formatierung verwendet.** Wie XHTML stützt sich auch HTML5 beim Umgang mit Details zum Aussehen der jeweiligen Elemente stark auf eine andere Sprache, die den Namen *CSS (Cascading Style Sheets)* trägt. Letztlich beschreibt HTML, um *was* es sich bei einem Element handelt. CSS beschreibt hingegen, *wie* die jeweiligen Elemente aussehen sollten. HTML5 kennt keine Tags wie `<font>` oder `<center>`, weil CSS diese Merkmale flexibler handhabt.

- ✔ **Viele Webseiten sind Apps.** *Formulare* (jene Elemente, über die Benutzer Daten über Webseiten eingeben können) sind zwar von Anfang an Bestandteil von HTML, wurden aber über die Jahre hinweg kaum weiterentwickelt. Mit HTML5 kommen einige recht interessante neue Formularelemente hinzu, durch die sich HTML viel besser für Interaktionen mit den Nutzern eignet.

- ✔ **JavaScript steht im Mittelpunkt.** In den meisten Webbrowsern ist bereits seit Jahren eine Variante der Programmiersprache JavaScript (JS) integriert. Wegen etlicher Beschränkungen konnte man JavaScript bisher allerdings nicht wirklich ernst nehmen. Einige Beschränkungen bestanden wegen berechtigter Sicherheitsbedenken, während es sich bei anderen einfach um schlechte oder inkompatible Implementierungen handelte. Mit dem Entstehen neuer, leistungsfähiger JavaScript-Engines und einem neuen Paradigma namens *AJAX (Asynchronous JavaScript and XML)* ist JavaScript als leistungsstarke und wichtige Programmierumgebung auferstanden. Bei vielen der interessantesten HTML5-Funktionen (wie dem `canvas`-Tag) handelt es sich vorwiegend um Entwicklungen der JavaScript-Sprache. (Das `canvas`-Tag ist zwar ein HTML-Tag, mit dem sich ohne JavaScript aber nichts Interessantes anstellen lässt.)

HTML5 ist mehr als HTML!

Irgendwie ist es ein wenig unglücklich, dass diese Technologie HTML5 genannt wurde, da die Sprache HTML eigentlich nur ein Rad in einem viel größeren Getriebe ist. Tatsächlich handelt es sich bei dem, was wir HTML5 nennen, um die Integration etlicher verschiedener Technologien (HTML, CSS, JavaScript und serverbasierte Technologien), deren Rollen nachfolgend beschrieben werden sollen.

HTML

Natürlich hat es Änderungen an der Sprache HTML selbst gegeben. Einige kamen zum HTML-4-Standard hinzu und ein paar wurden entfernt. HTML5 bleibt jedoch zu HTML 4 abwärtskompatibel, weshalb es nicht zwingend notwendig ist, dass Ihr Code dem HTML5-Standard entspricht. Die Anpassung von HTML 4 an HTML5 ist wahrscheinlich die leichteste Übung bei der Umstellung auf die umfassende HTML-Sichtweise.

Dies sind die wichtigsten HTML-Eigenschaften:

- ✔ **Semantische Auszeichnung:** HTML5 beinhaltet neue Tags, die Teile von Dokumenten beschreiben. Nun gibt es spezielle Tags für Navigationselemente, Artikel, Abschnitte, Kopf- und Fußzeilen.
- ✔ **Neue Formularelemente:** HTML5-Formulare haben einige wesentliche Aktualisierungen erfahren. Es gibt verschiedene neue Varianten des `<input>`-Elements, über die Farben, Zahlen, E-Mail-Adressen und Datumsangaben von Benutzern leicht ausgewählt werden können.
- ✔ **Mediale Elemente:** Über Tags, die dem `<img>`-Tag ähneln, unterstützt HTML5 endlich auch Audio und Video nativ.
- ✔ **Das `canvas`-Tag:** Mit dem `canvas`-Tag können Programmierer Grafiken interaktiv erstellen. Mit dieser Fähigkeit lassen sich ziemlich faszinierende Dinge wie maßgeschneiderte Spiele und Schnittstellenelemente realisieren.

CSS

Für die größten Umstellungsprobleme bei den HTML-4-Gewohnten dürfte wohl wirklich nicht HTML selbst, sondern die geänderte Beziehung zwischen HTML und CSS sorgen. In HTML5 (wie auch in XHTML) beschreibt die Auszeichnungssprache nur die Bedeutung der verschiedenen Elemente. CSS wird also wirklich als Seitenbeschreibungssprache benutzt. Wenn Sie komplett auf HTML5 umsteigen wollen, dann müssen Sie sich von der Nutzung von Tags wie `<font>` und `<center>` verabschieden, die sich lediglich auf punktuelle Details beziehen. Bei HTML 4 lässt sich CSS noch als optionale Erweiterung betrachten, beim Umgang mit HTML5 spielt es aber eine zentrale Rolle. Wenn Sie sich bisher noch nicht mit CSS vertraut gemacht haben, wird es nun definitiv Zeit. Die Nutzung von CSS setzt zwar eine etwas andere Denkweise voraus, die dafür aber ungeheuer leistungsfähig und flexibel ist. Mit dem HTML5-Standard geht ein neuer CSS-Standard einher, der *CSS3* getauft wurde. Aufgrund der engen Wechselwirkung ist es beinahe unmöglich, über HTML5 zu sprechen, ohne dabei nicht auch CSS3 einzubeziehen. Dies sind die wesentlichen neuen CSS3-Funktionen:

- ✔ **Integrierte Unterstützung von Schriftarten:** Mit diesem lange erwarteten Werkzeug können Sie Schriftarten (Fonts) auf Webseiten ablegen und zu deren Darstellung nutzen. Die Fonts müssen dabei nicht mehr vom Anwender unter dem benutzten Betriebssystem installiert werden.
- ✔ **Neue Selektoren:** Selektoren werden zur Beschreibung von zu ändernden Codesegmenten verwendet. CSS3 unterstützt nun neue Selektoren, mit denen Sie jedes zweite Element und auch spezifische Unterelemente (beispielsweise verschiedene Arten von `input`-Tags) auswählen können.
- ✔ **Spalten:** Spalten wurden in HTML bisher nicht sinnvoll unterstützt. Das hat zu einer Menge mehr oder minder cleveren Lösungen geführt, mit denen versucht wurde, diesen Mangel zu überwinden. Endlich lassen sich mit CSS Elemente leicht in mehrere Spalte aufteilen.
- ✔ **Optische Verbesserungen:** CSS bietet etliche interessante neue Möglichkeiten wie etwa Transparenz, Schatten, abgerundete Ecken, Animationen, Farbverläufe (Gradienten) und Transformationen. Damit haben Sie vielfältige neuartige Einflussmöglichkeiten auf das Aussehen von Webseiten.

JavaScript

Wenn HTML die Funktion der Teile eines Dokuments und CSS deren Aussehen beschreibt, dann wird JavaScript benutzt, um festzulegen, wie sich die Elemente verhalten. JavaScript ist eine ausgewachsene Programmiersprache, für deren umfassende Behandlung wieder eigene Bücher erforderlich sind (wie beispielsweise *JavaScript für Dummies*). Hier kann ich JavaScript nicht umfassend behandeln. Es stellt aber eine äußerst kritische Komponente des HTML5-Konzepts dar. Einige der interessantesten HTML5-Funktionen (beispielsweise das `canvas`-Tag, Geolokation und lokale Datenspeicherung) werden erst über JavaScript nutzbar. Die folgenden Funktionen werde ich in diesem Buch beschreiben:

- ✔ **Unterstützung von Vektorgrafiken:** Vektorgrafiken stellen eine interessante Alternative zu den traditionellen Pixelgrafiken dar, weil sie im laufenden Betrieb codegesteuert erzeugt werden können. HTML5 bietet dazu zwei Möglichkeiten an: über SVG (Scalable Vector Graphics) und das `canvas`-Tag.
- ✔ **Neue Selektoren:** Am Anfang der JavaScript-Programmierung steht meist die Auswahl eines Elements über dessen ID-Wert. Mit HTML5 können Sie nun Elemente über deren Tag-Namen oder mit denselben Verfahren wie in CSS auswählen.
- ✔ **Lokale Speichermechanismen:** Die bisherigen HTML-Versionen boten nur sehr beschränkte Möglichkeiten zur clientseitigen Speicherung von Daten. HTML5 bietet Entwicklern nun entsprechende Möglichkeiten. Es steht jetzt sogar ein integrierter Datenbankmanager bereit, der SQL-Befehle versteht.
- ✔ **Geolokation:** Diese interessante Funktion verwendet verschiedene Verfahren, um den jeweils aktuellen geografischen Standort von Nutzern zu ermitteln.

Servertechnologien

Bei der modernen Webentwicklung geht es um Kommunikation. Alle HTML5 ausmachenden Technologien sind im Webbrowser enthalten, der ein wichtiger Teil des Webs ist. Ein gleichermaßen wichtiger Bestandteil der Webentwicklung ist jedoch die Flut an Technologien, die in den Webserver integriert sind. Viele der heute interessantesten Projekte verwenden Technologien wie PHP oder ASP zur Ausführung von Programmen, die Webseiten erzeugen. Viele interessante Anwendungen nutzen zur Verwaltung größerer Datenmengen auch Datenbankprogramme wie Oracle oder MySQL. Seit AJAX seinen Einzug gehalten hat, ist die Integration derartiger Technologien und des Browsers sehr viel einfacher geworden. So interessant diese Werkzeuge aber auch sein mögen, so stehen sie im vorliegenden Schnelleinstieg doch nicht im Mittelpunkt. Wenn Sie sich dafür interessieren, sollten Sie zu einem Buch mit entsprechendem Themenschwerpunkt greifen.

Ein Blick auf die Browserfunktionen

Wie sich der Geschichte von HTML entnehmen lässt, reicht es nicht aus, einen Standard zu verkünden, um ihn auch zu einem solchen zu machen. Offiziell wurde HTML5 bisher noch nicht als Standard verabschiedet und es gibt noch keinen einzigen verbreiteten Browser, in dem alle seine Funktionen implementiert wären. Angesichts dessen werden Sie sich vielleicht fragen, ob es dann sinnvoll ist, sich mit dieser Technologie bereits zu befassen. Aus folgenden Gründen denke ich das schon:

✔ **Die meisten Ansätze wurden akzeptiert.** HTML5 selbst wurde bisher als Standard zwar formal noch nicht verabschiedet, die meisten kritischen Aspekte wurden aber bereits umgesetzt. Moderne Webbrowser kommen selbst dann mit HTML5 klar, wenn sie nicht alle dort vorgesehenen tollen Möglichkeiten unterstützen.

✔ **Es besteht kaum ein Zweifel daran, dass HTML5 der kommende Standard sein wird.** Das W3C hat im Wesentlichen eingestanden, dass XHTML 2.0 keine brauchbare Lösung ist, und HTML5 damit klar zum Sieger im Rennen um den neuen Standard erklärt. Wenn es überhaupt einen Standard geben wird, dann handelt es sich dabei jedenfalls um HTML5 (mit den verwandten Funktionen in CSS und JS).

✔ **Die Einhaltung von Standards ist mittlerweile erwünscht.** Im ersten Browserkrieg fügten die konkurrierenden Hersteller ohne Rücksicht auf Standards neue Funktionen hinzu. Heute werden Browser danach beurteilt, wie gut sie sich an anerkannte Webstandards halten. Selbst Microsoft spielt hier mit und behauptet, dass der IE9 die Mehrzahl der HTML5-Funktionen unterstützt.

✔ **HTML5 fördert gute Codepraktiken.** Die Trennung des Inhalts vom Layout bildet im Rahmen der modernen Webentwicklung einen kritischen Aspekt. Wenn Sie bisher mit XHTML gearbeitet haben, ist Ihnen diese Situation bereits vertraut. Wenn Sie sich besser mit HTML 4 auskennen, handelt es sich um einen unvermeidlichen neuen Ansatz.

Offiziell steht nicht zu erwarten, dass HTML5 vor 2022 komplett als Standard verabschiedet wird. Im Webzeitalter ist das eine Ewigkeit. Teile des Standards (wie das `canvas`-Tag) werden aber bereits jetzt umfassend unterstützt. Und es lohnt sich, die Möglichkeiten sofort zu untersuchen. Andere Teile (wie die meisten der Formularelemente und der Tags zur semantischen Auszeichnung) bieten geeignete Rückzugslösungen für den Fall, dass der Browser die anspruchsvolleren Funktionen nicht unterstützt. Andere (wie Drag-and-Drop) eignen sich einfach noch nicht für den praktischen Einsatz. Einige (wie die lokale Daten unterstützenden Mechanismen) werden zwar heiß diskutiert, aber noch ist nicht klar, in welcher Form die Technologie in den Standard Einzug halten wird. Bei der Besprechung der jeweiligen Themen in diesem Buch werde ich Sie darüber informieren, ob die Funktionen bereits nutzbar sind und von welchen Browsern sie unterstützt werden.

Die Browserfähigkeiten ermitteln

Mit HTML5 gehen eine Menge verschiedener Technologien einher und in die verschiedenen Browser wurden bisher unterschiedliche Teile des Standards integriert. Festzustellen, welche Funktionen nutzbar sind, kann recht problematisch werden. Es existieren aber einige gute Lösungen für dieses Problem. Auf einer Reihe von Websites finden Sie Aufstellungen mit Angaben darüber, welche Funktionen von welchem Browser unterstützt werden. Mir persönlich gefallen insbesondere die Zusammenstellungen unter `http://en.wikipedia.org/wiki/Comparison_of_layout_engines_(HTML5)` und unter `http://caniuse.com`. Mit diesen Werkzeugen können Sie einfacher feststellen, welche Funktionen aktuell von den verbreiteten Browsern unterstützt werden. Das ist insbesondere praktisch, wenn es um Browser geht, die Sie nicht auf Ihrem eigenen Rechner installiert haben.

Allerdings ändert sich die Unterstützung der HTML5-Funktionen in den verschiedenen Browsern buchstäblich täglich. Laufend werden neue Versionen der verbreiteten Browser veröffentlicht, weshalb man über den aktuellen Stand kaum wirklich auf dem Laufenden bleiben kann. Deshalb habe ich ein Programm erstellt, mit dem Sie prüfen können, welche HTML5-Funktionen aktuell von Ihrem Browser unterstützt werden. Abbildung 1.1 zeigt `detect.html` in Aktion.

`detect.html` finden Sie unter `www.downloads.fuer-dummies.de`. Nutzen Sie das Programm in einem beliebigen Browser, um die von diesem Browser unterstützten HTML5-Funktionen direkt zu analysieren.

Das Programm nutzt ein Skript namens Modernizr, mit dem sich die Überprüfung verschiedener Browserfunktionen automatisieren lässt. Modernizr erhalten Sie kostenlos unter `www.modernizr.com`.

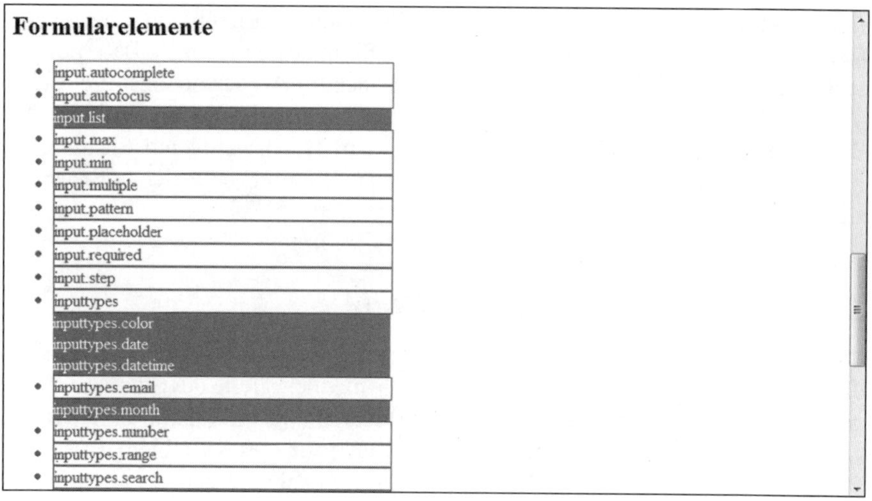

Abbildung 1.1: `detect.html` *in Aktion*

Verfügbare Funktionen selbst prüfen

Sie können das Modernizr-Skript auch in Ihrem eigenen Code nutzen. Im Wesentlichen erzeugt Modernizr einen booleschen Wert (true/false) für die jeweiligen HTML-Funktionen. Wenn Sie feststellen wollen, ob Ihr aktueller Browser eine bestimmte Funktion unterstützt, können Sie dazu eine entsprechende Variable prüfen. Bei positivem Testverlauf können Sie die Funktion anschließend implementieren. Fällt der Test negativ aus, werden Sie zumeist irgendeine Alternativlösung implementieren. So gehen Sie bei der Prüfung vor:

1. **Laden Sie das Modernizr-Skript aus dem Web herunter.** Es ist kostenlos über `www.modernizr.com` erhältlich. Installieren Sie das Skript im selben Verzeichnis wie Ihre Webseite. (Wenn Sie Ihre Seite auf einen Server verschieben, müssen Sie dafür sorgen, dass auch dort eine Kopie des Skripts vorhanden ist.)

2. **Binden Sie einen Verweis in das Skript ein.** Verwenden Sie das `<script>`-Tag, um im Header (vor irgendwelchem anderen JavaScript-Code) eine Referenz auf das Skript zu erstellen:

```
<script type = "text/javascript"
        src = "modernizr-1.6.min.js"></script>
```

3. **Fügen Sie eine spezielle Klasse zum `html`-Tag hinzu.** Für das Modernizr-Skript muss ein spezielles Tag verfügbar sein, damit es weiß, was es machen soll. Fügen Sie daher die Klasse `"no-js"` zum `html`-Tag hinzu:

   ```
   <html lang = "de-DE"
         class = "no-js">
   ```

4. **Schreiben Sie eine neue JavaScript-Funktion, die die eigentlichen Tests durchführt.** Spezifische Beispiele finden Sie in den Quelltexten weiter hinten in diesem Kapitel.

5. **Verwenden Sie die passende boolesche Eigenschaft, um die Unterstützung einer bestimmten Funktion zu prüfen.** Zu allen von Modernizr unterstützten HTML5-Funktionen existiert eine entsprechende Variable. (Auf der Modernizr-Website können Sie nachsehen, welche Variablen es gibt. Alternativ können Sie dazu aber auch einen Blick in mein Skript `detect.html` werfen, das sie alle verwendet.)

6. **Benutzen Sie die Funktion oder eine Alternative.** Üblicherweise werden Sie Modernizr benutzen, um die Unterstützung einer Funktion zu überprüfen. Wenn diese vorhanden ist, werden Sie sie verwenden. Falls nicht, werden Sie irgendeine Alternativlösung implementieren.

Um Ihnen ein Beispiel zu liefern, verwendet das nachfolgend abgedruckte Skript `videoCheck.html` das Modernizr-Skript, um zu prüfen, ob der aktuelle Browser das HTML5-Tag `video` unterstützt. Ist das der Fall, wird auch noch geprüft, welche der beiden wichtigsten Videocodecs genutzt werden können.

```
<!DOCTYPE HTML>
<html lang = "de"
      class = "no-js">
<head>
  <title>checkVideo.html</title>
  <meta charset = "ISO-8859-1" />
  <meta http-equiv="X-UA-Compatible" content="chrome=1" />
    <script type = "text/javascript"
            src = "modernizr-1.6.min.js"></script>
    <script type = "text/javascript">
      function init(){
        var output = document.getElementById("output");
```

```
        if (Modernizr.video){
          output.innerHTML =
            "Dieser Browser unterstützt das HTML5-Tag
            'video'.<br /> ";
          if (Modernizr.video.h264){
            output.innerHTML += "Der H.264-Codec
            wird unterstützt.<br />";
          } // end if
          if (Modernizr.video.ogg){
            output.innerHTML += "Der Ogg-Theora-Codec wird
            unterstützt.<br />";
          } // end if
        } else {
          output.innerHTML =
            "Dieser Browser unterstützt das HTML5-Tag
            'video' nicht.";
        } // end else
      } // end init
  </script>
</head>

<body onload = "init()">
  <h1>Unterstützung des HTML5-Tags video</h1>
  <div id = "output">
    Prüfe Unterstützung ...
  </div>
</body>
</html>
```

Abbildung 1.2 zeigt das Skript `videoCheck.html` zur Prüfung der Unterstützung des `video`-Tags in Aktion.

Dieses Beispiel prüft einfach, ob das `video`-Element unterstützt wird. In einem anspruchsvolleren Beispiel würde man die zugehörigen Tags oder den Code in eine Webseite integrieren, um den Möglichkeiten entsprechend im Browser ein Video anzuzeigen.

Weitere Informationen zum `video`-Tag finden Sie in Kapitel 3.

Abbildung 1.2: Prüfung der Unterstützung des `video`*-Tags*

Einen passenden Browser auswählen

Wenn Sie HTML5-Code schreiben wollen, werden Sie Ihre Seiten wahrscheinlich in einem Browser betrachten wollen, der HTML5 korrekt interpretiert. Das ist weniger einfach, als es sich anhört. Bei HTML5 handelt es sich eigentlich nicht um eine Spezifikation, sondern um eine Reihe verschiedener Standards. Die verschiedenen Browser bieten unterschiedlich gute Unterstützung. Es empfiehlt sich, möglichst viele Browser zur Auswahl zu haben, um feststellen zu können, welcher sich für die eigenen Zwecke am besten eignet. Die aktuell verfügbaren Browser bieten unterschiedliche HTML5-Unterstützung.

Beachten Sie dabei, dass zwar eine recht große Anzahl von Browsern zur Auswahl steht, dass die meisten aber auf einer kleineren Auswahl von Werkzeugen basieren, die *Rendering-Engines* genannt werden. Diese geben hinsichtlich der Unterstützung bestimmter Funktionen letztlich den Ausschlag. Hier eine Aufstellung der wichtigsten Engines, Browser, von denen sie verwendet werden, und Angaben zur Qualität der HTML5-Unterstützung:

- ✔ **Gecko (Firefox):** Die Gecko-Engine wird vorrangig von Firefox, Mozilla und einer Reihe weiterer verwandter Browser genutzt. Sie unterstützt zwar viele, aber nicht alle Funktionen. Zwar sollte bereits das in Firefox 4.0 enthaltene Gecko 2.0 die allermeisten HTML5-Funktionen unterstützen, bei einigen ist dies aber auch heute noch nicht (vollständig) der Fall. Und auch wenn Firefox ein in der Gemeinde der Webentwickler beliebter und geschätzter Browser ist, lässt seine HTML5-Unterstützung doch immer noch ein wenig zu wünschen übrig.

Nach dem Versionsübergang von 3.6 auf 4.0 bei Firefox hat sich auch die Politik bei der Benennung der Gecko-Versionen geändert. Die Gecko-Version entspricht seit Version 5 der Firefox-Version. Und seit der im März 2011 veröffentlichten Firefox-Version 4.0 fand somit bis zum April 2012 auch ein Sprung der Gecko-Versionen von 2.0 auf 12.0 statt.

- **Trident (Internet Explorer):** Die verschiedenen Varianten des Internet Explorer verwenden durchweg die Trident-Engine. Diese besaß lange die schwächste Unterstützung von HTML5-Funktionen unter den wichtigen Browsern. Mit IE9 wurde die HTML5-Unterstützung zwar deutlich vollständiger, aber selbst hier fehlen noch einige wichtige Funktionen, wie beispielsweise die Unterstützung anspruchsvollerer Formularelemente und Geolokation.

- **WebKit:** Die WebKit-Engine wurde ursprünglich von Apple entwickelt und basierte auf Code aus dem Open-Source-Projekt KHTML. Apple veröffentlichte den Code dann als Open Source, woraufhin er zur Basis einer Reihe von Browsern wurde. Die Safari-Browser auf Macs, iPhones und iPads verwenden durchweg die WebKit-Engine. WebKit dient auch als Grundlage des Google-Browsers Chrome, des namenlosen und des Dolphin-Browsers auf der mobilen Android-Plattform. WebKit ist zur Standard-Rendering-Engine mobiler Plattformen geworden. Wenn Sie sehen wollen, wie Ihre Seiten auf mobilen Plattformen aussehen, sollten Sie zu diesem Zweck einen auf WebKit basierenden Browser wie Chrome oder Safari verwenden. WebKit bietet die umfassendste Unterstützung von HTML5-Elementen, unterstützt aber auch noch nicht alles. Den meisten Code in diesem Buch habe ich anfangs in Google Chrome 6 mit seiner WebKit-Engine getestet.

- **Presto:** Die Opera-Browserfamilie baut auf der Presto-Engine auf. Opera genießt zwar seit Langem den Ruf eines technisch überlegenen Browsers, konnte aber nie die ihm eigentlich gebührenden Marktanteile für sich gewinnen. Auf Gaming-Plattformen und Mobilgeräten basieren einige Browser auf Presto (beispielsweise Wii Internet Channel, der Nintendo DS Browser und Opera Mobile sowie Opera Mini, die für zahlreiche Mobiltelefone und portable Geräte bereitstehen).

Browserspezifikationen ändern sich recht häufig mit den Versionen. Wenn Sie dieses Buch lesen, wurden wahrscheinlich bereits wieder einige neue Funktionen zusätzlich implementiert. Sie sollten Ihre Webseiten immer in möglichst vielen Browsern testen, um keine bösen Überraschungen zu erleben. Sie sollten in diesem Zusammenhang auch die bereits erwähnte Webseite `http://en.wikipedia.org/wiki/Comparison_of_layout_engines_(HTML5)` nutzen.

Auf dieser Wikipedia-Seite finden Sie meist die aktuellsten Informationen darüber, welche HTML-Funktionen von welchem Browser unterstützt werden.

Die HTML5-Unterstützung im IE mit Chrome Frame verbessern

Es ist schon ganz schön deprimierend, wenn man feststellen muss, dass der Browser mit dem größten Marktanteil HTML5-Standards am wenigsten unterstützt. Hier gibt es aber Abhilfe. Mit *Chrome Frame* bietet Google eine spezielle Lösung an, bei der die Rendering-Engine von Chrome in den Internet Explorer (IE) eingebunden wird.

Passen Sie bei Angaben zu Browsermarktanteilen auf. Der Internet Explorer ist *weltweit* dominant und wird insbesondere in den USA bevorzugt genutzt, wobei die allermeisten Internetzugriffe weiterhin über Desktoprechner erfolgen. Im Mobilbereich hat Apples Safari-Browser momentan deutlich die Nase vorn, der auch ansonsten neben Google Chrome auf dem Vormarsch ist. Deutschland ist (oder war zumindest einige Jahre lang) aber so etwas wie ein Firefox-Land.

Damit das funktioniert, muss Chrome Frame selbst aber erst einmal installiert werden. Und das hat den Haken, dass Besucher der von Ihnen erstellten Webseiten gegebenenfalls dazu erst einmal aufgefordert werden müssen.

Das lässt sich beispielsweise mit dem folgenden Minibeispiel erledigen, das Sie beim Quellcode zum Buch in der Datei `ChromeFrame.html` finden und das bei installiertem Chrome Frame und in anderen Browsern als dem Internet Explorer rein gar nichts macht:

```
<html lang="de-DE">
 <head>
  <title>ChromeFrame.html</title>
  <meta charset="ISO-8859-1" />
  <script type="text/javascript" src=
   "http://ajax.googleapis.com/ajax/libs/chrome-frame/1/
    CFInstall.min.js">
  </script>
 </head>
 <body onload="CFInstall.check()">
 </body>
</html>
```

Ist Chrome Frame nicht installiert, wird der Nutzer auf eine entsprechende Webseite geführt, die ihm die Möglichkeit zum Herunterladen und zum Installieren von Google Chrome Frame anbietet (siehe Abbildung 1.3).

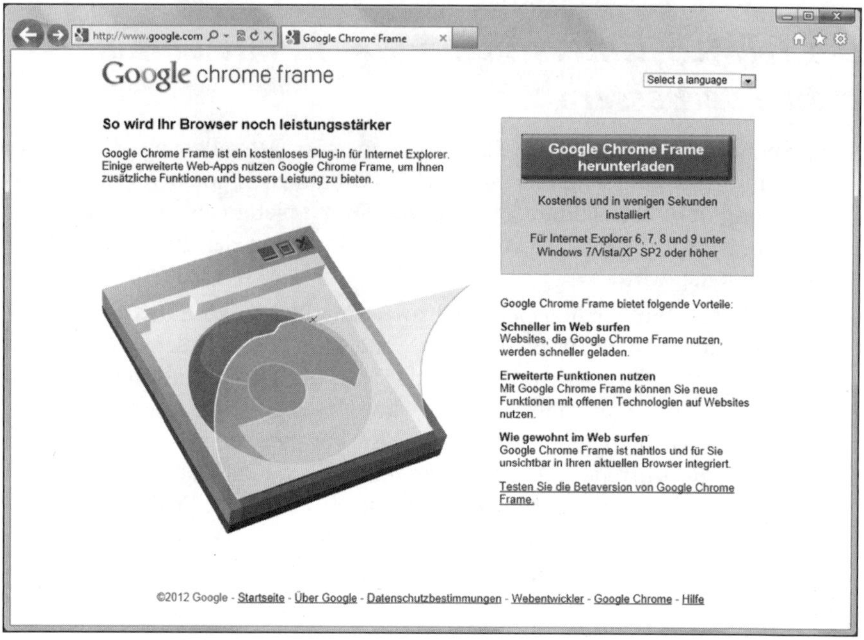

Abbildung 1.3: Die Webseite für den Download von Google Chrome Frame

Nach erfolgter Installation müssen Sie den Internet Explorer beenden und neu starten. Dann wird gefragt, ob das neu installierte Add-on aktiviert werden soll. (Bis es wirklich nutzbar ist, vergeht dann noch einmal eine Weile.)

Damit das installierte Chrome Frame nun auch genutzt wird, müssen Sie in Ihre HTML-Quelltexte jeweils ein zusätzliches `meta`-Tag einfügen, das so aussieht:

```
<meta http-equiv="X-UA-Compatible" content="chrome=1" />
```

Da diese Zeile im HTML-Code keine anderweitigen nachteiligen Wirkungen haben sollte, können Sie sie eigentlich in alle Ihre HTML5-Dateien aufnehmen. Sie finden sie beispielsweise in den Dateien `videoCheck.html` und `detectWCF.html` bei den Quelltexten zum Buch. `detectWCF.html` ist dabei – abgesehen vom zusätzlichen `meta`-Tag – mit `detect.html` identisch.

Abgesehen von diesem `meta`-Tag können Sie Ihren Code anschließend so schreiben, als ob beim Benutzer Chrome (mit seiner hervorragenden HTML5-Unterstützung) installiert wäre. Dies ist jedenfalls die beste Möglichkeit zur Nutzung von HTML5 im IE, bis sich Microsoft dazu durchringt, seinen Browser mit nennenswerter HTML5-Unterstützung auszurüsten.

Weitere Hinweise und umfangreichere Beispiele für die Installation von Google Chrome Frame finden Sie unter `http://www.chromium.org/developers/how-tos/chrome-frame-getting-started`.

HTML-Grundlagen

2

In diesem Kapitel ...

- Eine kurze HTML-Wiederholung
- Ein Vergleich von HTML5 mit XHTML und HTML 4
- Eine einfache HTML-Seite erstellen
- Bilder und Links hinzufügen
- Daten mit Listen und Tabellen formatieren
- Validierung Ihres Codes
- Formulare erstellen

HTML5 ist die jüngste einer ganzen Reihe von HTML-Versionen. Um HTML5 optimal nutzen zu können, müssen Sie wissen, wie es sich in die Reihe der vorangegangenen HTML-Versionen einfügt.

In weiten Teilen handelt es sich bei diesem Kapitel um eine Wiederholung der Grundlagen des HTML-Standards. Wenn Sie bisher noch nie manuell HTML-Code geschrieben haben, werden Sie es vielleicht sorgfältig durchgehen wollen. Wenn Sie bereits ein HTML-Profi sind, genügt es Ihnen wahrscheinlich, das Kapitel einfach nur durchzublättern.

Der Inhalt dieses Kapitels soll als eine Art Basis dienen. Der hier beschriebene Code funktioniert in allen modernen Browsern. Da die Unterstützung vieler HTML5-Elemente durch die verschiedenen Browser noch recht unterschiedlich ausfällt, beginnen wir hier mit einer standardisierten Menge von Tags und Elementen, die von allen Browsern verstanden werden. In diesem Kapitel wird der kleinste gemeinsame Nenner der HTML-Syntax beschrieben, der dann im weiteren Verlauf des Buches beständig ausgebaut wird.

Unter `www.downloads.fuer-dummies.de` können Sie die Codebeispiele herunterladen und lokal ausprobieren.

HTML und XHTML erforschen

HTML gibt es bereits eine ganze Weile und es unterlag im Zeitverlauf einem andauernden Wandel. Vorgehensweisen, die einmal der letzte Schrei waren (wie die Nutzung von Frames), werden heute als veraltet angesehen. HTML war anfangs eine sehr einfache Sprache, die mit zunehmender Verbreitung immer komplexer wurde. HTML5 versucht, HTML wieder einfach zu machen. Die folgenden Ideen haben die Entwicklung von HTML5 vorangetrieben.

- **Bereinigen Sie den Code möglichst umfassend.** Die Dinge können recht schnell kompliziert werden. HTML-Code sollte aber möglichst rein und leicht zu lesen sein. Er sollte keine überflüssigen Funktionen enthalten und die Formatierungen sollten leicht nachvollziehbar sein.

- **Trennen Sie die Struktur vom Layout.** Versuchen Sie sich mit Ihrem HTML-Code auf dessen Aufbau (seine inhaltliche Bedeutung) und nicht dessen Aussehen (das konkrete Layout/Design) zu konzentrieren. Dadurch bleibt der HTML-Code relativ rein und leicht les- und nutzbar.

- **Verwenden Sie HTML für die Seitenstrukturen.** Vermeiden Sie Tags wie `<font>` und `<center>` in Ihrem HTML-Code. Diese lassen sich mit JavaScript nur schwer ändern, machen den Code unübersichtlich und sind in einigen HTML-Varianten nicht zulässig. Verwenden Sie HTML-Code, um die Bedeutung und den Aufbau von Webseiten zu definieren.

- **Benutzen Sie CSS für die Seitengestaltung.** Sie können den HTML-Code deutlich einfacher halten, wenn Sie das eigentliche Layout (wie Farben, Schriftarten und Positionierungen) CSS überlassen. Da Sie auch CSS-Formatierungen über JavaScript ändern können, haben Sie, wenn Sie CSS für das Seitenlayout verwenden, mit JavaScript weit mehr Möglichkeiten, die Arbeitsweise der Seiten zu ändern.

- **Vermeiden Sie den Einsatz von Tabellen und Frames für das Seitenlayout.** Diese Verfahren waren zwar früher einmal die besten Hilfsmittel der Webdesigner, weshalb sie damals auch häufig genutzt wurden, um Webseiten optisch zu strukturieren. Moderne CSS-Ansätze sorgen aber für viel aufgeräumteren Code, mit dem sich selbst dann noch relativ leicht arbeiten lässt, wenn das Layout deutlich anspruchsvoller wird.

- **Beginnen Sie mit fehlerfreiem Code.** Oft sehen Webseiten zwar völlig korrekt aus, enthalten aber irgendwelche versteckten Fehler, die zum unpassendsten Zeitpunkt in Erscheinung treten (typischerweise, wenn Sie einem Kunden etwas präsentieren wollen). Deshalb sollten Sie Projekte möglichst mit HTML-Code beginnen, von dem Sie wissen, dass er fehlerfrei ist. Im Abschnitt »Validierung Ihrer Webseiten« weiter hinten in diesem Kapitel erfahren Sie mehr darüber, wie Sie sich davon überzeugen können, dass sich die HTML-Basis tipptopp in Form befindet.

HTML schätzen lernen

Lange war HTML 4 die dominante HTML-Variante. Seine Beliebtheit beruhte auf einigen sehr guten Gründen:

✔ **Universelle Unterstützung:** Als HTML 4 erschien, gab es mit dem Internet Explorer 6 (IE6) eigentlich nur einen einzigen dominanten Browser. Da die überwältigende Mehrheit der Nutzer irgendeine Variante dieses Browsers nutzte, wurde der in diesem Browser funktionierende Code als Quasistandard betrachtet. Tatsächlich handelt es sich bei dem Standard, den wir HTML 4 nennen, um jene Teile von HTML 4, die vom IE6 unterstützt wurden.

✔ **Angemessene Kontrolle:** HTML 4 erweiterte die älteren HTML-Versionen um einige nette Funktionen wie Schriftartunterstützung, Möglichkeiten zur Änderung von Farben und eine gewisse Multimedia-Unterstützung. Frames (Rahmen) boten zusätzlich eine gewisse Layouthilfe, auch wenn sie selbst wieder problematisch waren.

✔ **Einfache Nutzung:** Der HTML-4-Standard selbst war recht leicht zu erlernen. Solange man sich nicht gerade an anspruchsvollen Aufgaben wie tabellenbasierten Layouts versuchte, waren die Dinge auch nicht weiter problematisch. Weil sich einiges aber einfach nicht realisieren ließ, wurde die Einfachheit der Sprache dann zu einem schmerzlichen Nachteil.

✔ **Fehlertoleranz:** HTML verzeiht viele Nachlässigkeiten und Versäumnisse. Bei auftretenden Fehlern versucht der Browser einfach zu erraten, wie die Formatierung der Seite eigentlich hätte aussehen sollen. Und häufig liegt der Browser dabei richtig.

Das Erscheinen von XHTML

HTML 4 war lange verbreitet, aber längst nicht perfekt. Die Schwächen wurden zunehmend offenkundig, als die Webentwicklung nicht mehr nur Freizeitprogrammierern überlassen wurde und nach und nach die Grundlage ernsthafter Anwendungen bildete. HTML 4 starb zwar nie aus, aber die Elite der Webentwickler nutzte nach seinem Erscheinen einen neuen Standard namens *XHTML (eXtensible HyperText Markup Language)*. XHTML sollte eine ernsthaftere Antwort auf die Schwächen von HTML 4 sein. Mit HTML 4 ließ sich zwar recht leicht arbeiten, professionelle Programmierer hielten es aber für schlampig. XHTML (insbesondere in seiner strengen Variante) war da schon sehr viel präziser und voraussagbarer, was es unter den fähigeren Entwicklern beliebt machte. Die wesentlichen Merkmale von *XHTML Strict* sind:

- ✔ **Anspruchsvollere Syntax:** XHTML unterscheidet zwischen Groß- und Kleinschreibung (case-sensitive), verlangt, dass alle Attribute von Anführungszeichen eingerahmt werden, und besitzt sehr strenge Regeln für die Verschachtelung von Tags. Zu jedem Tag muss es explizit ein Abschluss-Tag geben. (Selbst bei eigenständigen Tags wie `<img>` ist ein spezielles Abschlusszeichen erforderlich.) Durch diese präzisere Syntax war die XHTML-Programmierung zwar ein wenig anspruchsvoller als die von HTML 4, dafür ließen sich die Ergebnisse aber weitaus besser voraussagen.

- ✔ **Validierungsunterstützung:** Der Hauptvorteil der Strenge von XHTML lag in der Unterstützung von Validierungsmöglichkeiten. Der HTML-4-Standard war derart locker, dass sich kaum feststellen ließ, ob Seiten falsch formatiert waren. Bei XHTML konnte man spezielle Validierungsprogramme ausführen, mit denen strukturelle Fehler im Code aufgespürt werden konnten.

- ✔ **Trennung von Inhalt und Layout:** HTML sollte ursprünglich nur den Inhalt von Dokumenten beschreiben. Als HTML 4 erschien, kamen zahlreiche Tags hinzu, die sich auf optische Aspekte der Dokumente bezogen. Die Tags `<font>` und `<center>` stellen hierfür hervorragende Beispiele dar. Diese Tags erledigten zwar ihre Aufgabe, boten aber nicht genug Kontrolle und entfernten sich vom zentralen Ansatz von HTML. Mit XHTML Strict wurden alle Layout-Tags entfernt.

- ✔ **Zunehmende Bedeutung von CSS:** Die *CSS (Cascading Style Sheets)* genannten Formatvorlagen standen in HTML 4 zwar zur Verfügung, wurden aber, da HTML einige Alternativen bot, nicht immer konsequent genutzt. Da es in XHTML keine Layout-Tags mehr gibt, wurde hier die optionale CSS-Erweiterung zu einem zentralen Bestandteil der Webentwicklung.

- ✔ **XML-Syntax:** Die ersten XHTML-Befürworter betonten, dass sich XHTML an die Syntax des XML-Standards hielt. Das ist zwar richtig, war aber nie wichtig, wie anfangs vermutet wurde. Die XML-Syntax erleichterte Programmen zwar die automatisierte Verarbeitung von Webseiten als Daten, aber dabei handelt es sich nicht um ein Merkmal, das den meisten Webentwicklern besonders wichtig ist.

Es lebt und es ist HTML5!

XHTML Strict war zwar ein wirklich hervorragender Ansatz, konnte sich aber nie wirklich durchsetzen. Professionelle Entwickler (speziell jene, die Programmiersprachen wie JavaScript und PHP in ihre Webprojekte integrierten) schätzten XHTML Strict. Spitzendesigner genossen die mit CSS gewonnenen Freiheiten. Die Mehrzahl der Entwickler litt aber eher unter der geringen Fehlertoleranz von XHTML und bei den allermeisten Webseiten waren Validierung und Einhaltung der neuen Standards kein Thema. Als ein neuer Standard entwickelt werden musste, entschloss sich das W3C schließlich zur Unterstützung von HTML5 anstelle von XHTML 2.

Mit HTML5 wird der XHTML-Ansatz nicht wirklich verworfen. Es beinhaltet vielmehr einige der besten Merkmale von HTML 4 und XHTML:

- ✔ **Einfacher Dokumenttyp:** Die *doctype-Definition* (der Textbaustein, mit dem alle Webseiten beginnen) war bei XHTML wirklich kompliziert. Selbst Dozenten und Buchautoren aus dem einschlägigen Bereich konnten sich die erforderliche `doctype`-Definition nicht merken und mussten sie jeweils kopieren und einfügen. In HTML5 gibt es eine sehr einfache und knappe Dokumentdefinition und damit lassen sich Webseiten wieder leicht aus dem Gedächtnis mit einem Texteditor erstellen.
- ✔ **Trennung von Inhalten und Formaten:** HTML5 enthält die Formatierungstags von HTML 4 (wie beispielsweise `font` und `center`) nicht mehr. Für derartige Aufgaben müssen Entwickler auf CSS zurückgreifen. Ähnlich wird dazu geraten, auf Frames und tabellenbasiertes Layout zu verzichten und stattdessen CSS-Formate zu nutzen.
- ✔ **Validierungsunterstützung:** Die Validierung hat sich als ein sehr nützliches Werkzeug herausgestellt, weshalb HTML5 so wie XHTML validiert werden kann. Das W3C-Validierungsprogramm (mehr dazu im Abschnitt »Validierung Ihrer Webseiten« weiter hinten in diesem Kapitel) unterstützt nun auch HTML5 und schon bald werden online weitere Validierungswerkzeuge zur Verfügung stehen. Durch Validierung lassen sich leicht dumme Codefehler eliminieren. Zudem kann sie höchst nützlich werden, wenn Ihre Dokumente erst einmal Programmcode enthalten.
- ✔ **Strict-Tradition:** Die Codierstandards von HTML5 ähneln eher XHTML als HTML 4. Mit HTML5 lässt sich zwar noch recht schlampig codieren, die meisten Entwickler orientieren sich aber an den Standards von XHTML Strict, um den Code besser lesbar zu gestalten und die Ergebnisse voraussagbarer zu halten.

Der Code in diesem Buch orientiert sich durchweg an den strengeren Vorgaben des XHTML-Standards.

- **Bessere Integration von CSS und Programmiersprachen:** Das vielleicht wichtigste Merkmal von HTML5 ist seine Bescheidenheit. HTML bleibt zwar die zentrale Sprache des Internets, bei HTML5 geht es aber wirklich darum, anderen Sprachen die Kontrolle zu überlassen. HTML5 soll als zentrales Bindeglied viele andere Technologien zusammenbringen: CSS für das optische Layout, JavaScript für die clientseitige Programmierung, serverseitige Sprachen wie PHP für die Serversteuerung und Datenbanken.
- **Neue Möglichkeiten:** Natürlich bietet HTML5 neue Möglichkeiten, um die es im vorliegenden Buch vorrangig gehen soll. Bei vielen der neuen Funktionen handelt es sich aus technischer Sicht allerdings nicht um HTML, sondern um Fortschritte in anderen verwandten Technologien (beispielsweise integrierte Datenbanken, neue JavaScript-Syntax und neue CSS-Funktionen).

Eine einfache HTML-Seite erstellen

Eine einfache HTML5-Seite lässt sich recht leicht erstellen. Starten Sie einfach einen beliebigen Texteditor und geben Sie dort den folgenden Code ein:

```
<!DOCTYPE HTML>
<html lang = "de-DE">
<head>
  <!-- basic.html -->
  <title>basic.html</title>
  <meta charset = "ISO-8859-1" />
  <meta http-equiv="X-UA-Compatible" content="chrome=1" />
</head>

<body>
  <h1>Überschrift erster Ebene</h1>
  <p>
    Dies ist ein Absatz.
    Beachten Sie, dass der Text automatisch umbrochen wird.
  </p>
</body>
</html>
```

Es ist also nicht schwierig, die in Abbildung 2.1 dargestellte Seite zu erstellen.

Das Aussehen von Webseiten kann in den verschiedenen Browsern unterschiedlich sein. Wenn Sie wissen wollen, wie die Seite in dem von Ihnen benutzten Browser aussieht, sollten Sie den Quellcode zum Buch ausprobieren. Sie finden ihn unter `www.downloads.fuer-dummies.de`.

Abbildung 2.1: Eine einfache Webseite im Browser

Führen Sie zur Erstellung einer einfachen HTML5-Seite diese Schritte aus:

1. **Beginnen Sie mit dem Dokumenttyp.** Moderne Versionen von HTML (XHTML und HTML5) kennen das spezielle Attribut `doctype`, das angibt, welche HTML-Variante verwendet wird. Bei XHTML war die `doctype`-Definition reichlich verwirrend und in HTML 4 fehlte sie komplett. Legen Sie den Dokumenttyp über dieses Tag auf HTML5 fest: `<!DOCTYPE HTML>`. Die `doctype`-Definition sollte in der ersten Zeile Ihrer Webseite stehen. Wenn Sie sie weglassen, werden Sie zwar wahrscheinlich immer noch HTML5-Funktionen verwenden können, aber HTML-Validatoren müssen dann erraten, welche HTML-Variante Ihre Seite konkret verwendet. (Wenn Sie wissen wollen, was passiert, wenn Computer raten, sollten Sie sich ein paar Science-Fiction-Filme ansehen.)

2. **Fügen Sie das `<html>`-Tag hinzu.** Dieses spezielle Tag kennzeichnet den Anfang einer Webseite. Hier sollten Sie angeben, welche Sprache für die Webseite verwendet wird. Für Deutsch können Sie `lang = "de"` angeben. Über die hier im Buch verwendete Variante `lang = "de-DE"` können Sie neben der Sprache auch noch ein Land festlegen. (Denkbare Alternativen wären entsprechend `lang = "de-AT"` oder `lang = "de-CH"`.) Achten Sie beim `<html>`-Tag darauf, dass Sie das zugehörige `</html>`-Tag am Ende der Seite nicht vergessen. Mit diesem Tag wird das Ende der Seite gekennzeichnet, deren Anfang mit dem `<html>`-Tag markiert wurde.

3. **Erstellen Sie den <head>-Bereich.** Der Kopfbereich oder »Header« entspricht in etwa dem Motorraum beim Auto. Die Autofahrer kümmern sich nur selten darum, auch wenn sich dort eine Menge wichtige Maschinenteile befinden. In unserem einfachen Beispiel ist er nahezu leer, aber Sie werden schon bald sehen, wie er mit JavaScript- und CSS-Schätzen gefüllt werden kann.

4. **Fügen Sie einen Kommentar hinzu.** Kommentare sind zwar nicht wirklich erforderlich, zählen aber zum guten Ton. HTML-Kommentare beginnen mit <!-- und enden mit -->. Typischerweise enthalten die Kommentare in diesem Buch kurze Zusammenfassungen oder Erläuterungen zum Zweck der Seite. Kommentare können sich über mehrere Zeilen erstrecken.

5. **Sorgen Sie für Einzüge in Ihrem Code.** Browser interessieren Einzüge oder Einrückungen des Codes zwar nicht, Sie sollten sie sich aber zur Gewohnheit machen. Allgemein sorge ich immer dann für eine weitere Ebene der Einrückung, wenn ich ein neues Element beginne, das nicht in derselben Zeile beendet wird. Auf diese Weise lassen sich meine Anfangs- und End-Tags so ausrichten, dass ich leicht erkennen kann, ob ich meine Webseite korrekt formuliert und keine End-Tags vergessen habe.

6. **Legen Sie einen Seitentitel über <title></title> fest.** Dieser Seitentitel wird typischerweise in der Titelleiste oder im Tab (Registerkarte) im Webbrowser angezeigt und oft auch, wenn Ihre Seite im Ergebnis von Suchmaschinen aufgelistet wird. In diesem Buch verwende ich generell den Dateinamen für das title-Tag. Auf diese Weise können Sie die Programme besser den Quelltexten zuordnen.

7. **Legen Sie einen Zeichensatz fest.** Wenn Sie auf Ihren Seiten keinerlei Umlaute und Sonderzeichen verwenden, können Sie zwar auch darauf verzichten, aber es gehört zum guten Ton, die Browser wissen zu lassen, welchen Zeichensatz sie bei der Anzeige Ihrer Seite verwenden sollen. Für englischsprachige Seiten sollten Sie generell UTF-8 verwenden, bei deutschsprachigen fahren Sie mit ISO-8859-1 (Latin 1) normalerweise besser, da Sie dann direkt die deutschen Umlaute verwenden können und nicht auf die *benannten Zeichen* (*Entity-Zeichen*) zurückgreifen müssen. Diesem Zweck dient <meta charset = "ISO-8859-1" />.

In diesem Beispiel finden Sie noch einmal die Zeile mit dem <meta>-Tag zur Nutzung des Add-ons *Google Chrome Frame* im Internet Explorer: <meta http-equiv="X-UA-Compatible" content="chrome=1">. Im weiteren Verlauf des Buches werde ich darauf nicht mehr eingehen, auch wenn es im Rahmen der Übersetzung in viele der HTML-Quelltexte zusätzlich Einzug gehalten hat.

Sollten Sie Probleme mit der Darstellung von Umlauten haben, suchen Sie nach Latin-1-Entities im Web. Einige Webeditoren wandeln spezielle Zeichen bei Bedarf (optional) auch automatisch in *benannte Zeichen* um.

8. **Den Hauptteil Ihrer Seite bringen Sie zwischen den `<body>`-Tags unter.** Wenn `head` dem Motorraum entspricht, dann steht `body` für die Fahrgastzelle. Der meiste auf einer Website sichtbare Text wird als *Textkörper* (body) definiert. Das zugehörige Tag `</body>` befindet sich üblicherweise direkt vor dem `</html>`-Tag. Beide zusammen beenden den Textkörper und schließen dann das HTML-Dokument ab.

9. **Benutzen Sie Überschriften zur Gliederung Ihrer Entwürfe.** Das `<h1>`-Tag ist ein Beispiel für eine Überschrift. Die Tags für Überschriften (Headings) beginnen durchweg mit dem Buchstaben `h`, dem eine Ziffer folgt, die die Ebene der Überschrift angibt. Ihren Hauptthemen sollten Sie generell eine Überschrift der ersten Ebene zuordnen. Unterthemen sollten Sie Überschriften der zweiten Ebene zuweisen (`<h2>`). Die vordefinierten Überschriftebenen gehen zwar bis hinunter zu `h6`, es ist aber eher unüblich, weiter als bis zur Ebene `h3` zu untergliedern.

10. **Packen Sie den überwiegenden Teil der Texte in normale Absätze *(paragraphs)*.** Sie müssen in HTML zwar keine Tags für die Absätze verwenden, deren Nutzung bleibt aber höchst sinnvoll. Rahmen Sie all Ihre Absätze mit einem Tag-Paar `<p></p>` ein. Dadurch wird es viel einfacher, später das Aussehen und Verhalten dieser Textabschnitte zu verändern.

11. **Speichern Sie Ihre Datei mit der Erweiterung `.html`.** Achten Sie darauf, dass Sie für Ihre Dateien diese Erweiterung verwenden. Dann können Sie die Datei in einen Browser laden und sich ansehen, wie sie darin aussieht.

Einigen der erwähnten Elemente (speziell den Überschriften) sind wahrscheinlich bestimmte Standardformate zugeordnet. Diese dienen aber nur als Orientierungshilfe. Widerstehen Sie der Versuchung, Überschriftebenen nach ihrem Aussehen auszuwählen. Wenn Sie in Kapitel 5 mit CSS arbeiten, werden Sie lernen, wie Sie beliebigen Überschriftebenen ein nahezu beliebiges Aussehen zuweisen können.

Ihren Seiten Substanz verleihen

Wenn Sie bereits mit HTML 4 oder XHTML gearbeitet haben, wird Ihnen HTML5 sehr vertraut vorkommen. Die Mehrzahl Ihrer Texte landet in den von dem Tag-Paar `<p></p>` geklammerten Absätzen. Größere Abschnitte können Sie mit dem Tag-Paar `<div></div>` einrahmen. Dann fügen Sie verschiedene andere Elemente hinzu, beispielsweise Bilder, Links, Listen, Tabellen und Formulare. Mit HTML5 kommen noch ein paar neue Elemente hinzu, hier soll es aber vorerst nur um die Basiselemente gehen, die von allen Browsern unterstützt werden.

Bilder hinzufügen

Webseiten können weit mehr als nur Text anzeigen. Abbildung 2.2 zeigt eine Seite mit einem eingebetteten Bild.

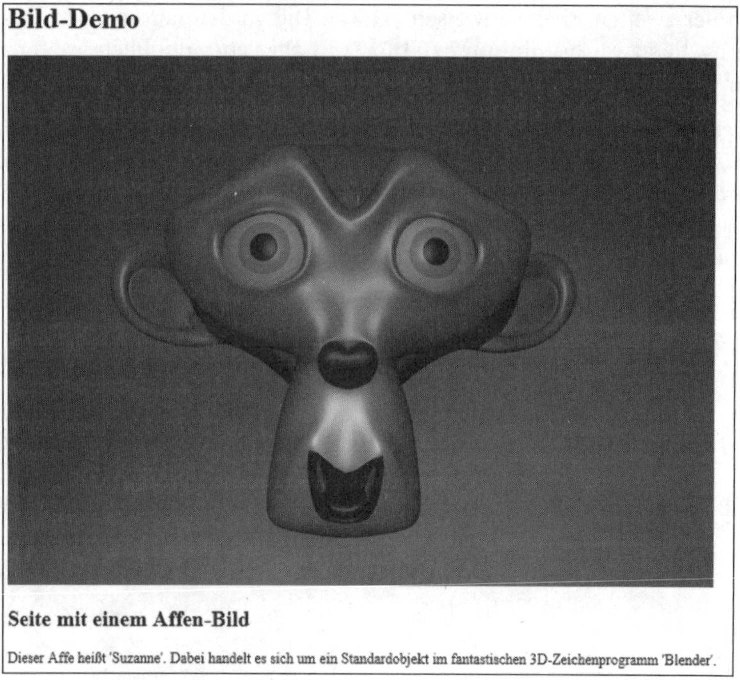

Abbildung 2.2: Eine Webseite mit eingebettetem Bild

Bilder lassen sich recht einfach in Webseiten integrieren. Der Code, mit dem das Bild eingefügt wird, sieht so aus:

```
<!DOCTYPE HTML>
<html lang = "de">
<head>
  <title>imageDemo.html</title>
  <meta charset = "ISO-8859-1" />
</head>

<body>
  <h1>Bild-Demo</h1>
  <p>
    <img src = "monkey.png"
         alt = "Bild eines glücklichen Affen" />
  </p>
  <h2>Seite mit einem Affen-Bild</h2>
  <p>
    Dieser Affe heißt 'Suzanne'. Dabei handelt es sich um ein
    Standardobjekt im fantastischen 3D-Zeichenprogramm '
    Blender'.
  </p>
</body>
</html>
```

Um ein Bild zu einer Webseite hinzuzufügen, gehen Sie so vor:

1. **Legen Sie fest, welches Bild verwendet werden soll.** Natürlich müssen Bilder, die angezeigt werden sollen, auch verfügbar sein. Überzeugen Sie sich davon, dass Sie die notwendigen Rechte (Zugriffs- und Urheberrechte) besitzen, um das Bild auf Ihrer Website anzeigen zu dürfen.
2. **Bearbeiten Sie das Bild bei Bedarf.** Zur Verwendung auf Ihrer Webseite müssen Sie die betreffenden Bilder möglicherweise anpassen. Am besten nehmen Sie Größenanpassungen vor, bevor Sie Bilder im Web nutzen. Dazu können Sie zwar kommerzielle Bildbearbeitungsprogramme verwenden, ich selbst benutze aber lieber *IrfanView* oder *GIMP* für derartige Aufgaben.
3. **Entscheiden Sie sich für einen Bilddateityp.** Webbrowser können Bilder im Format `.jpg` (`.jpeg`), `.gif` und `.png` anzeigen. Wenn Ihr Bild in einem anderen Format vorliegt, können Sie es mit Programmen wie IrfanView oder GIMP in eines dieser im Web unterstützten Formate umwandeln.

4. **Legen Sie Ihr Bild im richtigen Ordner ab.** Das Bild sollte sich im selben Verzeichnis wie die HTML-Datei befinden. Auf diese Weise wird bei der Veröffentlichung Ihrer Webseite über einen Server gewährleistet, dass Sie auch das Bild mit dorthin verschieben.
5. **Erstellen Sie Ihre Webseite wie gewohnt.** Das Bild wird mit einem speziellen Tag in den `body`-Abschnitt eingefügt.
6. **Verwenden Sie das `<img>`-Tag, um den Namen der Bilddatei anzugeben.** Dieses Tag muss in einen Absatz (`<p>`) oder einen Abschnitt (`<div>`) eingebettet werden, wenn die Seite bei der Validierung keine Probleme verursachen soll.
7. **Benutzen Sie das `src`-Attribut, um den Namen der Datei anzugeben, die das Bild enthält.** Wenn sich die Bilddatei im selben Ordner wie die Webseite befindet, müssen Sie dazu nur den Namen der Bilddatei angeben. Wenn sich das Bild an einer anderen Stelle im Internet befindet, können Sie auch eine vollständig URL wie `http://www.aharrisbooks.net/jad/jad_2/monkey.png` verwenden.
8. **Verwenden Sie das `alt`-Attribut, um Text mit einer Beschreibung des Bildinhalts anzugeben.** Dieser ist wichtig für Benutzer, die das Bild nicht sehen können, wie Sehbehinderte oder Benutzer, die die Anzeige von Bildern abgeschaltet haben, um schneller surfen zu können, oder auch die Bots von Suchmaschinen, die zwar mit den Bildern nichts anzufangen wissen, die `alt`-Tags aber lesen können.
9. **Beenden Sie das `image`-Tag mit einem `/`.** Das `img`-Tag ist ein spezielles Tag, das kein abschließendes Tag besitzt. Der Schrägstrich am Ende des Tags weist darauf hin, dass dieses Tag eigenständig ist.

Links einbeziehen

Das *H* im Kürzel HTML steht für *Hypertext*, wobei es sich um einen etwas schrägen Begriff für *Links* handelt. Bei diesen Links geht es um eine der Funktionen, die das Internet so nützlich und leistungsfähig machen. Links zu einer Webseite hinzuzufügen, ist höchst einfach. Abbildung 2.3 zeigt ein Beispiel, das zwei verschiedene Arten von Links enthält.

Abbildung 2.3: Eine Seite mit zwei Links

Der Code zur Erstellung der Links sieht so aus:

```
<!DOCTYPE HTML>
<html lang = "de-DE">
<head>
  <title>linkDemo.html</title>
  <meta charset = "ISO-8859-1" />
</head>
<body>
  <h1>Link-Demo</h1>
  <h2>Relativer Verweis auf ein Bild</h2>
  <p>
    Dieser Absatz enthält einen Link zu einem
    <a href = "monkey.png">Affenbild</a>.
  </p>
  <h2>Absoluter Verweis auf eine Webseite</h2>
  <p>
    Dieser Absatz enthält einen Link zu
    <a href = "http://www.aharrisbooks.net">
      Andys Hauptseite</a>.
  </p>
</body>
</html>
```

Links sind mehr, als es zunächst den Anschein hat. Sie zeigen zwar Text auf der Seite an, wenn dieser aber vom Nutzer angeklickt wird, lädt der Browser eine andere Seite aus dem Internet.

Links in Ihre Seiten zu integrieren, ist recht einfach:

1. **Beginnen Sie mit einer gewöhnlichen Webseite.** Links werden üblicherweise direkt in die Seite eingebettet. Da sie nicht für sich allein stehen können, werden sie üblicherweise in irgendwelche anderen Blockelemente wie Absätze eingebettet.

2. **Verwenden Sie das `<a>`-Tag, um einen Link festzulegen.** Das a steht dabei für *anchor* (Anker).

3. **Über das `href`-Attribut geben Sie an, auf was die Referenz verweisen soll.** Die meisten Links besitzen ein `href`-Attribut (hypertext reference), über das festgelegt wird, welche Seite geladen werden soll, wenn der Nutzer den Link anklickt. Die Hypertext-Referenz kann relativ oder absolut sein:

   - *Relativ:* Bei der Hypertext-Referenz kann es sich um einen einfachen Dateinamen handeln. Wenn Sie einen Link für eine Datei erstellen, die im selben Ordner wie die Webseite liegt, an der Sie schreiben, können Sie einfach nur deren Dateinamen angeben. Diese Vorgehensweise wird *relative Referenzierung* genannt, weil der Browser dabei annimmt, dass sich die verlinkte Datei im aktuellen Verzeichnis des aktuellen Servers befindet. Der erste Link in meinem Beispiel verweist auf das Affenbild, das sich im selben Ordner wie die Webseite selbst befindet.

   - *Absolut:* Für Hypertext-Referenzen können auch vollständige Webadressen verwendet werden. Falls Ihnen das lieber ist, können Sie die komplette Adresse einer Website angeben. Dies wird *absolute Referenzierung* genannt, weil dabei unabhängig vom Speicherort der aktuellen Seite angegeben wird, wie die Datei gefunden werden kann. Wenn Sie auf Seiten oder Dateien verweisen wollen, die auf irgendwelchen anderen Servern liegen, müssen Sie absolute Referenzen verwenden.

4. **Setzen Sie den sichtbaren Text zwischen die Tags `<a>` und `</a>`.** Der zwischen diesen beiden Tags aufgeführte Text wird auf dem Bildschirm in dem für Links vorgesehenen Format angezeigt. Als Standardformat wird üblicherweise blau unterstrichener Text verwenden. In Kapitel 5 werden Sie noch erfahren, wie Sie (nicht nur das) ändern können.

Bei der Datei, auf die verwiesen wird, kann es sich um eine Webseite oder beliebige andere Elemente handeln, mit denen der Browser umzugehen weiß. Der erste Link in `linkDemo.html` bezieht sich auf eine Bilddatei und der zweite auf eine Webseite. Die meisten Links verweisen zwar auf Webseiten, Sie können aber auch Verweise für andere Elemente erstellen, die der Browser lesen kann, wie insbesondere Abbildungen.

Listen und Tabellen erstellen

Auf Webseiten werden häufig Daten angezeigt, die wiederum oft in Listen arrangiert werden. Abbildung 2.4 zeigt eine Seite mit einer Reihe von Listen.

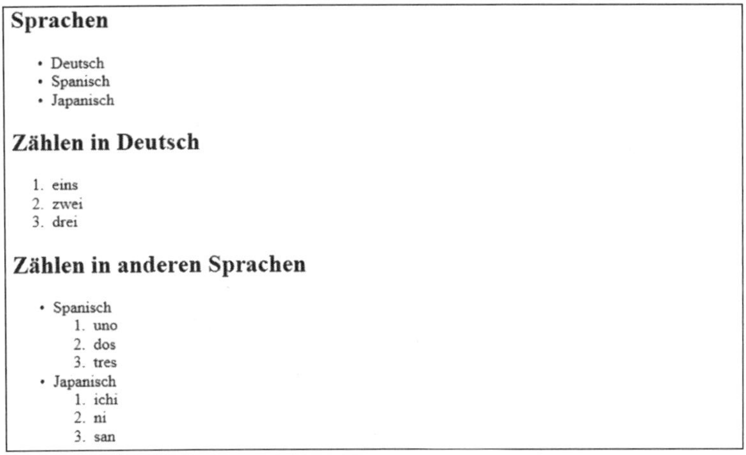

Abbildung 2.4: Listen und Aufzählungen

Auf der Webseite in Abbildung 2.4 werden zwei der Hauptvarianten von Aufzählungen und eine kombinierte Liste verwendet, die aus miteinander verschachtelten Gliederungspunkten und nummerierten Absätzen besteht. Der Code von `listDemo.html`, mit dem diese Listen erstellt wurden, sieht so aus:

```
<!DOCTYPE HTML>
<html lang = "de-DE">
<head>
  <title>listDemo.html</title>
  <meta charset = "ISO-8859-1" />
</head>
<body>
  <h2>Sprachen</h2>
  <ul>
    <li>Deutsch</li>
    <li>Spanisch</li>
    <li>Japanisch</li>
  </ul>
```

```
  <h2>Zählen in Deutsch</h2>
  <ol>
    <li>eins</li>
    <li>zwei</li>
    <li>drei</li>
  </ol>
  <h2>Zählen in anderen Sprachen</h2>
  <ul>
    <li>Spanisch
      <ol>
        <li>uno</li>
        <li>dos</li>
        <li>tres</li>
      </ol>
    </li>
    <li>Japanisch
      <ol>
        <li>ichi</li>
        <li>ni</li>
        <li>san</li>
      </ol>
    </li>
  </ul>
</body>
</html>
```

Wie die meisten HTML-Elemente lassen sich auch Listen recht einfach erstellen:

1. Markieren Sie den Anfang der Liste mit `<ul>` oder `<ol>`. Das Tag `<ul>` (unordered list) leitet eine unsortierte Liste mit Gliederungspunkten ein, während das Tag `<ol>` (ordered list) für sortierte (nummerierte) Listen vorgesehen ist. Wenn Sie CSS zur Formatierung Ihrer Listen verwenden, stehen Ihnen viele verschiedene Auszeichnungen zur Verfügung, zu denen Nummerierungen, römische Zahlen, Gliederungspunkte oder auch speziell für diesen Zweck definierte Grafiken zählen (siehe Kapitel 5).

2. Zeichnen Sie die einzelnen Elemente mit einem Paar `<li></li>`-Markierungen aus. Das `<li>`-Tag (list item) weist auf ein Listenelement hin. Alle Elemente einer Liste müssen jeweils mit einem `<li>`-Tag markiert werden.

3. (Optional) Verschachteln Sie Listen ineinander. Die `<li>`-Elemente einer Liste können wiederum vollständige neue Listen enthalten. Diese Vorgehensweise wird im Beispiel zur Erstellung verschachtelter Listen benutzt. Achten Sie nur darauf, dass Sie die eine Liste abschließen müssen, bevor Sie eine andere fortsetzen oder neu beginnen können. Durch passende Einrückungen können Sie besser nachvollziehen, wie tief Ihre Listen verschachtelt sind.

Tabellen verwenden

Zuweilen werden Sie es mit Daten zu tun bekommen, die sich am besten in tabellarischer Form präsentieren lassen. Für genau diesen Zweck bietet HTML ein System an, mit dem sich auch umfassende Tabellen formatieren lassen. Betrachten Sie beispielsweise die in Abbildung 2.5 dargestellte Tabelle.

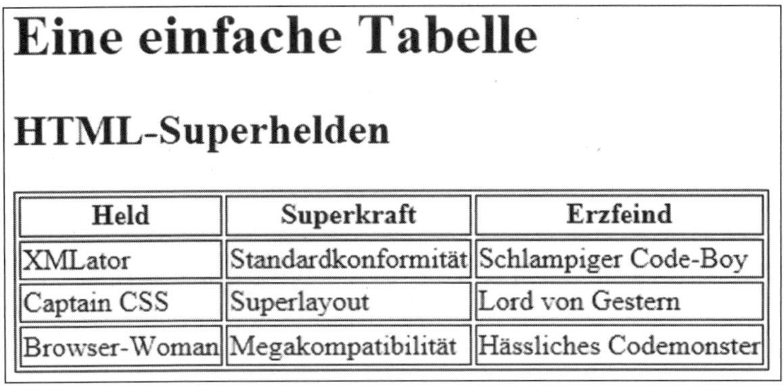

Eine einfache Tabelle

HTML-Superhelden

Held	Superkraft	Erzfeind
XMLator	Standardkonformität	Schlampiger Code-Boy
Captain CSS	Superlayout	Lord von Gestern
Browser-Woman	Megakompatibilität	Hässliches Codemonster

Abbildung 2.5: Eine einfache Tabelle

Die prinzipielle Formatierung von Tabellen in HTML lässt sich recht leicht verstehen. Der Code von `basicTable.html` sieht so aus:

```
<!DOCTYPE HTML>
<html lang = "de-DE">
<head>
  <title>basicTable.html</title>
  <meta charset = "ISO-8859-1" />
  <style type = "text/css">
    table, td, th {
      border: 1px solid black;
    }
```

```
  </style>
</head>
<body>
  <h1>Eine einfache Tabelle</h1>
  <h2>HTML-Superhelden</h2>
  <table>
    <tr>
      <th>Held</th>
      <th>Superkraft</th>
      <th>Erzfeind</th>
    </tr>
    <tr>
      <td>XMLator</td>
      <td>Standardkonformität</td>
      <td>Schlampiger Code-Boy</td>
    </tr>
    <tr>
      <td>Captain CSS</td>
      <td>Superlayout</td>
      <td>Lord von Gestern</td>
    </tr>
    <tr>
      <td>Browser-Woman</td>
      <td>Megakompatibilität</td>
      <td>Hässliches Codemonster</td>
    </tr>
  </table>
</body>
</html>
```

Wenn Sie diesen Code untersuchen, werden Sie feststellen, dass es sich bei Tabellen einfach nur um Abfolgen sorgfältig verschachtelter Tags handelt. Das Erstellen von Tabellen ist zwar nicht schwierig, erfordert aber einige Vorüberlegungen.

1. **Planen Sie erst einmal das Aussehen Ihrer Tabelle.** Wenn Ihnen der Aufbau einer Tabelle erst einmal bekannt ist, lässt sie sich in HTML viel leichter erstellen. Sie sollten wissen, wie viele Spalten Ihre Tabelle haben soll und welche Zeilen und/oder Spalten als Überschriften dienen sollen. Wenn Sie sich darüber noch nicht klar sind, wäre es sicherlich eine gute Idee, den Aufbau der Tabelle erst einmal auf einem Blatt Papier zu skizzieren.

2. **Beginnen Sie die Tabelle mit einem `<table>`-Tag.** Das Tag-Paar `<table></table>` umschließt die gesamte Tabelle.
3. **Erstellen Sie eine Tabellenzeile mit `<tr>` (table row).** Tabellen bestehen aus einer Reihe von Zeilen. Die Daten der einzelnen Zeilen werden jeweils in ein Tag-Paar `<tr></tr>` eingeschlossen.
4. **Überschriften innerhalb von Tabellen kennzeichnen Sie mit `<th>` (table header).** Einige Zellen in Tabellen enthalten Überschriften, andere die eigentlichen Daten. Sehr häufig wird die oberste Zeile (oft auch die linke Spalte) für Überschriften, seltener für die eigentlichen Daten verwendet. Verwenden Sie das Tag-Paar `<th></th>` zur Auszeichnung von Zellen mit Texten, die als Überschrift dienen sollen. Standardmäßig werden die entsprechenden Texte dann fett und zentriert dargestellt, was sich aber natürlich mit CSS wieder ändern lässt.
5. **Zeichnen Sie gewöhnliche Datenzellen mit `<td>` aus.** Für die meisten Zellen in Ihren Tabellen werden Sie daher wohl das Tag-Paar `<td></td>` verwenden.
6. **Halten Sie die Anzahl der Zellen konsistent.** In allen Zeilen sollte es dieselbe Anzahl von Zellen geben. (Es gibt zwar Möglichkeiten, mit denen sich dafür sorgen lässt, dass sich Zellen über mehrere Zeilen oder Spalten erstrecken, ich werde mich in diesem Einführungskapitel jedoch auf die grundlegenden Verfahren beschränken.)
7. **Fügen Sie bei Bedarf CSS-Anweisungen hinzu.** Tabellen besitzen eine Basisformatierung, die Sie mit CSS ändern können. Im Beispiel habe ich für Rahmen gesorgt, damit sich die Tabelle in Abbildung 2.5 leichter erkennen lässt.
8. **Verwenden Sie Tabellen nicht, um das Layout zu definieren.** In den frühen HTML-Versionen wurden Layoutmöglichkeiten (Aufteilung der Seiten in Spalten und präzises Seitenlayout) nur unzureichend unterstützt. Clevere HTML-Entwickler fanden allerlei verschrobene Lösungen, um so etwas wie ein Seitenlayout auf der Basis von Tabellen zu produzieren. CSS bietet heute aber alle für das Seitenlayout erforderlichen Möglichkeiten (siehe hierzu Kapitel 5 und 6), weshalb Sie Tabellen nur für ihre ursprünglich vorgesehenen Zwecke der tabellarischen Präsentation von Daten verwenden sollten.

Formulare erstellen

Von Anfang ließen sich über Webseiten vom Benutzer eingegebene Daten sammeln. HTML unterstützt standardmäßig eine Reihe von Formularelementen, die für Eingaben verwendet werden können. Mit den Daten lässt sich nur mit HTML zwar weiter nicht viel anfangen, aber dafür gibt es ja JavaScript und PHP. Sie werden irgendwann bestimmt selbst Programme schreiben, um in Webformulare eingegebene Daten auszuwerten, weshalb es sicherlich sinnvoll ist, wenn Sie wissen, wie diese funktionieren. Abbildung 2.6 zeigt alle wesentlichen HTML-Formularelemente, die Ihnen begegnen könnten.

Abbildung 2.6: HTML-Formularelemente

Die Seite aus Abbildung 2.6 benötigt im Unterschied zu den bisherigen Beispielen in diesem Kapitel relativ viel Code. Zunächst einmal finden Sie hier den gesamten Code, damit Sie sich einen Überblick verschaffen können. Anschließend werde ich dann erläutern, wie die verschiedenen Teile funktionieren.

```
<!DOCTYPE HTML>
<html lang = "de-DE">
<head>
  <title>formDemo.html</title>
  <meta charset = "ISO-8859-1" />
  <style type = "text/css">
    textarea { resize: none; }
```

```
  </style>
</head>
<body>
  <h1>Formular-Demo</h1>
  <form>
    <fieldset>
      <legend>Texteingabe</legend>
      <p>
        <label>Textfeld</label>
        <input type = "text"
               id = "myText"
               value = "Ihr Text ..." />
      </p>
      <p>
        <label>Passwort</label>
        <input type = "password"
               id = "myPwd"
               value = "geheim" />
      </p>
      <p>
        <label>Textbereich</label>
        <textarea id = "myTextArea"
              rows = "3"
              cols = "80">Geben Sie hier Ihren Text ein ...
        </textarea>
      </p>
    </fieldset>
    <fieldset>
      <legend>Auswahlelemente</legend>
      <p>
        <label>Auswahlliste</label>
        <select id = "myList">
          <option value = "1">eins</option>
          <option value = "2">zwei</option>
          <option value = "3">drei</option>
          <option value = "4">vier</option>
        </select>
      </p>
      <p>
        <label>Kontrollkästchen</label>
```

```
    <input type = "checkbox"
           id = "chkEggs"
           value = "greenEggs" />
    <label for = "chkEggs">Grüne Eier</label>
    <input type = "checkbox"
           id = "chkHam"
           value = "ham" />
    <label for = "chkHam">Schinken</label>
  </p>
  <p>
    <label>Optionsfelder</label>
    <input type = "radio"
           name = "radSize"
           id = "sizeSmall"
           value = "small"
           checked = "checked" />
    <label for = "sizeSmall">klein</label>
    <input type = "radio"
           name = "radSize"
           id = "sizeMed"
           value = "medium" />
    <label for = "sizeMed">mittel</label>
    <input type = "radio"
           name = "radSize"
           id = "sizeLarge"
           value = "large" />
    <label for = "sizeLarge">groß</label>
  </p>
</fieldset>
<fieldset>
  <legend>Schaltflächen</legend>
  <p>
    <button type = "button">
      Standard-Schaltfläche
    </button>
    <input type = "button"
           value = "Eingabe-Schaltfläche" />
    <input type = "reset" />
    <input type = "submit" />
  </p>
```

```
    </fieldset>
  </form>
</body>
</html>
```

Wie Sie sehen können, gelten auch für die Formularelemente dieselben Regeln, wie für die bereits vorgestellten Tags. Allerdings gibt es doch einige Unterschiede.

Die in diesem Beispiel dargestellten Formularelemente stehen in allen aktuellen HTML-Versionen bereit. Kapitel 4 liefert Informationen zu den in HTML5 neuen Formularelementen.

Tags für den Aufbau von Formularen

Die folgenden Tags dienen der Verwaltung des allgemeinen Formularaufbaus:

- **<form>:** Das `<form>`-Tag enthält das eigentliche Formular. Darin sind alle Formularelemente enthalten. Das `<form>`-Tag sollte auch das Attribut `action = ""` enthalten. Es weist darauf hin, dass bei der Übertragung des Formulars kein serverseitiges Skript ausgeführt werden soll.
- **<fieldset>:** Hierbei handelt es sich um ein spezielles Tag, mit dem Sie mehrere Eingabeelemente zu einer Gruppe zusammenfassen können. Es ist zwar nicht erforderlich, kann aber die Nutzung komplexer Formulare erleichtern. Standardmäßig wird um die Gruppenfelder herum ein einfacher Rahmen gezeichnet, was Sie allerdings wieder mit CSS ändern können.
- **>legend>:** Mit diesem Tag lassen sich Überschriften für Feldergruppen festlegen.
- **<label>:** Mit dem `<label>`-Tag wird Text ausgezeichnet, mit dem ein bestimmtes Eingabeelement etikettiert werden soll. Sie können das optionale `for`-Attribut verwenden, um anzugeben, zu welchem Eingabeelement das Label gehören soll. `<label>`-Tags werden normalerweise dazu benutzt, um sich die Verwaltung der CSS-Formatierungen für Formulare zu erleichtern.

Die Tags `fieldset`, `legend` und `label` werden eigentlich gar nicht benötigt und wurden daher in früheren HTML-Varianten ehrlich gesagt nur selten verwendet. In XHTML und HTML5 werden sie aber häufiger verwendet, zumal hier von der Nutzung von Tabellen zur Gestaltung des physischen Seitenlayouts abgeraten wird. Mit diesen

Tags lässt sich der Seitenaufbau besser organisieren, was das Layout mit CSS erleichtert. Wenn Sie diese Tags und CSS geeignet einsetzen, können Sie mit Ihren Formularen häufig viel besser als mit den älteren tabellenbasierten Lösungen arbeiten.

Der Aufbau von Texteingaben

Viele der Formularelemente basieren auf dem `input`-Tag. Bei diesem Arbeitstier handelt es sich um ein Allzweck-Tag, mit dem sich eine Reihe interessanter `input`-Objekte erstellen lässt. Über das `type`-Attribut legen Sie fest, welcher Elementtyp über das Tag auf der Seite erstellt wird. Das bei Weitem häufigste Eingabeelement ist das einfache Textfeld. Dessen Code sieht so aus:

```
<input type = "text"
       id = "meinText"
       value = "Ihr Text ..." />
```

Die Erstellung eines Textfeldes ist einfach:

1. **Erstellen Sie ein `input`-Element.** Das `<input>`-Tag stellt die allgemeine Struktur des Elements bereit.

2. **Wählen Sie für das Attribut `type` den Wert `"text"`.** Damit geben Sie an, dass Sie ein gewöhnliches Textelement und nichts Anspruchsvolleres erstellen wollen.

3. **Fügen Sie ein `id`-Attribut hinzu.** Über das `id`-Attribut können Sie dem Element einen Namen zuordnen. Das wird äußerst wichtig, wenn später JavaScript zur Seite hinzukommt, denn im JavaScript-Code nutzen Sie diese Kennungen (IDs) zur Übernahme der Formulardaten.

4. **Fügen Sie Vorgabedaten hinzu.** Bei Bedarf können Sie über das `value`-Attribut Vorgabedaten hinzufügen. Der Wert, den Sie für `value` angeben, wird als Vorgabe im Formular angezeigt.

Das Textelement führt zur Anzeige eines kleinen Eingabefeldes auf dem Bildschirm. Wählt der Nutzer das Feld aus, nimmt der Cursor das Aussehen einer Einfügemarke an und er kann Text in das Feld eingeben.

Wenn Sie etwas mit diesem Text anstellen wollen, müssen Sie natürlich ein wenig Programmcode schreiben.

Passworteingaben erstellen

Das input-Standardelement hat einen zuweilen verwendeten Verwandten namens password. Der dafür erforderliche Code ähnelt stark dem für das input-Standardelement.

```
<input type = "password"
       id = "meinPasswort"
       value = "geheim" />
```

Vor dem Hintergrund der Ähnlichkeit des Codes zum einfachen text-Feld gilt es, auf einen wesentlichen Unterschied hinzuweisen. Wenn der Nutzer Daten in das password-Feld eingibt, werden diese nicht angezeigt, sondern in der Anzeige durch Platzhalter ersetzt. Das soll es unerwünschten Zaungästen erschweren, Passwörter beim Blick über die Schulter des Nutzers auszuspähen.

Das password-Feld bietet keinerlei wirklich nennenswerte Sicherheit. Wenn es verwendet wird, um Anforderungen zu einem Webserver zu übertragen, werden diese im Klartext gesendet und können daher von diesen böswilligen Schergen leicht aufgespürt werden. Bei der JavaScript-Verarbeitung verschlimmert sich die Lage sogar noch, weil der zum Auslesen der Daten verwendete Code für den Browser frei verfügbar ist. JavaScript ist nicht gerade die Sprache der Wahl, wenn Sie eine Menge Geheimnisse bewahren wollen.

Mehrzeilige Textfelder anlegen

Manchmal müssen mehrere Zeilen Text eingegeben werden können. Für derartige Aufgaben eignet sich das textarea-Element perfekt. Seine Syntax unterscheidet sich ein wenig von der des bereits vorgestellten input-Elements:

```
<textarea id = "myTextArea"
          rows = "3"
          cols = "80">Geben Sie hier Ihren Text ein ...
</textarea>
```

Zur Erstellung Ihres eigenen Textbereichs führen Sie diese Schritte aus:

1. Beginnen Sie mit dem <textarea>-Tag. Dieses Tag markiert den Anfang eines mehrzeiligen Textbereichs.

2. Legen Sie die Anzahl der Zeilen für den Textbereich fest. Mit größeren Textbereichen lassen sich zwar längere Texte besser darstellen, sie nehmen aber auch mehr Platz auf dem Bildschirm ein.

3. Legen Sie die Breite des Textbereichs über eine Angabe zur Anzahl der Spalten an. Der Wert für `columns` gibt an, wie breit (in Zeichen) der Textkasten sein sollte. 80 Zeichen sind ein typischer Wert für Formulare, die eine normale Bildschirmseite (im alten 4:3-Format) breit sind.

4. In vielen Browsern lässt sich die `textarea`-Größe mittlerweile standardmäßig über einen Anfasser unten rechts ändern. Da damit das Layout des gesamten Formulars zerstört werden kann, empfiehlt es sich, dieses Verhalten mit einer entsprechenden CSS-Anweisungen zu unterbinden, wie Sie sie hier (ein wenig vorausgreifend) im `head`-Bereich am Anfang des Beispiels vorfinden:

   ```
   <style type = "text/css">
     textarea { resize: none; }
   </style>
   ```

Dropdown-Listen zusammenstellen

Dropdown-Listen (aufklappbare Listenfelder) findet man häufig auf Webseiten. Sie sind deshalb recht praktisch, weil sie es Programmierern ermöglichen, Nutzern eine Anzahl von Auswahloptionen vorzugeben. Der Nutzer kann dann eine der Optionen ohne Tipparbeit auswählen. Zudem beanspruchen Dropdown-Listen nur wenig Platz auf dem Bildschirm, da die Optionen nur während der Auswahl durch den Nutzer angezeigt werden.

Und Dropdown-Listen besitzen noch eine ungeheuer wichtige Eigenschaft, denn sie unterbinden eine bestimmte Art von Fehlern. Durch die beschränkte Anzahl der Optionen lassen sich Antworten leicht vorhersagen. Wenn Nutzer hingegen Daten in Formulare eintippen dürfen, kann die Prüfung aller möglichen verrückten Nutzereingaben schnell äußerst problematisch werden. Bei einem Listenfeld können Sie alle möglichen Antworten bereits im Vorfeld vorgeben. Dann kann weit weniger schiefgehen.

In HTML/XHTML werden Dropdown-Listen mit zwei Arten von Objekten erstellt. Für die Gesamtstruktur werden `<select>`-Tags verwendet, während die möglichen Auswahloptionen jeweils mit einem `<option>`-Tag festgelegt werden.

Und das sieht dann so aus:

```
<select id = "myList">
    <option value = "1">eins</option>
    <option value = "2">zwei</option>
    <option value = "3">drei</option>
    <option value = "4">vier</option>
</select>
```

Die `select`-Liste ist ein echtes Kraftpaket, weshalb Sie mit ihm umzugehen wissen sollten:

1. **Erstellen Sie zunächst das `<select>`-Element.** Dieses dient als Container für die Liste, die komplett in das `<select></select>`-Paar eingeschlossen wird.

2. **Ordnen Sie dem `select`-Element eine ID zu.** Üblicherweise nutzen Sie diese Kennung später, um im Programmcode auf dieses Element Bezug zu nehmen.

3. **Fügen Sie ein `option`-Element zum `select`-Element hinzu.** Üblicherweise rücke ich die Optionen eine Ebene weiter ein, um mich selbst daran zu erinnern, dass sie Bestandteil des `select`-Objekts sind.

4. **Ordnen Sie allen Optionen über `value` einen eindeutigen Wert zu.** Dieser wird bei der Auswahl einer Option durch den Nutzer als Antwort an ein Programm übergeben. Der Nutzer muss diesen Wert nicht zu sehen bekommen.

5. **Legen Sie fest, welcher Text dem Nutzer angezeigt werden soll.** Diesen geben Sie zwischen den beiden Tags `<option>` und `</option>` an. Er kann sich vom Wert unterscheiden, aber auch mit diesem identisch sein. (Wenn Sie erst einmal ein wenig JavaScript programmiert haben, werden Sie die zweite Variante wohl für sinnvoller halten.)

6. **Fügen Sie so viele Optionen hinzu, wie Sie wollen.** Definieren Sie für jede weitere Auswahlmöglichkeit in Ihrer Liste ein neues `option`-Objekt.

Auswahlfelder müssen nicht zwangsläufig mit Dropdown-Verhalten aufwarten. Wenn das Feld mehr vertikalen Platz auf der Seite für sich beanspruchen soll, geben Sie einfach die gewünschte Anzahl von Zeilen über das `size`-Attribut vor.

Kontrollkästchen erstellen

Manchmal geht es um Daten, die nur zwei Werte (ja/nein oder wahr/falsch) annehmen können. Für derartige Eingaben eignen sich *Kontrollkästchen* (*Checkboxen*) perfekt, denn die entsprechenden Optionen können Nutzer durch Anklicken einfach aktivieren oder deaktivieren. Kontrollkästchen sind eine weitere Variante des vielseitigen `input`-Tags:

```
<p>
  <label>Kontrollkästchen</label>
  <input type = "checkbox"
         id = "chkEggs"
         value = "greenEggs" />
  <label for = "chkEggs">Grüne Eier</label>
  <input type = "checkbox"
         id = "chkHam"
         value = "ham" />
  <label for = "chkHam">Schinken</label>
</p>
```

Wenn Sie Kontrollkästchen erstellen, werden Sie dazu üblicherweise auch `label`-Elemente mit entsprechenden Beschriftungstexten definieren. Dann können Nutzer das Kontrollkästchen oder das zugeordnete Label anklicken, um ihre Auswahl zu treffen. Kontrollkästchen treten zwar häufig in Gruppen auf, sind aber voneinander unabhängig. So können Sie `checkbox`-Elemente erstellen:

1. **Beginnen Sie mit einem `input`-Element.** Kontrollkästchen sind nur eine weitere Variante des `input`-Elements.

2. **Setzen Sie das `type`-Attribut auf `"checkbox"`.** Damit ist klar, dass es sich beim `input`-Element um ein Kontrollkästchen handeln soll. Dann wird ein kleines Kästchen auf dem Bildschirm angezeigt, in dem Nutzer ihr Häkchen setzen können.

3. **Versehen Sie das Element mit einer Kennung und ordnen Sie dem `id`-Attribut einen Wert zu.** Wie bei allen Formularelementen wird der `id`-Wert benötigt, damit Ihr Code direkt mit dem Element zusammenarbeiten kann.

4. **Geben Sie einen Wert vor.** Sie können dem `value`-Attribut des Kontrollkästchens einen Wert zuordnen. Diesen bekommen Nutzer nicht zu sehen (sofern Sie ihn nicht auch für die Beschriftung verwenden).

5. **Sorgen Sie über ein `label`-Element für eine Beschriftung.** Kontrollkästchen müssen Sie üblicherweise ein Label zuordnen, damit Nutzer wissen, welchen Zweck das `checkbox`-Element dient. Die Beschriftung befindet sich meist rechts neben dem Kontrollkästchen.

6. **Fügen Sie das `for`-Attribut hinzu.** Das `label`-Element verfügt über ein spezielles Attribut namens `for`, über das Sie angeben können, welchem `input`-Element es zugeordnet ist. Geben Sie den `id`-Wert des `checkbox`-Elements als Wert für dieses Attribut des `label`-Elements an. Diese Vorgehensweise ist bei Kontrollkästchen deshalb besonders sinnvoll, weil Nutzer dann in den meisten Browsern das Kontrollkästchen oder auch die diesem zugeordnete Beschriftung anklicken können, um eine Auswahl zu treffen. Wenn ein Label einem Kontrollkästchen zugeordnet wird, bietet sich dem Nutzer eine größere Fläche, die er anklicken kann. Dadurch werden Formulare insbesondere auch auf Mobilgeräten mit ihren relativ kleinen Bildschirmen leichter nutzbar.

Von allein machen HTML-Formulare rein gar nichts. Wenn mit den Formulardaten etwas geschehen soll, müssen Sie beispielsweise schon ein wenig JavaScript programmieren.

Optionsfelder einrichten

Oberflächlich betrachtet ähneln *Optionsfelder* (Radiobuttons) stark den Kontrollkästchen. Sie unterscheiden sich allerdings von ihnen auch auf mancherlei Weise.

- ✔ **Radiobuttons treten immer in Gruppen auf.** In Formularen kann es zwar ein einzelnes Kontrollkästchen geben, Optionsfelder sind aber nur sinnvoll, wenn sie in Gruppen auftreten.
- ✔ **Nur jeweils ein Element in einer Gruppe von Optionsfeldern kann aktiviert sein.** Wird eines der Felder aktiviert, werden automatisch alle anderen Optionsfelder der Gruppe deaktiviert. Das ist wie bei den alten Autoradios, von denen die Optionsfelder auch ihren englischen Namen (radio buttons) haben, bei denen beim Drücken einer Taste die bisher gedrückte herausspringt. (Optionsfelder funktionieren wirklich wie diese alten Auto- oder auch Röhrenradios. Aber vielleicht hätte ich das jetzt besser nicht gesagt, um weniger alt zu wirken.)

- **Es sollte immer ein Element ausgewählt sein.** Beim Erstellen einer Gruppe von Optionsfeldern sollten Sie immer dafür sorgen, dass ein Element der Gruppe ausgewählt ist. Falls Sie das vergessen, können Sie die zu Ihrem Formular gehörigen Programme damit ganz schön durcheinanderbringen.
- **Der `id`-Wert der einzelnen Optionsfelder muss weiterhin eindeutig sein.** Alle `id`-Werte auf einer Webseite müssen eindeutig sein und auch die `id`-Elemente der Radiobuttons müssen sich an die üblichen Regeln halten.
- **Auch die Radiobutton-Elemente verfügen über ein `name`-Attribut.** Dieses wird für die gesamte Gruppe der Optionsfelder verwendet.
- **Alle Optionsfelder in einer Gruppe verwenden denselben Namen.** HTML stellt über das `name`-Attribut fest, zu welcher Gruppe ein Optionsfeld gehört, und sorgt darüber dafür, dass nur ein Feld in einer Gruppe ausgewählt ist.

Das Erstellen von Optionsfeldern ist dem von Kontrollkästchen zwar recht ähnlich, es gibt aber ein paar Unterschiede.

1. Beginnen Sie wieder mit der Erstellung eines `input`-Elements. Wie üblich stellt das `input`-Element das grundlegende Fundament bereit.
2. Setzen Sie das `type`-Attribut auf den Wert `"radio"`. Damit legen Sie fest, dass hier Optionsfelder (Radiobuttons) verwendet werden sollen.
3. Geben Sie jedem Element einen eindeutigen `id`-Wert. Dies entspricht der auch sonst üblichen Vorgehensweise.
4. Verwenden Sie für alle Optionsfelder der Gruppe für das `name`-Attribut denselben Wert. Über den Wert dieses Attributs legen Sie fest, welche Optionsfelder zu einer gemeinsamen Gruppe gehören.
5. Denken Sie auch an die optische Gruppierung. Nur über die HTML-Formatierung allein werden Nutzer nicht feststellen können, welche Optionsfelder zu einer Gruppe gehören. Über `fieldset`-Tags oder andere Formatierungstricks können Sie Nutzer wissen lassen, welche Optionsfelder zu welcher Gruppe gehören. Alle Optionsfelder einer Gruppe sollten sich auch in räumlicher Nachbarschaft befinden.
6. Sorgen Sie dafür, dass eines der Optionsfelder als Vorgabe markiert (ausgewählt) ist. Fügen Sie zu diesem Zweck einem der Elemente das Attribut `checked = "checked"` zu.

Aktionen über Schaltflächen veranlassen

Zu den kritischeren Formularelementen zählen die allgegenwärtigen Schaltflächen (Buttons). Schaltflächen sind aber nicht nur deshalb derart wichtig, weil sie nur herumlungern und einen unwiderstehlichen Eindruck machen. Nutzer erwarten üblicherweise, dass beim Anklicken von Schaltflächen wichtige Dinge geschehen. Eigentlich gibt es drei verschiedene Arten von Schaltflächen, die für die Nutzer aber alle gleich aussehen:

- ✔ **Standard-Schaltflächen:** So eine Standard-Schaltfläche sieht einfach nur wie eine Schaltfläche aus. Derartige Schaltflächen werden üblicherweise in JavaScript-Programmen dazu benutzt, um clientseitig irgendwelche Aktionen auszulösen. In JavaScript werden Sie diese Schaltflächenvariante häufig benutzen.
- ✔ **Submit-Schaltfläche:** Diese Schaltfläche wird normalerweise im Rahmen der serverseitigen Programmierung verwendet. Sie übernimmt alle Daten eines Formulars und überträgt sie zu einem Programm, das auf einem Server irgendwo im Web ausgeführt wird. Als deutsche Beschriftung wird auf dieser Schaltfläche beispielsweise DATEN ABSENDEN oder ANFRAGE SENDEN angezeigt.
- ✔ **Reset-Schaltfläche:** Dieser spezielle Schaltflächentyp besitzt ein vorgegebenes Verhalten. Wenn eine Reset-Schaltfläche vom Nutzer angeklickt wird, werden alle Daten im Formular wieder auf ihre ursprünglichen Vorgabewerte zurückgesetzt.

Abgesehen von diesen drei Schaltflächentypen lassen sich `button`-Elemente auf zweierlei Art erstellen. Das beeindruckende `input`-Element kann auch zum Erstellen von Schaltflächen verwendet werden:

```
<input type = "button"
       value = "Eingabe-Schaltfläche" />
```

Bei dieser Verwendung des Elements wird der Wert der `value`-Eigenschaft zur Beschriftung der Schaltfläche benutzt, während das `type`-Attribut angibt, welcher Schaltflächentyp erstellt werden soll. Da die Beschriftung der Schaltfläche implizit mit angegeben wird, muss kein entsprechender Text über `label`-Elemente festgelegt werden.

Auf diese Weise wurden `button`-Elemente ursprünglich in HTML erzeugt und sie wird immer noch verbreitet genutzt. Da Schaltflächen aber nicht wirklich der Eingabe dienen, sondern lediglich anzeigen sollen, wenn Nutzer bestimmte

Aktionen veranlassen wollen, wurde eine neue Syntax für Schaltflächen entwickelt:

```
<button type = "button">
   Standard-Schaltfläche
</button>
```

Diese Syntax verwendet ein `button`-Tag mit Start- und End-Tags. Über das `type`-Attribut wird angegeben, welcher Schaltflächentyp verwendet werden soll. (Der Vorgabetyp ist `"submit"`, der vorwiegend im Rahmen der serverseitigen Entwicklung genutzt wird, die nicht Gegenstand dieses Buches ist.) Über den Text innerhalb des `button`-Tags wird die Beschriftung der Schaltfläche festgelegt. Ich bevorzuge die `button`-Syntax, da ich sie für sauberer halte. Zudem erleichtert sie die CSS-Formatierung ein wenig, da Schaltflächen nur selten auf ähnliche Weise wie andere Elemente formatiert werden.

Validierung Ihrer Webseiten

Mit den in diesem Kapitel beschriebenen Grundlagen lassen sich bereits recht ansehnliche Webseiten erstellen. Wenn Sie ähnlich wie ich arbeiten, wird Ihnen dabei zuweilen aber immer noch der eine oder andere dumme Fehler unterlaufen. Es wäre schön, wenn es Werkzeuge gäbe, die uns als eine Art Rechtschreibprüfung für unseren Code dienen könnten. Diese Werkzeuge könnten nach so blöden Fehlern wie fehlenden Tags oder fehlerhaften Abfolgen von Tags Ausschau halten. Zuweilen wird sich derartiger Mist in Ihren Code einschleichen, vielleicht sogar ohne dass Ihnen die möglichen Probleme überhaupt bewusst sind. Die Darstellung der Webseite kann dabei in Ihrem Browser sogar durchaus in Ordnung sein. Derartige Fehler neigen aber dazu, genau dann in Erscheinung zu treten, wenn Sie Ihren Rechner an einen Projektor anschließen, um Hunderten von Leuten zu zeigen, wie Webseiten erstellt werden. (Nun ja, vielleicht geht das ja nur mir so ...)

Glücklicherweise gibt es einen derartigen Codecheck wirklich. Das W3 Consortium (und damit dieselben Typen, die vorrangig die Standards entwickelt haben und die auch unter dem Kürzel W3C bekannt sind) stellt ein Softwarewerkzeug bereit, mit dem Sie beliebige Seiten prüfen können, um sich davon zu überzeugen, dass es dem über `doctype` deklarierten Standard entspricht.

Dieses Werkzeug wird *W3 Validator* genannt und steht unter dieser clever gewählten Adresse bereit:

`http://validator.w3.org`

Abbildung 2.7 zeigt, wie eine Webseite vom W3 Validator geprüft wurde.

Der Validator ist zwar eine große Hilfe, aber auch nicht perfekt. Auch er kann nicht alle Fehler aufspüren und natürlich lässt er sich nur bei bestehender Internetverbindung nutzen. Zudem sind die ausgegebenen Fehlermeldungen zuweilen verwirrend und manchmal sogar mehr oder weniger mysteriös und damit wenig hilfreich.

Mit dem W3 Validator lässt sich XHTML- und HTML5-Code prüfen. Mit zunehmender Verbreitung von HTML5 sollten Sie auf weitere Tools achten, die direkt für die von Ihnen verwendeten Browser und Editoren angeboten werden und die Validierung von HTML5-Code erleichtern.

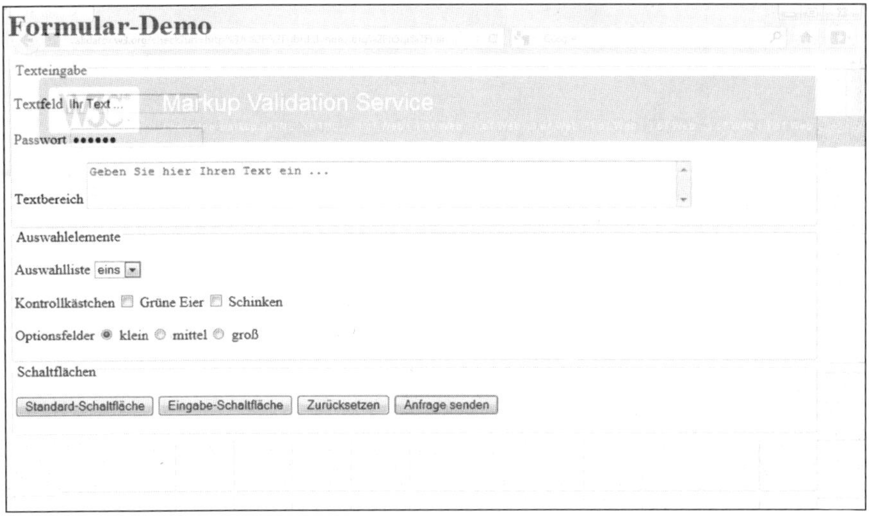

Abbildung 2.7: Ein erfolgreich validiertes HTML5-Dokument

Neue oder geänderte HTML5-Elemente

3

In diesem Kapitel ...

- Semantische Seitenelemente
- Semantische Inline-Elemente
- Die lang erwarteten Medien-Elemente
- Ruby-Element

Das wirklich Interessante einer neuen HTML-Version sind die neuen Tags. Mit HTML5 kommen eine Reihe neuer Tags hinzu und zudem gibt es von einigen guten alten Bekannten neue Varianten. In diesem Kapitel werden wir die neuen Tags betrachten und auch besprechen, wie sich einige der alten Tags geändert haben.

Semantische Seitenelemente

Mit HTML5 wird der Gedanke der semantischen Auszeichnung neu belebt. Tags sollen also nicht das *Aussehen* von Seitenbereichen, sondern deren *Bedeutung und Funktion* im Seitenkontext beschreiben. Als Webentwickler diese XHTML-Änderungen übernahmen, füllten sich die Webseiten mit Tags wie <div class = "x">. Die in XHTML hinzugefügten semantischen Seitenelemente sollten für einige Elemente, die auf allen Seiten auftreten, spezielle Tags zuordnen.

Einige ältere Browser unterstützen zwar die meisten der semantischen Tags (`header`, `article`, `footer` und so weiter), zeigen sie aber als Inline-Elemente an. (Sie erzeugen hier also keine eigenen Absätze.) Wenn Sie diesen Elementen in CSS die Anweisung `display:block` hinzufügen, werden sie wie erwartet angezeigt. (Für spezielle Formatierungen ist allerdings noch ein wenig mehr CSS vonnöten.)

address

Das `<address>`-Tag soll Kontaktdaten für die Autoren einer Seite oder eines Abschnitts aufnehmen. Dieses Tag gab es zwar bereits in HTML 4, es soll nun aber entweder für den Inhalt der gesamten Seite oder innerhalb eines Abschnitts (`section` oder `article`) verwendet werden, um dessen Autor anzugeben. Andere Tags (insbesondere Anker für E-Mail-Adressen oder Seitenlinks) lassen sich innerhalb des `address`-Tags verwenden.

```
<address>
  Boschstraße 12<br />
  69469 Weinheim
</address>
```

Von den meisten Browsern werden derart ausgezeichnete Adressen zwar kursiv dargestellt, Sie sollten sich aber nicht darauf verlassen. Wie alle anderen HTML-Tags können Sie mit CSS auch das genaue Aussehen der Inhalte dieses Tags definieren.

article

Mit `<article>` lassen sich Unterbereiche auf Seiten definieren. Das `<article>`-Tag sollte zur Kennzeichnung von Inhalten verwendet werden, die aus fremden Quellen stammen oder die irgendwie vom Inhalt der Hauptseite unabhängig sind. Typischerweise wird `<article>` zur Auszeichnung von Seitenabschnitten verwendet, die aus irgendwelchen Dokumentationssystemen übernommen wurden.

```
<article>
  <header>
  <h1>Aus
    <em>
      <a href = "http://aharrisboks.net/jad">
        JavaScript und AJAX für Dummies
      </a>
    </em>
  </h1>
  </header>
```

```
  <p>
    Ab und an werden Technologien entwickelt, die potenziell
    alles ändern können. AJAX ist eine derartige Technologie. In
    diesem Buch werden Sie erfahren, was es mit der Aufregung auf
    sich hat und warum AJAX eine derart tolle Sache ist.
  </p>
</article>
```

Die meisten Browser verwenden für das `article`-Tag keine besondere Formatierung und überlassen diese der CSS-Definition. Wenn der Artikel aus einem Online-Dokument übernommen wurde, enthalten die meisten `article`-Elemente einen Link zur Quellseite. Das `<article>`-Tag importiert keine Daten von externen Quellen. Es weist lediglich darauf hin, dass gewisse externe Beziehungen bestehen. Für stärker integrierte Inhalte sollten Sie stattdessen das `<section>`-Tag verwenden. Beachten Sie, dass es angebracht ist, dass Artikel eigene `h1`-Überschriften verwenden können, wenn sie Überschrift-Tags enthalten. Dadurch lassen sich auch Seiten aus verschiedenen Quellen zusammenziehen und geeignet formatieren.

aside

Das `<aside>`-Element soll Seitenfragmente kennzeichnen, die zwar in einem gewissen Bezug zum Hauptinhalt stehen, aber doch von diesem getrennt sind. `aside`-Text wird typischerweise als Seitenleiste formatiert.

```
<aside>
  Hier stehen weiterführende Erläuterungen.
</aside>
```

Beachten Sie, dass die meisten Browser für das `aside`-Element, sofern sie es überhaupt unterstützen, bisher keine besondere Formatierung verwenden.

footer

Mit dem `<footer>`-Tag werden Inhalte des Fußzeilenbereichs einer Seite gekennzeichnet. Meist enthält dieser Bereich die Kontaktdaten der Autoren (gewöhnlich in einem `<address>`-Tag).

```
<footer>
  <h2>footer (Fußzeilenbereich)</h2>
  <address>
    Andy Harris<br />
    <a href = "mailto:andy@aharrisbooks.net">
    andy@aharrisbooks.net</a>
  </address>
</footer>
```

Browser weisen `footer`-Elementen nicht automatisch ein bestimmtes Format zu. Vielmehr wird über CSS festgelegt, wohin der Fußzeilenbereich letztlich kommen soll. Das `<footer>`-Tag soll in erster Linie das verbreitet in HTML 4 und XHTML verwendete `<div id = "footer"></div>` ersetzen.

header

Das `<header>`-Tag wird in erster Linie zur Angabe einer Seitenüberschrift verwendet. Es ersetzt das in HTML 4 und XHTML häufig verwendete `<div id = "header">`.

```
<header>
  <h1>Dies ist meine Überschrift</h1>
</header>
```

Das `header`-Element enthält normalerweise eine `h1`-Überschrift und weitere mit dem Titel der Seite verbundene Metadaten, wie beispielsweise den Namen des Autors und das Erstellungsdatum eines Artikels. Verwechseln Sie das `<header>`-Element (bei dem es sich um einen sichtbaren Seitenbereich handelt) nicht mit dem `<head>`-Element (das für den Nutzer unsichtbare Metadaten enthält). Beachten Sie auch, dass das `<header>`-Element die Überschriftelemente `<h1>` bis `<h6>` nicht ersetzt, sondern sie üblicherweise beinhaltet.

Die meisten Browser weisen dem `header`-Element standardmäßig keine besondere Formatierung zu. Webentwickler müssen daher bei Bedarf selbst via CSS für die gewünschte Formatierung sorgen.

Für das `header`-Element gibt es noch einen weiteren Einsatzzweck. Es kann nämlich innerhalb von `section`- oder `article`-Elementen verwendet werden, um darauf hinzuweisen, dass es sich bei einer `h1`-Überschrift innerhalb eines solchen Elements um eine Überschrift erster Ebene für das Element und nicht die gesamte Webseite handelt. Das ist deshalb nützlich, weil eine Seite nur ein einziges Element der ersten Ebene enthalten sollte. Viele Webseiten werden aber automatisch von Aggregatoren oder Content-Management-Systemen *(CMS)* zusammengestellt und können dann Überschriften erster Ebene besitzen, die nicht in Konflikt mit der übergeordneten Überschrift der Webseite geraten.

hgroup

Mit dem <hgroup>-Tag können Sie eine Überschrift und eine oder mehrere Unterüberschriften zu einer logischen Gruppe zusammenfassen. Die normale Überschriftstruktur bildet das Gliederungsgerüst einer Seite. Wird eine h1-Überschrift verwendet, der sofort eine h2-Unterüberschrift folgt, besitzt Letztere eigentlich keine weitere Gerüstfunktion. Wenn Sie mehrere direkt aufeinanderfolgende Überschriften in einem hgroup-Element zusammenfassen, berücksichtigen Hilfsprogramme zur automatischen Erstellung von Gliederungen nur die erste Überschrift der Gruppe.

```
<hgroup>
  <h1>Die Geschichte der Welt</h1>
  <h2>(Ohne das üble Zeug)</h2>
</hgroup>
```

Da das hgroup-Element lediglich als Überschriften formatierte Texte zu Gruppen zusammenfassen soll, sind ihm keine speziellen Formatierungen zugeordnet.

Verwenden Sie hgroup, wenn Sie Überschriftformatierungen für Texte verwenden wollen, die keine Gliederungsfunktion besitzen.

menu

Das <menu>-Tag und das zugehörige <command>-Element lassen sich zur Erstellung verschiedener Arten von Menüsystemen verwenden.

```
<menu>
  <command label = "one"
           onclick = "alert('Uno')">Uno</command>
  <command label = "two"
           onclick = "alert('Dos')">Dos</command>
  <command label = "three"
           onclick = "alert('Tres')">Tres</command>
</menu>
```

Das <menu>-Tag unterstützt ein type-Attribut, das das Menüverhalten festlegt:

- **list:** Stellt die Befehle in Listenform dar.
- **context:** Soll wie ein Kontextmenü arbeiten, das angezeigt wird, wenn Nutzer ein Element mit der rechten Maustaste anklicken (oder wenn sie bei Fingerbedienung lange darauf drücken).
- **toolbar:** Die Befehle sollen als eine Art Werkzeugleiste dargestellt werden.

Das menu-Element soll mehrere <command>-Instanzen enthalten. (Im Abschnitt »command« weiter hinten in diesem Kapitel finden Sie nähere Einzelheiten zum command-Element und seinen Attributen.) Dem menu-Element ist keine besondere optische Darstellung zugeordnet. Bisher lassen sich zudem nur (höchst eingeschränkt) im IE Menüs mit command-Elementen erstellen, während es von den anderen verbreiteten Browsern nicht unterstützt wird. (Im Abschnitt »command« finden Sie eine Art Behelfslösung.)

Beachten Sie, dass das menu-Element in HTML5 eine völlig andere Bedeutung als in HTML 4 hat. In HTML 4 war das menu-Element eine Art von Liste.

nav

Mit dem <nav>-Tag können Sie einen Teil der Seite markieren, der der Navigation auf Ihrer Website dienen soll. Es soll das in HTML 4 und XHTML häufig verwendete <div id = "nav"> ersetzen.

```
<nav>
  <h2>Navigation</h2>
  <ul>
    <li><a href="#">Link A</a></li>
    <li><a href="#">Link B</a></li>
    <li><a href="#">Link C</a></li>
    <li><a href="#">Link D</a></li>
    <li><a href="#">Link E</a></li>
  </ul>
</nav>
```

Für das nav-Element werden keine Formatierungen vorgegeben. Der Webentwickler muss über CSS-Anweisungen festlegen, wie das Element aussieht und wo es auf der Seite platziert werden soll.

section

Bei einem section-Element handelt es sich um einen allgemeinen Unterbereich einer Seite. Seiten oder article-Elemente können in zahlreiche solche Elemente zerlegt werden. Das section-Element soll ein wenig spezifischer als die bei der HTML-4- und XHTML-Auszeichnung aktuell verwendeten <div>-Tags sein.

```
<section id = "1">
  <h2>Abschnitt 1</h2>
  <p>Text des Abschnitts ...</p>
</section>
```

Bisher wird das <section>-Tag von modernen Browsern kaum sinnvoll unterstützt. Bis das section-Element von den Browsern unterstützt wird, kann stattdessen aber das <article>-Tag oder das gängige <div>-Tag verwendet werden.

Semantische Inline-Elemente

Neben den semantischen Elementen auf Seitenebene (die der Strukturierung der gesamten Seite dienen) soll eine Reihe anderer neuer oder geänderter Tags das Hinzufügen neuer Elemente innerhalb von Seiten unterstützen.

command

Das <command>-Tag wird in Verbindung mit dem <menu>-Tag verwendet, um ein Menüsystem zu einer Webseite hinzuzufügen. Es kann auch irgendwo außerhalb des <menu>-Tags auf der Seite zur Definition von Tastaturkürzeln verwendet werden.

```
<menu>
  <command label = "one"
           onclick = "alert('Uno')">Uno</command>
  <command label = "two"
           onclick = "alert('Dos')">Dos</command>
  <command label = "three"
           onclick = "alert('Tres')">Tres</command>
</menu>
```

Das `<command>`-Tag unterstützt etliche Attribute:

- **`icon`:** Über dieses Attribut können Sie den Namen eines Bildes angeben, das als Symbol für den einen Befehl verwendet wird.
- **`checked`:** Zeigt an, ob ein Befehl aktiviert ist (nur sinnvoll für Menüeinträge, über die Optionen aktiviert oder umgeschaltet werden können).
- **`disabled`:** Wenn dieses Attribut vorhanden ist, wird der Befehl deaktiviert.
- **`label`:** Dient der Festlegung eines Namens für den Befehl.
- **`onclick`:** Ermöglicht die Eingabe einer Zeile JavaScript-Code, die ausgeführt wird, wenn Nutzer den Befehl anklicken.
- **`title`:** Zeigt dem Nutzer einen Hinweis zur Wirkung des Befehl an.
- **`type`:** Bestimmt den Typ und damit auch das Verhalten des Elements. (Zulässige Werte sind `command`, `checkbox` oder `radio`.) Diese Typen entsprechen denen bei den gewöhnlichen `input`-Elementen in Formularen.

Momentan wird das `<command>`-Tag noch von keinem der verbreiteten Browser umfassend unterstützt. Das abgedruckte Beispiel (`menu.html`) funktioniert bisher nur im Internet Explorer und zeigt dann über `alert()` ein kleines Dialogfeld mit einer Meldung an (siehe Abbildung 3.1).

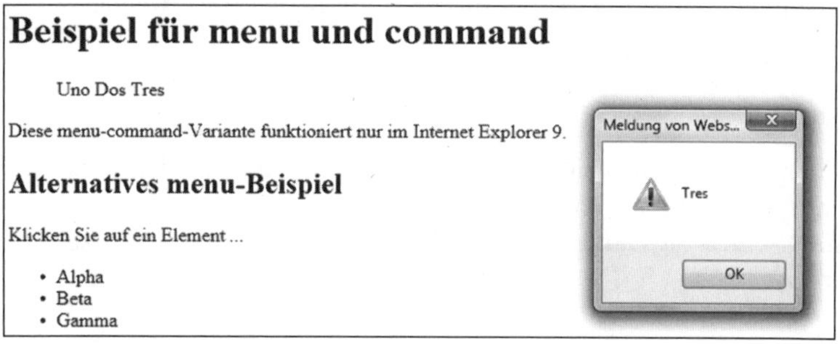

Abbildung 3.1: Die Meldung der ersten Menüvariante im Internet Explorer

Da das `onclick`-Attribut nun in Verbindung mit nahezu jedem HTML-Element verwendet werden kann, können Sie Menüs im Listenstil auch mit diesem Code erstellen:

```
<menu>
  <li onclick = "alert('A')">Alpha</li>
  <li onclick = "alert('B')">Beta</li>
  <li onclick = "alert('G')">Gamma</li>
</menu>
```

Bei diesem Code handelt es sich zwar um die alte HTML-4-Interpretation der Menüliste, es ist aber auch weiterhin valider HTML5-Code.

Natürlich werden Sie die Listenelemente wahrscheinlich mit ein wenig CSS formatieren wollen, damit sie eher wie Schaltflächen oder andere Elemente aussehen, die angeklickt werden können.

details

Das `details`-Element kann ein `summary`-Element und weitere HTML-Tags enthalten. Standardmäßig ist nur das `summary`-Element sichtbar. Wenn der Nutzer das `summary`-Element anklickt, um sich die Details anzeigen zu lassen, wird der übrige Inhalt des `details`-Elements angezeigt. Damit haben Sie eine praktische Möglichkeit, Inhalte zu verbergen und anzuzeigen. Ein Beispiel dazu finden Sie weiter hinten in diesem Kapitel unter der Überschrift »summary/details«.

dfn

Das `<dfn>`-Tag soll der Auszeichnung eines zu definierenden Begriffs dienen. Schließen Sie den zu definierenden Begriff in `<dfn></dfn>`-Tags ein.

```
<p><dfn>Flolloppen:</dfn>
  Das Geräusch, das eine Matratze macht, die in einen Sumpf
  fällt.<br />
  -- Douglas Adams
</p>
```

In den meisten Browsern wird der mit dem `<dfn>`-Tag ausgezeichnete Text kursiv dargestellt, was sich aber über CSS ändern lässt. Das `dfn`-Element ersetzt nicht die *Definitionsliste* (die Tags `<dl>`, `<dt>` und `<dd>`), die weiterhin für vielerlei Arten von Name-Wert-Paaren verwendet wird (auch wenn sie eigentlich für Definitionen gedacht war).

figcaption

Mit dem `<figcaption>`-Tag sollen Bildbeschriftungen ausgezeichnet werden. Es sollte nur innerhalb von `<figure>`-Tags verwendet werden. Mehr dazu erfahren Sie daher beim `figure`-Tag gleich im Anschluss.

figure

Über das semantische `figure`-Element können Sie ein oder mehrere Bilder mit optionaler Bildbeschriftung in Ihre Seiten einbinden. Das `<figure>`-Tag allein kann keine Bilder anzeigen. Es dient vielmehr als Container, der beliebige Bilder aufnehmen soll. Meist wird hier daher zusätzlich das übliche `<img>`-Tag zum Einsatz kommen, es können aber auch SVG- oder `canvas`-Bilder angezeigt werden. Für das Bild kann optional über das `<figcaption>`-Tag eine Bildunterschrift/Bildbeschriftung festgelegt werden.

```
<figure>
  <img src = "apoyo.jpg"
       alt = "Laguna De Apoyo" />
  <figcaption>Laguna De Apoyo (Nicaragua)</figcaption>
</figure>
```

In einem `figure`-Element können Sie auch mehrere Bilder unterbringen.

Browser geben keine besonderen Formatierungen für `figure`- und `figcaption`-Elemente vor, Sie können sie aber natürlich über CSS formatieren.

summary/details

Das `summary`-Tag soll mit dem `details`-Tag zusammenarbeiten. Mit ihm wird innerhalb des `details`-Elements eine für den Nutzer sichtbare Zusammenfassung angezeigt. Wenn der Benutzer diese anklickt, wird der übrige Inhalt des `details`-Elements angezeigt, der dem Nutzer zuvor verborgen geblieben ist.

```
<details>
  <summary>
    Bruce Wayne
  </summary>
  <p>Hinter dem Reporter Bruce Wayne<br />
     verbirgt sich Batmans geheime Identität.</p>
</details>
```

`summary/details` wird bisher nur von Chrome unterstützt. (`sumDetail.html` zeigt, wie es auch im IE mit installiertem Chrome Frame funktioniert.) Bei fehlender Unterstützung wird immer der gesamte im `details`-Element aufgeführte Text angezeigt. Sie könnten das eigentlich vorgesehene Verhalten allerdings über CSS und JavaScript-Code simulieren.

time

Über das time-Element können Sie Felder zur Darstellung von Datum oder Uhrzeit erstellen. Dieses Feld kann ein Datum, eine Uhrzeit oder auch Datum und Uhrzeit enthalten.

```
<p>
  Der Hahn kräht jeden Morgen um <time>6:30</time>.
</p>
```

Aktuell versehen Browser time-Elemente nicht mit speziellen Formatierungen. Die in time-Elementen dargestellten Daten sollten den gängigen Standards entsprechend formatiert werden, damit sie an Zeitzonen angepasst werden können.

wbr

Mit dem wbr-Element können Sie Vorschläge zum Trennen langer Wörter machen. An der entsprechenden Stelle wird die Zeile dann bei Bedarf umbrochen.

```
<p>Das wbr-Tag kann zur Markierung von Stellen in ewig
      langen Schlangen<wbr>wörtern verwendet werden,
      um anzugeben, wo Trennungen bei Bedarf sinn<wbr>voll
      wären.
</p>
```

Dieses Tag wird zwar von den verbreiteten Browsern unterstützt, bisher aber eigentlich nicht sinnvoll oder korrekt. Bestenfalls findet zwar an den entsprechenden Stellen der Zeilenumbruch statt, Trennstriche werden aber nicht eingefügt.

Medien-Elemente

Bei den vielleicht am sehnlichsten erwarteten Funktionen von HTML5 handelt es sich um die Medien-Elemente. Es hat zwar lange gedauert, aber jetzt unterstützt HTML Audio und Video ohne externe Plug-ins. Ähnlich aufregend ist auch die Unterstützung vektorbasierter Grafiken über die canvas- und svg-Elemente.

audio

Mit dem <audio>-Tag können Audiodateien für die Nutzer direkt in die im Browser angezeigten Dateien eingebettet werden.

```
<audio src = "DoYou.ogg" controls>
  <a href = "DoYou.ogg">DoYou.ogg</a>
</audio>
```

Wenn das <audio>-Tag vom Browser nicht unterstützt wird, wird stattdessen der Code zwischen <audio> und </audio> angezeigt. Auf diese Weise können Sie dem Nutzer über einen gewöhnlichen Link die Möglichkeit zum Herunterladen der Datei bieten. Für ältere Browser könnten Sie auch einen Flash-Player einbetten.

Das <audio>-Tag unterstützt einige Standardattribute:

- **autoplay:** Wird dieses Attribut angegeben, wird die Wiedergabe sofort nach dem Laden der Seite vom Browser begonnen. Generell sollten Sie diese Option nicht verwenden. Es wird für eine Unsitte gehalten, Audio ohne ausdrückliches Einverständnis des Nutzers wiederzugeben.
- **controls:** Wenn Sie dieses Attribut verwenden, zeigt der Browser eine einfache Schnittstelle mit Steuerelementen wie Wiedergabe/Pause, Lautstärkeregler und Anzeige der Abspielposition an. Was genau dabei angezeigt wird, ist vom jeweils genutzten Browser abhängig. Es ist immer sinnvoller, dem Nutzer irgendwelche integrierten oder über JavaScript definierten Steuerelemente bereitzustellen.
- **preload:** Wird dieses Attribut verwendet, lädt der Browser die Datei in den Arbeitsspeicher, sobald die Seite geladen wird, gibt sie aber erst dann wieder, wenn der Nutzer die Wiedergabe über den Player startet. Dadurch lassen sich Verzögerungen vermeiden, die durch die Pufferung der Daten auftreten können, wenn die Audiodaten nicht vorab geladen wurden.

Für das Vorabladen der Audiodaten wird natürlich Arbeitsspeicher benötigt, weshalb Sie das preload-Attribut mit Bedacht verwenden sollten. (Insbesondere bei Mobilgeräten ist Speicher heute oft wieder kostbar.)

- **src:** Dient der Angabe der Adresse der Audiodatei. Beachten Sie, dass Sie zu diesem Zweck bevorzugt das <source>-Tag verwenden sollten, da es Mehrfachangaben zulässt.

Das `<audio>`-Tag wird von allen verbreiteten Browsern auf die eine oder andere Weise unterstützt. Dafür, welche Audiodateiformate tatsächlich unterstützt werden, liefert der Standard aber keine Vorgaben. Daher unterstützen die verschiedenen Browser (wie könnte es auch anders sein) unterschiedliche Formate. Die meisten Browser unterstützen zwar mit dem Ogg-Format einen Open-Source-Standard, einige (insbesondere Safari und IE9) bevorzugen aber das mp3-Format. (Der IE9 kommt bei installiertem Chrome Frame mit dem Ogg-Format ebenfalls klar.) Wenn Sie beide Versionen bereitstellen, ist es jedenfalls sehr wahrscheinlich, dass Ihre Audiodateien von halbwegs aktuellen Browsern wiedergegeben werden können. Nutzen Sie das `<source>`-Tag, um mehrere Audioquellen hinzuzufügen:

```
<audio>
  <source src = "DoYou.ogg">
  <source src = "DoYou.mp3">
</audio>
```

Beachten Sie, dass Sie natürlich auch das `audio`-Element über JavaScript-Code steuern können. Der folgende Code (der über `body.onload` gestartet wird und den Sie in der Datei `audioJS.html` finden) fügt ein `song`-Element zur Seite hinzu, ohne das `audio`-Element anzuzeigen:

```
var song;
function init(){
  song = document.createElement('audio');
  song.setAttribute('src', 'DoYou.ogg');
} // end init
```

Der Code erzeugt ein Element namens `song`, in das vorab eine Ogg-Datei geladen wird. Mit diesem HTML-Code lässt sich eine Wiedergabe-Schaltfläche erstellen:

```
<button type = "button"
        onclick = "song.play()">
  Wiedergabe
</button>
```

Natürlich können Sie diese Schaltfläche beim Erstellen eigener Schnittstellen beliebig gestalten. Wenn erst einmal ein `audio`-Element auf Ihrer Seite erkannt wurde, können Sie darauf die folgenden JavaScript-Funktionen anwenden:

✔ **`play`:** Über diese Funktion lässt sich natürlich die Wiedergabe einer Datei starten. Erstaunlicherweise gibt es keinen Stopp-Befehl. Sie können aber `pause` verwenden oder die Lautstärke auf null setzen.

- **pause:** Hiermit lässt sich die Wiedergabe anhalten. Beim nächsten play-Befehl wird die Wiedergabe an dieser Stelle fortgesetzt.
- **setAttribute:** Über diese Funktion können Sie alle Attribute ändern, die Sie normalerweise über das HTML-Tag <audio> setzen würden. Diese Funktion wird vorwiegend genutzt, um eine Quelle (src) zum audio-Element hinzuzufügen.

Zudem können Sie auf einige nützliche Eigenschaften zugreifen:

- **currentTime:** Diese Eigenschaft gibt die aktuelle Abspielposition (in Sekunden) an. Sie können sie auslesen, um die aktuelle Position zu ermitteln, oder setzen, um an eine bestimmte Position im Song zu springen.
- **volume:** Die Lautstärke kann Werte zwischen 0 (Stille) und 100 (Maximum) annehmen. Auch diese Eigenschaft können Sie über JavaScript-Code setzen oder auslesen.

canvas

Mit dem <canvas>-Tag wird ein Bildschirmbereich für die programmgesteuerte Erstellung von Grafiken reserviert. HTML verwendet einfach eine bestimmte Fläche als Leinwand (canvas). Alle Zeichnungen und Bildmanipulationen müssen über JavaScript-Code erfolgen. Der folgende HTML-Code richtet ein canvas-Element ein und erstellt eine Schaltfläche.

```
<canvas id = "myCanvas"
        width = "300"
        height = "200">
  Für dieses Beispiel muss das HTML5-Tag canvas unterstützt werden.
</canvas>
<button type = "button"
        onclick = "draw()">
  Klick mich an, um eine Zeichnung generieren zu lassen!
</button>
```

Das canvas-Element macht nur wenig eigenständig. Um etwas Interessantes mit dem canvas-Tag zu bewerkstelligen, müssen Sie schon JavaScript bemühen. Extrahieren Sie einen *Zeichnungskontext* (ein spezielles Element, das zum Zeichnen genutzt werden kann) und nutzen Sie die Methoden dieses context-Objekts zur dynamischen Erstellung von Grafiken. Die draw()-Funktion, die im Beispiel canvasDemo.html aufgerufen wird, wenn der Benutzer die Schaltfläche anklickt, sieht beispielsweise wie folgt aus:

```
function draw(){
  var myCanvas = document.getElementById("myCanvas");
  var context = myCanvas.getContext("2d");
  context.fillStyle = "blue";
  context.strokeStyle = "red";
  circle(context, 1, 1, 1);

  for (i = 1; i <= 200; i+= 2){
    circle(context, i, i, i, "blue");
    circle(context, 300-i, 200-i, i, "red");
    circle(context, 300-i, i, i, "blue");
    circle(context, i, 200-i, i, "red");
  } // end for

} // end draw

function circle(context, x, y, radius, color){
  context.strokeStyle = color;
  context.beginPath();
  context.arc(x, y, radius, 0, Math.PI * 2, true);
  context.stroke();
} // end circle
```

Die Ausgabe des obigen `canvas`-Beispiels zeigt Abbildung 3.2.

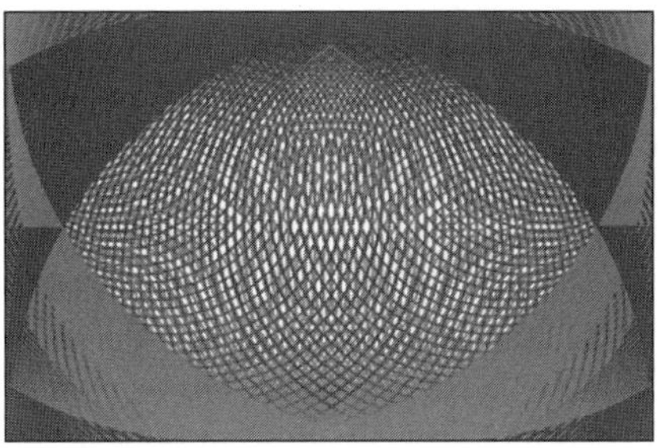

Abbildung 3.2: Die von `canvasDemo.html` erzeugte Grafik

Die meisten modernen Browser unterstützen das `canvas`-Tag direkt in irgendeiner Form. Der Internet Explorer hat vor Version 9 das `canvas`-Tag nur bei Verwendung des ExplorerCanvas-Plug-ins unterstützt.

Momentan steht nur ein 2D-Zeichenkontext zur Verfügung; letztlich ist aber die Unterstützung eines 3D-Zeichenkontextes geplant, der dann die Darstellung dreidimensionaler Zeichnungen direkt im Browser ermöglichen würde.

Über das `context`-Objekt werden die eigentlichen Zeichenfunktionen gesteuert. Einige der wichtigsten Methoden des `context`-Objekts sind:

- ✔ **`arc()`:** Mit `arc` lassen sich Bogen (Teile von Kreisen) als Teil eines Pfades zeichnen. Bogen werden wie Kreise über ihren Mittelpunkt und Radius, aber zudem noch über ihren Anfangs- und Endwinkel definiert. Wenn die Winkel einen vollen Kreis beschreiben (0 bis 2 π rad) zeichnet der Befehl `arc` einen vollständigen Kreis. Im letzten Beispiel finden Sie eine angepasste Kreisfunktion, die mit dem Befehl `arc` erstellt wurde.
- ✔ **`beginPath()`:** Dieser Befehl leitet die Definition eines Zeichenpfads ein. Normalerweise wird ein Pfad über einen einzelnen `moveTo`-Befehl definiert, dem eine Reihe von `lineTo`-Befehlen folgt. Dann wird er über `stroke`, `closePath` oder `fill` abgeschlossen.
- ✔ **`closePath()`:** Dieser Befehl verbindet den letzten Punkt eines (mit `moveTo`- und `lineTo`-Befehlen) gezeichneten Pfades mit seinem ersten Punkt. Auf diese Weise entsteht eine geschlossene Form, die gefüllt werden kann.
- ✔ **`drawImage()`:** Mit dem Befehl `drawImage` können Sie ein (aus einer externen Datei übernommenes) Bild auf die Leinwand (das `canvas`-Element) zeichnen. Viele Implementierungen gestatten Manipulationen auf Pixelebene, die Anwendung eigener Filter und Transformationen der Bilder und bieten damit weit umfassendere Kontrolle als beim typischen `<img>`-Tag.
- ✔ **`fill()`:** Mit dem `fill`-Befehl (und seinen Varianten wie `fillRect`) können Sie den aktuellen Füllstil auf Elemente anwenden, die auf den Bildschirm gezeichnet werden.
- ✔ **`fillRect()`:** Dieser Befehl erstellt ein Rechteck in der angegebenen Größe an der angegebenen Position und füllt es mit dem aktuellen Füllstil.
- ✔ **`fillStyle()`:** Ermöglicht Ihnen die Angabe des Füllstils. Dabei kann es sich um einen Standardfarbwert oder einen vordefinierten Gradienten (Verlauf) handeln.
- ✔ **`lineTo()`:** Mit diesem Befehl können Sie (zusammen mit dem Befehl `moveTo`) einen Pfad auf dem Bildschirm konstruieren. Der `lineTo`-Befehl übernimmt einen Punkt als Eingabe und zeichnet eine Linie von einem vorher festgelegten Punkt zum aktuellen Punkt. Beachten Sie, dass der Pfad erst nach Anwendung der `stroke`-Funktion angezeigt wird.

- **`lineWidth()`:** Über diesen Befehl können Sie die Breite der mit einem `stroke`-Befehl gezeichneten Linie festlegen.
- **`moveTo`:** Bei der Pfaddefinition wird der `moveTo`-Befehl zur Angabe des Anfangspunkts eines Pfades verwendet.
- **`stroke()`:** Dieser Befehl zeichnet den aktuell definierten Pfad. Beachten Sie, dass die definierten Pfade nicht sofort gezeichnet werden. Das geschieht erst nach einem Aufruf des Befehls `stroke`.
- **`strokeRect()`:** Dieser Befehl zeichnet ein nicht gefülltes Rechteck.
- **`strokeStyle()`:** Dient der Festlegung der nächsten zu zeichnenden Linie. Die meisten `context`-Elemente unterstützen gepunktete und gestrichelte Linien, es dürften aber noch einige hinzukommen.
- **`text`:** Einige Implementierungen des `canvas`-Tags gestatten auch Textmanipulationen. Die Unterstützung ist noch recht durchwachsen, dürfte aber in zukünftigen Implementierungen zur Regel werden.

Beim `canvas`-Tag handelt es sich um eine der wichtigsten neuen HTML5-Funktionen, da man mit ihm nahezu uneingeschränkte Kontrolle über die visuelle Schnittstelle erhält. Spieleentwickler haben damit begonnen, das `canvas`-Element in den von ihnen erstellten Spielen zu nutzen, und es dient einigen innovativen Bedienschnittstellen-Experimenten (insbesondere *Google Maps*) auch bereits als Basis.

Mehr zur Programmierung des `canvas`-Elements finden Sie in Kapitel 8.

embed

Beim `<embed>`-Tag handelt es sich sozusagen um ein universelles Medien-Tag. Es kann (zumindest theoretisch) zur Einbettung beliebiger Medien in eine Webseite benutzt werden. Man muss dabei nur jeweils den anzuzeigenden Medientyp angeben.

```
<embed src = "monsterTraffic.swf"
       type = "application/x-shockwave-flash"
       width = "400"
       height = "400" />
```

Mithilfe dieses Tags lassen sich Mediendateien einbetten, die von anderen Medien-Tags nicht unterstützt werden. Über das type-Attribut können Sie basierend auf dem MIME-Typ das geeignete Plug-in angeben. Es besteht dabei jedoch keinerlei Garantie, dass der Dateityp auch wirklich unterstützt wird, und selbst wenn es der Fall ist, wird das zur Anzeige des Elements jeweils verwendete Plug-in vom Client kontrolliert.

Das <embed>-Tag wurde wegen mangelnder Verlässlichkeit eigentlich sogar aus HTML und XHTML entfernt, wurde mit HTML5 aber wieder reaktiviert. Nutzen Sie embed nur als Ausweichlösung und verlassen Sie sich besser auf zuverlässigere Tags wie img, audio oder video.

Das embed-Element bleibt die beste Alternative bei der Einbindung von Flash-Elementen und insbesondere als Notlösung für audio- oder video-Elemente.

source

Das source-Tag können Sie innerhalb eines audio- oder video-Elements zur Angabe der Quelle eines Medien-Elements benutzen. Dabei können Sie mehrere Quellen aufführen. Der Browser probiert dann die verschiedenen Quellen nacheinander aus, bis er eine gefunden hat, die er nutzen kann. Dabei handelt es sich um die zu bevorzugende Vorgehensweise zur Angabe mehrerer möglicher Codierungen bei Audio- oder Video-Elementen. Im Abschnitt »audio« weiter vorn in diesem Kapitel finden Sie dazu ein Beispiel.

svg

Mit dem <svg>-Element können Webautoren vektorbasierte Bilder auf der Basis der SVG-Beschreibungssprache direkt in ihre Seiten einbinden.

```
<svg xmlns:xlink="http://www.w3.org/1999/xlink"
xmlns="http://www.w3.org/2000/svg"
viewBox="0 0 200 100"
width="200px" height="100px">

<circle cx="50" cy="50" r="30"
        style="stroke:#0000ff;
                stroke-width: 5px; fill:#ff0000;"/>
```

```
<rect x = "100"
      y = "0"
      height = "50"
      width = "50"
      stroke-width = "2px"
      stroke = "#ffff00"
      fill = "#00ff00" />
</svg>
```

Abbildung 3.3 zeigt die Ausgabe des Beispiels `svg.html`.

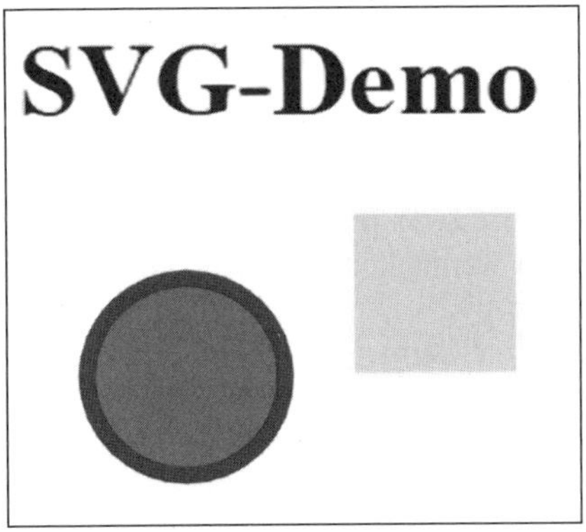

Abbildung 3.3: Ein paar via SVG gezeichnete geometrische Objekte

SVG nutzt ein XML-System, das XHTML recht ähnlich ist. Alle Elemente werden über Tags beschrieben, die verschiedene Attribute besitzen, über die ihre Größe, Position und Farbe festgelegt werden können. SVG-Elemente lassen sich auch mit einer CSS-Variante ändern. Und SVG-Code kann auch über JavaScript-Code in Echtzeit erstellt und geändert werden. SVG wird häufig zur dynamischen Erstellung von Diagrammen und anderer Schaubilder verwendet. Sie können SVG-Bilder auch von vektororientierten Zeichenprogrammen wie *Dia* oder *Inkscape* aus exportieren und die auf diesem Weg erzeugten Zeichnungen direkt in Ihre Seiten einbinden.

Der Hauptvorteil vektorbasierter Bildformate wie SVG besteht darin, dass sie ohne Qualitätsverluste in der Größe verändert werden können.

Alle verbreiteten Browser unterstützen SVG in ihren aktuellen Versionen in unterschiedlichem Ausmaß. Beim Internet Explorer ist dies erst ab Version 9 der Fall.

Mehr Informationen zum SVG-Standard finden Sie auf der SVG-Seite des W3C unter `www.w3.org/Graphics/SVG`.

video

Das `video`-Element ist eine der am sehnlichsten erwarteten HTML5-Funktionen. Mit diesem Tag können Entwickler Videos in ihre Seiten einbetten, ohne dabei noch auf Plug-ins wie Flash angewiesen zu sein.

```
<video src = "bigBuck.ogv" controls>
  Ihr Browser unterstützt kein eingebettetes Video
  über HTML5.
</video>
```

Das `<video>`-Tag selbst ist zwar recht leicht verständlich, aber die eigentliche Implementierung ist ein wenig komplex. Der HTML5-Standard definiert zwar das `video`-Tag, gibt aber nicht vor, welche Formate die Browser unterstützen sollen oder müssen. Daher kann es auch nicht weiter überraschen, dass die Browserhersteller unterschiedlicher Meinung darüber sind, welche Formate unterstützt werden sollen. Momentan kämpfen drei Videoformate um die Vorherrschaft:

- ✔ **Ogg/Theora/Vorbis:** Bei Ogg handelt es sich um ein Containerformat, das Vorbis-Codierung für Audio und Theora-Codierung für Video nutzt. Das Ogg-System ist mit keinerlei bekannten Patenten belastet. Es wird von Firefox, Chrome und Opera unterstützt. (Es wird auch von Safari unterstützt, wenn der Nutzer das Vorbis-Plug-in für QuickTime installiert hat.) Der IE9 unterstützt das Ogg-Format zwar auch weiterhin nicht, es lässt sich aber nutzen, wenn *Chrome Frame* installiert ist (siehe Abbildung 3.4).
- ✔ **MP4/H.264/AAC:** Beim MP4-Standard handelt es sich um ein Containerformat, das meist H.264 für die Videocodierung und AAC für die Audiocodierung verwendet. Die Nutzung aller drei Formate wird durch Patente beschränkt. Prinzipiell wird dieses Format von Safari, Chrome, iPhone, Android und dem Internet Explorer ab Version 9 unterstützt.
- ✔ **WebM/VP8/Vorbis:** WebM ist ein relativ neuer Standard, der von Google eingeführt wurde. Er verwendet VP8 zur Videocodierung und Vorbis zur Audiocodierung. Bisher wird WebM zwar noch kaum unterstützt, die meisten Browser sollen aber in zukünftigen Versionen entsprechende Unterstützung bieten.

Abbildung 3.4: `videoDemo.html` *im Internet Explorer 9 mit Chrome Frame*

Es gibt eine ganze Reihe von Meldungen, die hinzukommende oder wegfallende Formatunterstützung bei den verschiedenen Browsern betreffen. Momentan kann man sich in diesem Bereich jedenfalls auf kaum etwas wirklich verlassen.

Wenn Sie das `video`-Element in HTML5 nutzen wollen, sollten Sie mithilfe des `<source>`-Tags alle wesentlichen Formate einbinden. (Zur Umwandlung Ihrer Videos können Sie das für alle wichtigen Softwareplattformen kostenlos erhältliche *FFmpeg* verwenden.) Als letzten Notbehelf können Sie noch das `<embed>`-Tag innerhalb Ihres `<video>`-Tags nutzen, um das Video mit einem Flash-Player zu laden.

Das `video`-Element lässt sich mit JavaScript ähnlich wie bei Audiodateien steuern. Entsprechend finden Sie im Abschnitt »audio« weiter vorn in diesem Kapitel weitere Informationen zur Steuerung Ihrer Medien-Elemente über JavaScript-Code.

Ruby-Elemente

Das Web ist ein wirklich internationales Phänomen. HTML5 würdigt dieses Phänomen über eine Reihe von Tags, die Ruby unterstützen. Dabei handelt es sich um eine Art der Auszeichnung, die vorwiegend im Zusammenhang mit asiatischen Sprachen verwendet wird.

Beachten Sie, dass Ruby auch der Name einer Programmiersprache ist, deren Wurzeln in Japan liegen und die manchmal im Rahmen der serverseitigen Webentwicklung zum Einsatz kommt. Im HTML5-Kontext bezieht sich Ruby auf das Auszeichnungsverfahren und nicht auf die Programmiersprache.

ruby

Das `<ruby>`-Tag markiert ein Codesegment, das Ruby-Erläuterungen enthalten sollte.

rt

Das `<rt>`-Tag wird innerhalb des `ruby`-Elements verwendet. Es enthält Hinweise zur Aussprache des vorausgehenden Zeichens. Es wird vorwiegend für selten benutzte Zeichen in Sprachen wie Chinesisch und Japanisch verwendet.

rp

Über das `<rp>`-Tag wird offiziell festgelegt, was angezeigt werden soll, wenn ein Browser das `<rt>`-Tag nicht unterstützt.

Die Ruby-Tags werden von den jeweils aktuellsten Versionen der verbreiteten Browser (IE9, Firefox, Opera, Chrome und Safari) unterstützt.

Neue und geänderte Formularelemente

4

In diesem Kapitel ...

- Neue Formularelemente
- Neue Attribute für Formularelemente
- Die neuen `input`-Varianten von Formularen ausprobieren

Von Anfang an waren Formulare Bestandteil von HTML. Angesichts der Verwandlung von Websites in App-Frameworks sehen die einfachen Formularelemente aber langsam ziemlich alt aus. Eine Reihe von Tools (wie *XForms* und Add-ons von Drittanbietern wie *jQuery UI*) haben versucht, die Formularelemente einer Verjüngungskur zu unterziehen. In HTML5 wird den Formularelementen jetzt schließlich ein wenig der längst notwendigen Aufmerksamkeit zuteil. Der Standard umfasst neben einigen neuen Formularelementen auch eine Reihe von Erweiterungen der `input`-Standardelemente und neue Attribute, die für beliebige Formularelemente genutzt werden können.

Der Microsoft Internet Explorer unterstützt auch in der Version 9 die allermeisten der neuen Formularelemente eigentlich noch nicht. Abhilfe schafft hier aber die Installation des Plug-ins *Chrome Frame*. Mehr dazu erfahren Sie am Ende von Kapitel 1. (Anmerkung des Übersetzers: Die Quelltexte der Beispiele zur deutschen Auflage für dieses Kapitel wurden durchweg so erweitert, dass Chrome Frame im IE genutzt wird, sofern es installiert ist.)

Neue Formularelemente

Mit HTML5 kommt eine Reihe von Formularelementen hinzu. Diese neuen Elemente sorgen jeweils für neue Möglichkeiten. Natürlich werden sie bisher noch nicht alle voll unterstützt, aber immerhin machen sie bereits jetzt einen vielversprechenden Eindruck. Eine beachtliche Menge dieser Formularelemente soll der dynamischen Änderung von Seiten durch Programme dienen.

datalist

Über das datalist-Element können Entwickler Eingabeelementen des text-Typs eine Liste von Vorgaben zuordnen. Sobald der Nutzer Text in das Feld einzugeben beginnt, wird ihm eine Liste mit Vorschlägen angezeigt, aus der er mit Maus oder per Fingertipp den gewünschten Wert auswählen kann.

```
<label for = "txtList">Ihr Name:
  <input type = "text"
         list = "names"
         id = "txtList"/>
  <datalist id = "names">
    <option value = "Andy">
    <option value = "Andreas">
    <option value = "Aristoteles">
  </datalist>
</label>
```

Das datalist-Element wird von Opera und aktuellen Firefox-Versionen unterstützt. In das datalist-Objekt können Sie ein gewöhnliches <select>-Element (mit demselben id-Wert wie dem des text-Elements) einbetten. Dann zeigen Browser mit datalist-Unterstützung diese an, während andere das select-Element nutzen.

Eine Reihe anderer Felder (insbesondere der input-Typ number) unterstützen das list-Attribut, über das ihnen ein datalist-Element zugeordnet werden kann. Auf diese Weise sollen sich datalist-Elemente auch mit anderen Eingabeobjekten verknüpfen lassen. Diese Möglichkeiten werden bislang aber kaum unterstützt.

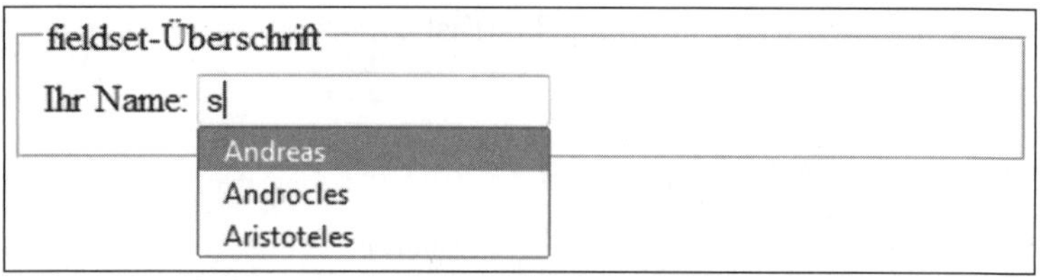

Abbildung 4.1: datalist und fieldset im Einsatz

fieldset

Aus technischer Sicht handelt es sich beim fieldset-Element nicht um eine HTML5-Neuerung, allerdings wurde es von Entwicklern bisher recht stiefmütterlich behandelt. Alle Formularelemente sollen eigentlich mit entsprechenden Elementen irgendwie zu Blöcken zusammengefasst werden und `fieldset` eignet sich eben gut für derartige Zwecke. Verwenden Sie das `<legend>`-Tag, um dem `fieldset`-Element eine Überschrift zu geben.

```
<form action = " ">
  <fieldset>
    <legend>fieldset-Überschrift</legend>
      <!-- Hierhin kommen die eigentlichen Formularelemente -->
  </fieldset>
</form>
```

Das `fieldset`-Element wird von allen wichtigen Browsern unterstützt.

keygen

Das `keygen`-Element erzeugt einen Schlüssel für die Übergabe verschlüsselter Daten an einen Server.

```
<label for = "key">keygen
  <keygen id = "key"
          keytype = "rsa"
          challenge = "openSesame" />
</label>
```

Das `<keygen>`-Tag besitzt eine Reihe von Parametern:

- ✔ `keytype`: Dient der Festlegung der Verschlüsselungsart. (`rsa` ist Standard.)
- ✔ `challenge`: Eine zusammen mit dem öffentlichen Schlüssel übergebene Zeichenkette. (Diese wird normalerweise vom Server festgelegt.)

Das `keygen`-Element wird in der HTML5-Gemeinde heiß diskutiert. Einige Sicherheitsexperten halten die verwendeten Verschlüsselungsverfahren für bereits veraltet. Zudem erfordert die Nutzung dieser Funktion Kenntnisse über Verschlüsselungsverfahren, wie sie nur sehr wenige Webentwickler besitzen. Das `keygen`-Element wird mittlerweile von allen Browsern außer IE unterstützt. Safari unterstützt `keygen` momentan nur auf dem Mac.

Denken Sie daran, dass sich die Angaben zur Unterstützung der verschiedenen Elemente normalerweise auf den nackten Internet Explorer (also ohne installierte Plug-ins wie Chrome Frame) beziehen.

label

Ähnlich wie das `fieldset`-Element gibt es auch das `label`-Tag bereits seit geraumer Zeit, ohne dass es sonderlich häufig genutzt wurde. Mit dem `label`-Tag können Sie `input`-Formularelementen HTML-Elemente zuordnen. Über das `for`-Attribut geben Sie den `id`-Wert des Elements an, auf das sich das Label bezieht. Um sich die CSS-Formatierung zu erleichtern, werden Formularelemente häufig in `label`-Elemente eingebettet. Zudem kann der Einsatz von Labeln bei der Gestaltung von Bedienschnittstellen gewisse Vorteile bieten. Wenn Sie beispielsweise einem Kontrollkästchen oder einem Optionsfeld ein Label zuordnen, können Nutzer nicht nur das Feld selbst, sondern auch die Option anklicken, um eine Auswahl zu treffen.

Einige Webentwickler betten auch `input`-Tags in entsprechende `label`-Elemente ein, um sich die CSS-Formatierung zu erleichtern. Auch ich benutze dieses Verfahren in dieser Referenz.

Wenn man `fieldset`- und `label`-Elemente in Verbindung mit einigen einfachen CSS-Formatierungen verwendet, müssen zur Erstellung von Webseitenlayouts keine Tabellen mehr benutzt werden. Der folgende CSS-Code zeigt eine einfache Möglichkeit zur Erstellung eines schön ausgerichteten Formulars ohne die zusätzliche Unübersichtlichkeit und Komplexität von Tabellen bei der Layoutverwaltung:

```
<style type = "text/css">
  label {
          display: block;
          width: 60%;
          text-align: right;
          margin-right: 1em;
        }
  input {
          width:40%;
        }
</style>
```

meter

Das meter-Tag dient der grafischen Darstellung von Werten.

```
<p>
  A <meter min = "0"
           max = "10"
           value = "7">
    </meter>
</p>
```

Abbildung 4.2: Grafische Ausgabe von Werten mit dem meter-Element

Das meter-Element kann irgendwo, nicht nur innerhalb von Formularen, verwendet werden, um einen Wert innerhalb eines festgelegten Bereichs darzustellen. Das meter-Tag unterstützt eine Reihe von Attributen:

- ✔ **value:** Ohne Angabe dieses Attributs wird die erste numerische Angabe innerhalb des <meter></meter>-Paars als Wert behandelt.
- ✔ **max:** der Maximalwert für das Element
- ✔ **min:** der Minimalwert des Elements
- ✔ **high:** der »rote« Bereich, wie beispielsweise bei einem Drehzahlmesser
- ✔ **low:** eine Art Warnbereich, wie beispielsweise bei einer Tankanzeige
- ✔ **optimum:** eine Angabe zum Optimalwert eines Elements

Die Werte von value, high, low und optimum sollten sich natürlich alle zwischen min und max bewegen. Für das meter-Element gibt es bisher noch keine verbindlichen Vorgaben, auf der WebKit-Engine basierende Browser zeigen allerdings eine kleine Balkengrafik an (siehe Abbildung 4.2). Das meter-Element dient der Anzeige numerischer Werte. Wenn es um die Eingabe numerischer Werte innerhalb eines einzuhaltenden Bereichs geht, können Sie <input type = "range"> verwenden.

Das meter-Tag wird zwar häufiger in Formularen verwendet, Sie können es aber an beliebiger Stelle in Ihren Dokumenten verwenden. Die Werte des meter-Elements können wie üblich mit JavaScript dynamisch geändert werden.

output

Das output-Element soll der Ausgabe von Texten dienen. Mit ihm definieren Sie einen Seitenbereich, der von einem Skript geändert wird (üblicherweise JavaScript). Sehen Sie sich dazu das folgende Codefragment an:

```
<output id = "myOutput">Dies ist der Originalwert</output>
  <button onclick = "changeOutput()">
    Ändern Sie die Ausgabe
  </button>
```

Beim Anklicken der Schaltfläche (dem Auftreten des onclick-Ereignisses) wird die JavaScript-Funktion changeOutput() aufgerufen, die so aussehen könnte:

```
function changeOutput(){
  var myOutput = document.getElementById("myOutput");
  myOutput.value = "Der Wert wurde geändert";
} // end changeOutput
```

Wenn diese Funktion ausgeführt wird, ändert sie den Inhalt des myOutput-Bereichs und zeigt dort den Text »Der Wert wurde geändert« an.

Das output-Element wird von allen aktuellen Browsern (mit Ausnahme des Internet Explorer) unterstützt. Ihm ist keine besondere Formatierung zugeordnet.

Wenn sich dieses Element nicht verwenden lässt, können Sie auch über das innerHTML-Attribut beliebiger Seitenelemente deren Inhalte dynamisch codegesteuert ändern.

Das output-Tag wird häufig in Formulare eingebettet und ist als Element für die Interaktion mit dem Nutzer gedacht. Sie können es aber auch irgendwo anders auf Ihren Webseiten verwenden.

progress

Über das <progress>-Tag soll angezeigt werden, wie weit eine Aufgabe bereits ausgeführt wurde. (Die Angabe erfolgt meist als Prozentwert.)

```
<p>Jetzt wird die Welt zerstört.<br />
   Fortschritt:
   <progress value = "25"
             max   = "100">
   </progress>
</p>
```

Lange erfolgte die Fortschrittsanzeige in den meisten Browsern einfach als Text. Mittlerweile ähnelt sie aber oft der Ausgabe des weiter vorn in diesem Kapitel behandelten `meter`-Elements.

Die Aktualisierung der Fortschrittsanzeige sollte üblicherweise über JavaScript-Code erfolgen.

Auch das `progress`-Element wird zwar häufig innerhalb von Formularen verwendet, Sie können es aber prinzipiell irgendwo auf Ihren Webseiten nutzen.

Neue Attribute von Formularelementen

Abgesehen von den mit HTML5 neu eingeführten Formularelementen wurden auch alle bisherigen Formularelemente um praktische Eigenschaften erweitert. Diese neuen Attribute und Möglichkeiten lassen sich in Verbindung mit beliebigen Formularelementen nutzen.

autofocus

Das `autofocus`-Attribut lässt sich für beliebige Formularelemente nutzen. Wird es bei einem Element angegeben, bekommt es den Fokus für die erste Benutzereingabe. Üblicherweise wird das erste Element eines Formulars mit dem `autofocus`-Attribut versehen.

```
<form action = "">
  <fieldset>
    <label>Name:
      <input type = "text"
             autofocus />
    </label>
    <label>E-Mail:
      <input type = "email" />
    </label>
  </fieldset>
</form>
```

Wenn der Browser bei einem Element mit dem `autofocus`-Attribut nichts anzufangen weiß, passiert gar nichts. Dann können Sie bei Bedarf immer noch auf JavaScript-Lösungen zurückgreifen. Natürlich ist es nicht sinnvoll, das `autofocus`-Attribut für mehr als ein Formularelement zu verwenden.

placeholder

Mit dem `placeholder`-Attribut können Sie in Ihren Textfeldern spezielle Platzhaltertexte anzeigen lassen. Dabei handelt es sich lediglich um einen temporär angezeigten Text, mit dem Sie auch ohne `label`-Tags auf den Zweck von Feldern hinweisen können. Sobald der Nutzer das Feld anklickt, verschwindet der Platzhaltertext.

```
<input type="text"
       placeholder="Namen eingeben" />
```

Das `placeholder`-Attribut wird nicht von allen Browsern unterstützt. Teilweise wird es einfach ignoriert. Befindet sich bereits Text in einem Feld, wird der Platzhaltertext nicht angezeigt. Deshalb ist es eigentlich generell sinnvoller und besser, wenn Sie mit `label`-Elementen arbeiten, wenn Sie Nutzern mitteilen wollen, wie die erwarteten Eingaben aussehen sollen. (Das gilt insbesondere, wenn Eingaben überprüft werden und gewissen Vorgaben entsprechen müssen.)

pattern und title

Über das `pattern`-Attribut können Sie einen regulären Ausdruck angeben, der zur Überprüfung des Formulars benutzt wird. Wenn der Inhalt des Formularelements dem regulären Ausdruck entspricht, wird das Feld als gültig betrachtet. (Mehr zu diesem Thema erfahren Sie im Abschnitt »Validierung von Eingaben« weiter hinten in diesem Kapitel.) Da die Fehlersuche bei der Verwendung regulärer Ausdrücke schwierig werden kann, sollte das `pattern`-Attribut nur verwendet werden, wenn die standardmäßigen Validierungsverfahren nicht ausreichen.

```
<input type = "text"
       id = "txtPhone"
       pattern = "\(\d{3}\) +\d{3}-\d{4}"
       title = "(ddd) ddd-dddd"
       placeholder = "(04711) 123-4567" />
```

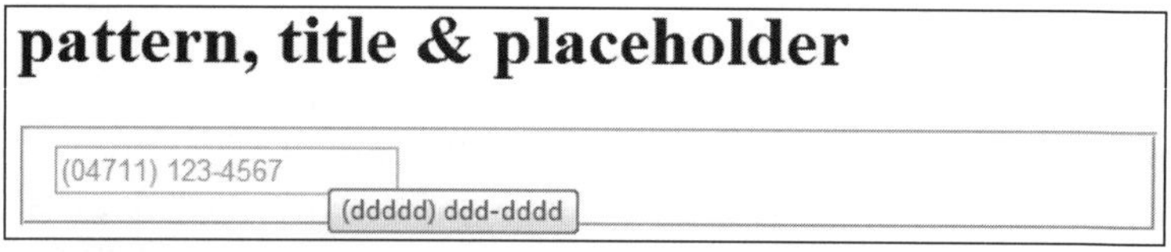

Abbildung 4.3: Eingabefeld mit Muster, Hilfsfenster und Platzhalter

Wenn Sie über das `pattern`-Attribut eine Eingabeschablone vorgeben, wird diese üblicherweise noch nicht im Browser angezeigt. Deshalb sollten Sie auch ein `title`-Attribut angeben, das vom Browser verwendet werden kann, um das Muster in einem kleinen Fensterchen anzuzeigen (siehe Abbildung 4.3). Es kann auch sinnvoll sein, einen Platzhaltertext im Eingabefeld anzuzeigen, der auf das Muster der erwarteten Eingabe hinweist.

Eine ausführliche Behandlung regulärer Ausdrücke würde den Rahmen dieses Buches sprengen. Mehr dazu sollten Sie einschlägigen Werken zu JavaScript und AJAX entnehmen.

required

Über das `required`-Attribut können Sie festlegen, dass in einem bestimmten Feld eine Eingabe erforderlich ist.

Werden die entsprechenden Felder nicht ausgefüllt, werden sie in Browsern, die dieses Attribut unterstützen, markiert und beispielsweise rot hervorgehoben. Einige Browser zeigen auch Warnungen an, wenn Nutzer Formulare abzusenden versuchen, in denen Felder mit dem `required`-Attribut nicht ausgefüllt wurden.

```
<input type = "text"
       required />
```

Über die spezielle Pseudoklasse `:required` können Sie allen Elementen mit `required`-Attribut in Ihren Formularen eine CSS-Formatvorlage zuordnen (und ihnen beispielsweise eine besondere Rahmen- oder Hintergrundfarbe geben). Ein CSS-Format, das alle Elemente mit dem `required`-Attribut mit einem roten Rahmen versieht, könnte beispielsweise so aussehen:

```
:required {
          border: 1px solid red;
          }
```

Validierung von Eingaben

Bei der Validierung genannten Überprüfung von Formulareingaben handelt es sich um eine der schwierigsten Aufgaben der Webentwicklung. Formulare, die Nutzer zur Eingabe von Daten auffordern, lassen sich recht leicht erstellen. Anschließend zu prüfen und sich davon zu überzeugen, dass die von den Nutzern eingegebenen Daten auch korrekt sind, kann aber bereits recht schwierig werden, wenn es nur um deren formale Korrektheit geht. E-Mail-Adressen sollten beispielsweise ein paar Zeichen, das »at«-Symbol (`@`), einige weitere Zeichen, einen Punkt und den zwei bis vier Zeichen langen Namen einer Domäne der obersten Ebene umfassen. Typischerweise verwenden Programmierer in JavaScript Tricks wie reguläre Ausdrücke, um Ausdrücke zu prüfen und dafür zu sorgen, dass sie im richtigen Format vorliegen.

HTML5 verspricht hier viel einfachere Lösungen. Wenn Sie die im nächsten Abschnitt beschriebenen, für spezielle Zwecke gedachten Eingabeelemente verwenden, prüft der Browser automatisch, ob der Inhalt von Formularfeldern im richtigen Format vorliegt. Beim Vorliegen unzulässiger Eingaben lassen sich die Formulare dann (üblicherweise) nicht übertragen und die spezielle CSS-Pseudoklasse `:invalid` wird Feldern mit derartigen Eingaben zugeordnet. Als Programmierer müssen Sie lediglich eine CSS-Formatierung für den `:invalid`-Zustand definieren:

```
:invalid {
            background-color: red;
         }
```

Wenn dieser CSS-Zustand eintritt, wird allen Feldern mit ungültigen Inhalten das `:invalid`-Format zugewiesen.

Wenn es beispielsweise ein Feld zur Eingabe von Farben im Formular gibt und das hier definierte CSS-Format mit dem roten Hintergrund verwendet wird, bleibt der Hintergrund des Feldes für die Farbeingabe rot, bis der Nutzer eine zulässige Farbe (einen erkannten Farbnamen oder einen hexadezimalen Farbwert) eingegeben hat. Ähnlich bleibt das Feld zur Eingabe einer E-Mail-Adresse so lange rot hinterlegt, bis die Eingabe formal korrekt ist.

Entwickler müssen keinen weiteren Code zum Formular hinzufügen. Ein einfaches CSS-Format reicht zur Hervorhebung ungültiger Einträge aus. Den Rest erledigt der Browser.

Beachten Sie, dass Felder mit dem `required`-Attribut für ungültig gehalten werden, sofern sie keinen Wert enthalten, was ein wenig unschön aussehen kann.

Möglicherweise weigert sich der Browser, ein Formular zu verarbeiten, bis alle Felder validiert wurden. Dieses Verhalten scheint aber bisher nicht universell für alle HTML5-konformen Browser zu gelten.

Wenn Sie wollen, können Sie die Validierung beliebiger Felder auch über das `novalidate`-Attribut des jeweiligen Elements komplett deaktivieren.

Neue input-Typen in Formularen

In HTML-Formularen dreht sich so ziemlich alles um das zwar unscheinbare, aber höchst flexible `input`-Element. Ein und dasselbe Element wird in HTML 4 für die Erstellung vielerlei Arten von Schnittstellenelementen verwendet, die von den üblichen Textfeldern über Optionsfelder bis hin zu Kontrollkästchen reichen.

Mit HTML5 kommt noch einmal eine Reihe höchst nützlicher `input`-Varianten hinzu, wodurch sich HTML als Werkzeug auch für die Gestaltung moderner Bedienschnittstellen eignet.

Auch wenn diese Tags noch nicht universell unterstützt werden, können Sie sie mittlerweile problemlos nutzen. Alle Browser (selbst der IE6), die mit den anspruchsvolleren `input`-Typen nichts anzufangen wissen, nutzen dann die wie gewohnt arbeitende Variante `input type = "text"`, wobei man dann allerdings auf die Validierung und die verbesserte Bedienschnittstelle der neueren Tags verzichten muss.

Beachten Sie, dass der Standard zwar vorgibt, welche verschiedenen `input`-Typen unterstützt werden sollen, dass deren genaue Funktionsweise und Unterstützung bei den verschiedenen Browsern aber unterschiedlich ausfallen kann.

Das E-Mail-Feld wird für einen Nutzer an einem Desktoprechner wahrscheinlich einfach wie ein Textfeld aussehen, während die virtuelle Tastatur von Mobilgeräten bei seiner Aktivierung möglicherweise eine andere Belegung mit leicht erreichbarem @-Zeichen präsentiert.

Die meisten dieser speziellen Felder unterstützen die Validierung. Es ist daher nützlich, wenn mindestens das CSS-Format `:invalid` definiert wird, damit Nutzer wissen, ob sich Daten im Feld befinden müssen.

color

Über das `color`-Werkzeug können Nutzer eine Farbe im gängigen Webformat auswählen. Dies kann einerseits über erkannte (englische) Namen der Farben (`yellow`) oder über hexadezimale Werte, denen ein #-Symbol vorangestellt wird (`#FF0033`), geschehen.

Der Browser kann dabei irgendein Farbauswahlwerkzeug anzeigen, wie man es in Textverarbeitungs- oder Bildbearbeitungsprogrammen findet. Es kann sich aber auch einfach nur um ein Texteingabefeld handeln, das anzeigt, ob es sich beim aktuellen Inhalt um einen zulässigen Farbnamen oder Farbwert handelt.

```
<input type="color"
       id = "color" />
```

date

Wenn als `type`-Wert eines `input`-Elements `date` gesetzt wird, weist das darauf hin, dass Nutzer in dieses Feld ein Kalenderdatum eingeben sollen. Einige Browser (zum Beispiel Firefox) zeigen hier immer noch ein Textfeld an, während von anderen (beispielsweise Opera ab Version 10) ein spezielles Kalender-Steuerelement angezeigt wird, das eine viel bessere und genauere Datumsauswahl erlaubt. Wenn das Datum als Text eingegeben wird, muss die Eingabe im Format `yyyy-mm-dd` erfolgen.

```
<input type="date"
       id = "date" />
```

Sie können die zulässigen Eingaben beim `date`-Typ über die `min`- und `max`-Attribute des Elements beschränken.

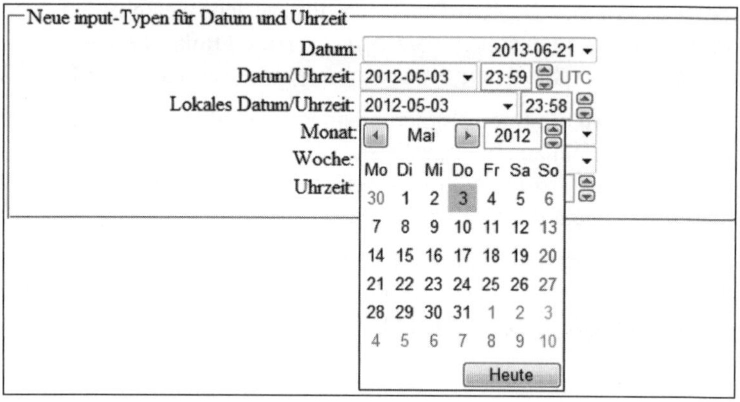

Abbildung 4.4: Datumsformate in Opera

datetime

Das `datetime`-Element vereint Datum und Uhrzeit in einem einzigen Element. Zudem umfasst es ein Verfahren zur Festlegung der Zeitzone.

```
<input type="datetime"
       id = "datetime" />
```

Einige Browser zeigen ein Kalender-Steuerelement für das Datum und ein formatiertes Eingabefeld für die Uhrzeit an (siehe Abbildung 4.4.). Bei Mobilgeräten wird möglicherweise eine speziell angepasste virtuelle Bildschirmtastatur angezeigt.

Bei dem offiziellen vollständigen Format für Datum und Uhrzeit, das von den verschiedenen entsprechenden Elementen zurückgegeben wird, handelt es sich um einen speziellen Code:

```
yyyy-mm-ddThh:mm+ff:gg
```

Die einzelnen Zeichen im Code beschreiben jeweils einen Teil von Datum und Uhrzeit:

- **yyyy:** vierstellige Jahreszahl
- **-:** Ein Bindestrichzeichen, das zwischen Jahr und Monat gesetzt werden muss. Ein weiterer Bindestrich wird zwischen Monat und Tag gesetzt.
- **mm:** zwei Zeichen für den Monat
- **dd:** zwei Zeichen für den Tag
- **T:** das große `T` kennzeichnet den Anfang des Zeitteils im codierten Format.
- **hh:** zwei Ziffern für die Stunde im 24-Stunden-Format
- **::** Der Doppelpunkt trennt Stunden und Minuten. Ein weiterer Doppelpunkt wird zwischen Stunde und Minute bei der Angabe für die Verschiebung der Zeitzone verwendet.
- **mm:** zwei Ziffern für die Minuten
- **+/-/Z:** Wenn es sich um Zulu-Zeit/UTC (Universal Time Coordinated – koordinierte Weltzeit) handelt, wird die Verschiebung von einem großen `Z` eingeleitet, ansonsten von einem Plus- (+) oder einem Minuszeichen (-).

»Zulu« sagen Militärs im Funkverkehr beim Buchstabieren für den Buchstaben Z, der seinerseits wieder für »zero« (null) und den Nullmeridian steht. Daher Z-Zeit oder Zulu-Zeit. Klingt komisch, ist aber so (oder so ähnlich).

- **ff:** Wenn die Zeitzone nicht »Zulu« ist, wird über diese beiden Ziffern die Verschiebung relativ zur UTC angegeben (zwischen `-12` und `+12`).
- **gg:** Anzahl der Minuten der Zeitverschiebung. Hier wird zwar üblicherweise `00` stehen, es könnte sich aber auch um 15, 30 oder 45 Minuten handeln.

5 Uhr 30 nachmittags am 11. August 2012 in München müsste man beispielsweise so angeben:

```
2012-08-11T17:30+02:00
```

Wenn der Nutzer einen Browser verwendet, der ein `dateTime`-Feld validiert, müssen sich Datum und Uhrzeit in diesem Format befinden, um für valide gehalten zu werden. Der `value`-Wert eines `dateTime`-Feldes befindet sich in diesem Format, das sich über Computerprogramme relativ leicht auswerten und verwalten lässt.

datetime-local

Das `datetime-local`-Element entspricht dem `datetime`-Element, nur dass hier die Angabe der Zeitzone entfällt.

```
<input type="datetime-local"
       id = "datetimeLocal" />
```

Der `input`-Typ `datetime-local` erwartet und gibt Datum und Uhrzeit in demselben Format zurück wie das `datetime`-Element, nur dass die Zeitzonenverschiebung wegfällt.

email

Das `email`-Element sieht typischerweise wie ein einfaches Textfeld aus. Zur Validierung muss der Inhalt aber dem Schema einer E-Mail-Adresse entsprechen. Möglicherweise unterstützt der Browser die Benutzereingaben auch noch auf andere Weise und blendet bei Mobilgeräten beispielsweise eine virtuelle Bildschirmtastatur ein, über die das @ -Symbol direkt erreichbar ist, das in allen E-Mail-Adressen vorkommt.

```
<input type="email"
       id = "txtEmail" />
```

month

Der `input`-Typ erzeugt eine vierstellige Jahreszahl, der nach einem Bindestrich eine zweistellige Monatsangabe folgt. Oft wird auch hier ein Kalender-Steuerelement zur Datumseingabe angezeigt; es werden aber nur Jahr und Monat (im Format (`yyyy-mm`) zurückgegeben.

```
<input type = "month"
       id = "month" />
```

number

Das number-Feld ermöglicht die Eingabe numerischer Daten. Häufig wird dazu ein Textfeld mit irgendeinem Auswahlsymbol (beispielsweise diese kleinen Pfeilschaltflächen) angezeigt. Bei Mobilgeräten wird hier häufig die virtuelle Tastatur im Telefonlayout angezeigt.

```
<input type = "number"
       id = "number"
       value = "5"
       min = "0"
       max = "10" />
```

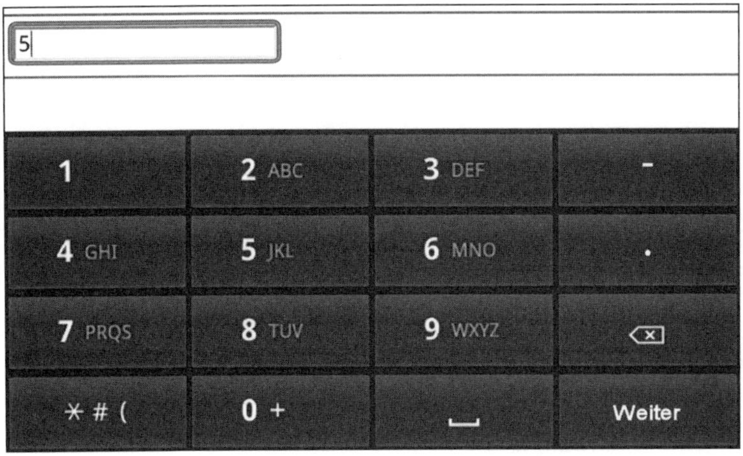

Abbildung 4.5: Bildschirmtastatur beim number-Typ

Der input-Typ number unterstützt einige spezielle Attribute:

- ✔ **min:** Hierbei handelt es sich um den zulässigen Minimalwert. Auf dem Bildschirm angezeigte Eingabeelemente lassen die Auswahl eines kleineren Wertes als min nicht zu. Das entsprechende Feld wird auch nicht erfolgreich validiert, wenn der darin enthaltene Wert kleiner als der vorgegebene min-Wert ist.

- **`max`:** Hierbei handelt es sich um den zulässigen Maximalwert. Auf dem Bildschirm angezeigte Eingabeelemente lassen die Auswahl eines größeren Wertes als `max` nicht zu. Das entsprechende Feld wird auch nicht erfolgreich validiert, wenn der darin enthaltene Wert größer als der vorgegebene `max`-Wert ist.
- **`step`:** Über diesen Wert lässt sich angeben, in welchen Schritten das Anklicken der visuellen Schnittstellenelemente (typischerweise diese kleinen Pfeile) den Wert verändern.
- **`value`:** Hierbei handelt es sich um den numerischen Wert des Elements. Meist empfiehlt es sich, über dieses Attribut einen Wert vorzugeben.

Bei allen Werten der Attribute des `number`-Elements kann es sich um Ganz- oder Gleitkommazahlen handeln. Die aktuellen Browser (wie Opera und Chrome), die dieses Tag unterstützen, scheinen Integer- aber besser als Gleitkommawerte verarbeiten zu können. Wenn Sie numerische Eingaben stärker beschränken wollen, können Sie den `input`-Typ `range` verwenden, der im nachfolgenden Abschnitt behandelt wird.

range

Beim `input`-Typ `range` handelt es sich um eine lang ersehnte Ergänzung des HTML-Werkzeugkastens. Experten für Bedienschnittstellen wissen schon lange, wie schwer es ist, die Eingabe von Ganzzahlen durch Benutzer in den Griff zu bekommen. In den meisten Werkzeugkästen für Bedienschnittstellen gibt es irgendwelche Schieberegler oder Rollbalken, über die Nutzer leicht und optisch unterstützt numerische Werte eingeben können. Mit dem Konstrukt `<input type = "range">` steht diese Funktionalität auch in HTML-Formularen bereit.

```
<input id = "myRange"
       type = "range"
       min = "0"
       max = "255"
       value = "128" />
```

Das `range`-Eingabeelement unterstützt mit `min`, `max`, `value` und `step` dieselben Attribute wie das `number`-Element. Wenn der Browser das `range`-Tag unterstützt, zeigt er dem Nutzer einen Schiebebalken an, ansonsten erscheint ein einfaches Texteingabefeld auf dem Bildschirm. Mit zunehmender Unterstützung des `range`-Elements wird dessen verstärkter Einsatz empfohlen, da sich mit ihm

Nutzereingaben viel leichter auf einen zulässigen Bereich beschränken lassen (und das geschieht auch noch visuell leicht verständlich). Das ist jedenfalls weitaus weniger problematisch als die Prüfung von getippten Eingaben.

Der `range`-Typ zeigt aber nicht den genauen Wert an. Exakte Ergebnisse zu erhalten, kann zudem schwieriger als beim `input`-Typ `number` werden. Als mögliche Lösung können Sie dem `range`-Element ein `output`-Tag zur Seite stellen, das Sie bei Änderungen mit JavaScript aktualisieren. Der Code für ein kleines Beispielformular, bei dem dieser Ansatz genutzt wird, sieht so aus:

```
<form action = "">
  <fieldset>
    <input id = "myRange"
           type = "range"
           min = "0"
           max = "255"
           value = "128"
           onchange = "updateOutput()" />
    <output id = "myOutput">128</output>
  </fieldset>
</form>
```

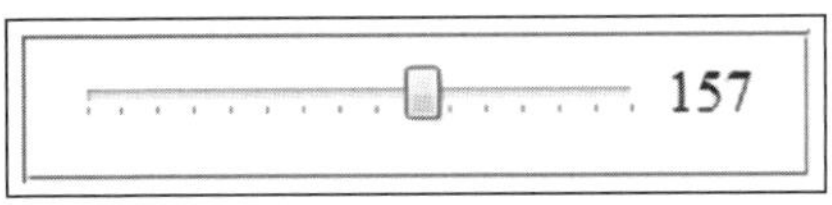

Abbildung 4.6: range-Element mit output-Element zur Wertanzeige

Bei Änderungen des Wertes des `range`-Elements wird im Beispiel `rangeOutput.html` die folgende JavaScript-Funktion namens `updateOutput` aufgerufen:

```
function updateOutput(){
  // Elemente übernehmen
  var myRange = document.getElementById("myRange");
  var myOutput = document.getElementById("myOutput");
  // Wert übertragen
  myOutput.value = myRange.value;
} // end function
```

Wie beim `input`-Typ `number` lässt sich auch `range` bei Bedarf für Gleitkommazahlen verwenden.

search

Der `input`-Typ `search` wird zur Übernahme von Text benutzt, der als Teil einer Suchanfrage dienen soll (entweder intern oder bei einem Suchdienst wie Google). In den meisten Browsern wird es wie ein gewöhnliches Textfeld angezeigt. Manchmal glänzt es aber mit einem irgendwie speziellen Verhalten. In Safari wird das Suchfeld mit einem kleinen `x` gekennzeichnet, über das sich der Text im `search`-Element löschen lässt. In Chrome wird automatisch die Autovervollständigen-Funktion des Hauptsuchfeldes auf `search`-Felder angewandt.

```
<input type="search"
       id = "search" />
```

Anmerkung des Übersetzers: Im Original wird auf die Besonderheit hingewiesen, dass das Chrome-Adressfeld auch der Eingabe von Suchbegriffen dient. Eigentlich funktioniert das schon längst auch bei anderen Browsern. Das ist zwar weniger bekannt, aber in das URL-Eingabefeld lassen sich auch beliebige Suchbegriffe eingeben. (Probieren Sie es aus. Auf diese Weise kann man beispielsweise über das URL-Feld die Google- und über das eigentliche Suchfeld die Wikipedia-Suche starten.)

Wie bei den anderen neuen `input`-Typen entstehen auch hier keinerlei Probleme, wenn das `search`-Element vom verwendeten Browser nicht unterstützt wird. Dann wird eben einfach ein simples Texteingabefeld angezeigt.

Beachten Sie, dass über das `search`-Element letztlich keinerlei Suche gestartet wird. Wenn wirklich nach dem im entsprechenden Feld eingegebenen Begriff gesucht werden soll, müssen Sie dafür schon ein wenig Code schreiben. Das `search`-Element soll lediglich als Schnittstellenelement dienen, das mit den integrierten Suchwerkzeugen des Browsers mehr oder weniger konsistent ist. Für das eigentliche Verhalten der `search`-Felder bleibt letztlich der Programmierer verantwortlich.

tel

Das `tel`-Feld soll zur Eingabe einer Telefonnummer dienen. Standardmäßig erwartet es drei Ziffern gefolgt von einem Bindestrich und weiteren vier Ziffern als Eingabe, wie bei den für amerikanische Spielfilme reservierten Nummern nach dem Schema `555-1234`. Wenn Vorwahlen oder andere Schemata verwendet werden sollen, könnte das `pattern`-Attribut weiterhelfen.

```
<input type = "tel"
       id = "tel" />
```

time

Der Zweck des `input`-Typs `time` besteht in der Eingabe einer Uhrzeit durch den Benutzer. Die Zeitangabe wird im Format `hh:mm` gespeichert, wobei `hh` für die Stunde (im 24-Stunden-Format) und `mm` für die Minuten steht. Einige Browser zeigen dabei direkt im Eingabefeld einen Doppelpunkt an und bei Mobilgeräten wird die virtuelle Tastatur möglicherweise für die Zahleneingabe umgeschaltet. In Opera wird das `time`-Feld mit kleinen Pfeilschaltflächen angezeigt (in Abbildung 4.4 rechts neben dem Kalender-Steuerelement noch sichtbar), mit deren Hilfe sich die gewünschte Uhrzeit einstellen lässt; insgesamt ist die Unterstützung dieses Typs aber selbst in den verbreiteten Browsern noch höchst bescheiden.

```
<input type = "time"
       id = "time" />
```

url

Verwenden Sie den `url`-Typ für die Eingabe von Webadressen. Wenn dieses Element von einem Browser unterstützt wird, wird geprüft, ob das Präfix `http://` vorhanden ist. Bei den Browsern von Mobilgeräten wird möglicherweise auch die virtuelle Bildschirmtastatur so umgeschaltet, dass in URLs übliche Sonderzeichen leichter erreichbar werden, zu denen insbesondere der Doppelpunkt (`:`), der Schrägstrich (/) und die Tilde (~) gehören.

```
<input type = "url"
       id = "url" />
```

Heutzutage begegnet man Tilden in Webadressen relativ selten. Adressen in der Form `http://sname.domain.land/~Username` sind aber längst nicht ausgestorben. Typischerweise werden sie verwendet, um lokalen Benutzern von Websites die Erstellung persönlicher (Unter-)Websites zu ermöglichen.

week

Der `week`-Typ wird zur Auswahl einer Woche aus einem Kalender-Steuerelement verwendet. Er gibt einen Wert im Format `yyyy-Wnn` zurück.

- **yyyy:** vierstellige Jahreszahl
- **-:** das normale Bindestrichzeichen
- **W:** der Großbuchstabe `W`
- **nn:** die Woche als zweistellige Zahl

In einigen Browsern wird das normale Steuerelement mit einem Kalender eingeblendet. Wenn der Nutzer ein Datum (oder eine Woche) auswählt, wird nur das Jahr und die Woche zurückgegeben. Andere Browser prüfen einfach nur, ob das verwendete Format korrekt ist.

```
<input type = "week"
       id = "week" />
```

CSS-Formatierungen

5

In diesem Kapitel ...

- Ein Überblick über CSS
- Das Aussehen Ihrer Webseiten kontrollieren
- Elemente schwebend positionieren

Die ersten HTML-Varianten schenkten den visuellen Aspekten des Seitenlayouts nur sehr wenig Beachtung.

Ursprünglich sollte es bei HTML eher um die Funktion und Bedeutung der Seitenelemente als um deren Darstellung gehen. In der Anfangszeit des Webs war das auch völlig in Ordnung, aber schon bald wünschten sich die Nutzer anspruchsvollere Designelemente als jene, die ihnen HTML bieten konnte. Die Browserhersteller reagierten darauf, indem sie herstellerspezifische Tags hinzufügten, die zwar neue Möglichkeiten boten, aber auch die Entwicklungsarbeit erheblich komplexer werden ließen.

HTML5 ist ein Versuch, zur früheren Einfachheit von HTML zurückzukehren. Viele der Tags, die früher zum direkten Beeinflussen der Darstellung von Seitenelementen verwendet wurden (wie `<font>`, `<center>` und `<big>` oder auch `<frame>`), wurden entfernt. Anstatt für alle Formatierungszwecke spezielle Tags bereitzustellen, wurde eine neue Sprache entwickelt, die für praktisch alle HTML/XHTML-Tags äußerst leistungsstarke Formatierungsfunktionen bietet. Bei dieser neuen Sprache handelt es sich um *CSS (Cascading Style Sheets)*.

Bei diesem Kapitel handelt es sich um einen Überblick über den aktuellen Status von CSS. Wenn Sie bereits mit der CSS-Technologie vertraut sind, können Sie dieses Kapitel wahrscheinlich überspringen. Wenn Sie sich aber einen Überblick über den aktuellen Stand der Dinge verschaffen wollen, sind Sie hier richtig. Die in diesem Kapitel beschriebenen CSS-Sprachelemente funktionieren in allen verbreiteten Browsern. In Kapitel 6 werden anschließend dann die neuen CSS-Funktionen von HTML5 vorgestellt.

Wie Sie mittlerweile wohl wissen, finden Sie die Codebeispiele unter `www.downloads.fuer-dummies.de`.

CSS im Kurzüberblick

In CSS werden bestimmte Teile der Seite beschrieben (ein bestimmtes Tag, alle Tags eines bestimmten Typs oder alle Tags mit einem bestimmten gemeinsamen Merkmal). Für all diese Tag-Gruppen können Sie dann eine Reihe von Regeln festlegen. Bei jeder Regel handelt es sich um ein aus *Name* und *Wert* bestehendes Paar. Betrachten Sie dazu die in Abbildung 5.1 dargestellte Seite.

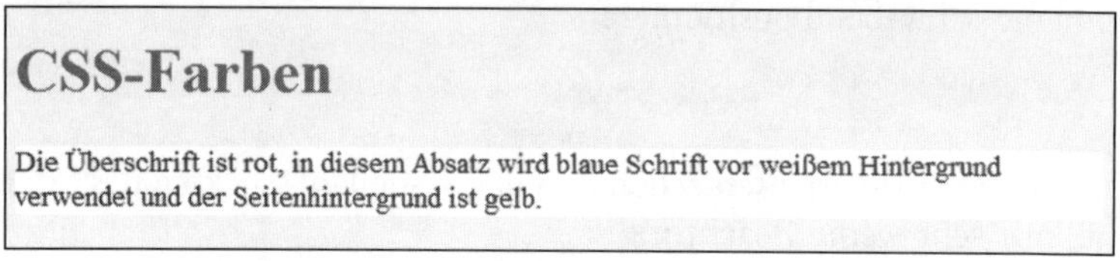

Abbildung 5.1: Eine einfache, CSS-formatierte Seite

Der Code, mit dem diese Seite erstellt wurde, sieht wie folgt aus:

```
<!DOCTYPE HTML>
<html lang = "de-DE">
<head>
  <title>cssColors.html</title>
  <meta charset = "ISO-8859-1" />
  <style type = "text/css">
    body {
      background-color: yellow;
    }

    h1 {
      color: red;
    }

    p {
      color: blue;
      background-color: white;
    }
  </style>

</head>
<body>
  <h1>CSS-Farben</h1>
  <p>
```

```
    Die Überschrift ist rot, in diesem Absatz wird blaue Schrift
    vor weißem Hintergrund verwendet und der Seitenhintergrund
    ist gelb.
  </p>
</body>
</html>
```

Es muss wohl nicht extra erwähnt werden, dass es ein wenig enttäuschend ist, wenn man eine Seite, bei der es um die farbliche Gestaltung geht, in einem Schwarz-Weiß-Buch betrachtet. Wie immer finden Sie aber auch hier die Quelltexte unter `www.downloads.fuer-dummies.de` und können sich so die farbige Version auf Ihrem Rechner anschauen.

Die neuen Elemente bieten zwar keine besonderen Überraschungen, sind dafür aber recht leistungsfähig. Beachten Sie dabei, dass für die Änderung der Farben absolut nichts im `body`-Teil der HTML-Datei geändert werden muss. Das eigentlich Interessante passiert in einem speziellen Teil des Headers. Das ist einer der Vorzüge von CSS. Da die Formatierungen irgendwo anders festgelegt werden, sorgt der Einsatz von CSS für viel aufgeräumteren HTML-Code.

Und so können Sie Farbformatierungen (oder auch beliebige andere CSS-Formatierungen) zu Ihren Seiten hinzufügen:

1. **Beginnen Sie mit aufgeräumtem und validem HTML-Code.** Überzeugen Sie sich von der Validität Ihres HTML-Ausgangscodes, bevor Sie großartige weitere Schritte unternehmen. Wenn Fehler im HTML-Code vorhanden sind, führen CSS-Anweisungen nicht unbedingt zu den erwarteten Ergebnissen.

2. **Fügen Sie im `<head>`-Bereich der Seite ein `<style>`-Tag ein.** Über das `<style>`-Tag können Sie ein *Stylesheet* (eine Liste mit Formatierungsanweisungen, die auch *Formatvorlage* genannt wird) direkt in Webseiten einfügen. (Im Abschnitt »CSS auf verschiedenen Ebenen verwalten« weiter hinten in diesem Kapitel erfahren Sie, wie Sie Stylesheets anderweitig speichern können.)

3. **Geben Sie dem `type`-Attribut des `style`-Tags den Wert `"text/css"`.**

   Für das `type`-Attribut werden Sie beim `style`-Tag immer nur `"text/css"` verwenden.

4. **Geben Sie den Namen des Tags an, dessen Formatierung Sie ändern wollen.** Als Erstes ändere ich im Beispiel das `body`-Tag. Änderungen an diesem Tag

beeinflussen den gesamten sichtbaren Bereich der Seite, weshalb es sich als Einstieg geradezu anbietet. Geben Sie einfach den Tag-Namen (ohne die spitzen Klammern) an.

5. **Benutzen Sie geschweifte Klammern ({}), um die Regeln für dieses Format einzuklammern.** Sie können mehrere Regeln zur Beschreibung der Darstellung des `body`-Teils angeben. Bei den jeweiligen Formaten oder Style-Tags müssen Sie alle Regeln in ein Paar geschweifte Klammern einschließen.
6. **Geben Sie das Attribut `background-color` an, über das sich die Hintergrundfarbe der Seite festlegen lässt.** Alle Regeln bestehen aus einem Attribut und einem Wert. Beim Attribut handelt es sich um eine vordefinierte Eigenschaft des Elements, dem wir verschiedene Werte zuweisen können. Hier geht es erst einmal darum, die Hintergrundfarbe zu ändern, also tippen wir mit `background-color` den Namen des für diese Eigenschaft zuständigen Attributs ein. Beachten Sie dabei, dass Sie an das Ende des Attributnamens einen Doppelpunkt (`:`) setzen müssen. Zudem kommt es natürlich auch auf die richtige Schreibweise an, wobei Sie auch die Groß-/Kleinschreibung beachten müssen. Hier ist also ein wenig Vorsicht geboten.
7. **Geben Sie den Wert an, den Sie dem Attribut zuweisen wollen.** Im Beispiel soll der Hintergrund der Seite gelb werden, weshalb ich einfach den vordefinierten Wert `yellow` hinter dem Attribut `background-color:` angebe. Dieser vordefinierte Wert sorgt dafür, dass als Hintergrundfarbe für das `body`-Element (die HTML-Seite) Gelb verwendet wird.
8. **Schließen Sie die jeweiligen Werte mit einem Semikolon (`;`)** ab. Alle Werte müssen mit einem Semikolon abgeschlossen werden. Wenn es für ein Tag eine Menge Regeln gibt (was keineswegs ungewöhnlich ist), kann der Browser die verschiedenen Regeln mithilfe der Semikolons voneinander trennen.
9. **Ändern Sie die Schriftfarben über das `color`-Attribut.** Beachten Sie, wie ich der `h1`-Überschrift zu diesem Zweck den Farbwert `red` (rot) zuordne.
10. **Für einzelne Tags können Sie mehrere Regeln angeben.** Sehen Sie sich einmal die Regeln für das `p`-Tag (*paragraph* – einfacher Absatz) an. Hier ändere ich neben der Schrift- auch die Hintergrundfarbe.

Mehr darüber, welche Farben Sie verwenden können, erfahren Sie im folgenden Abschnitt. Dann können Sie mit den verschiedenen englischen Farbnamen ein wenig experimentieren. Wenn Sie ausgefallene Farbnuancen bevorzugen, müssen Sie sich ein wenig mit den dafür zuständigen Hexadezimalcodes befassen, die weiter hinten in diesem Kapitel im Abschnitt »Die Verwendung von Hex-Farbwerten« behandelt werden.

Lokal Formatierungen zuweisen

CSS bietet umfangreiche Möglichkeiten, um mit Farben zu arbeiten. Wenn Sie eine Farbe festlegen wollen, können Sie einfach deren Namen angeben. Abbildung 5.2 zeigt die 16 englischen Basisnamen für Farben, die von CSS verstanden werden.

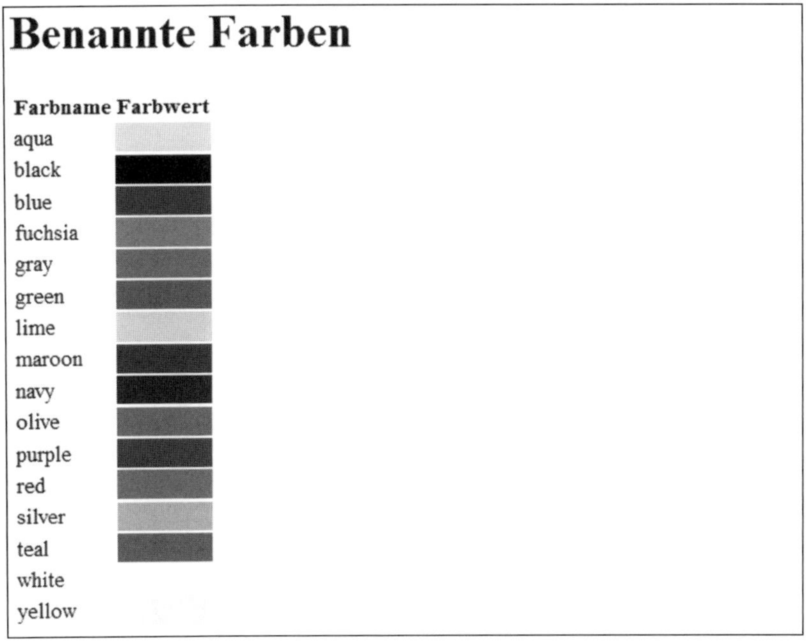

Abbildung 5.2: Die benannten Farbwerte

Die in Abbildung 5.2 dargestellte Seite hat noch einen weiteren Trick auf Lager. Wenn Sie sich den Quelltext ansehen, werden Sie sehen, was ich meine:

```
<!DOCTYPE HTML>
<html lang = "de-DE">
<head>
  <title>namedColors.html</title>
  <meta charset = "ISO-8859-1" />
</head>
```

```
<body>
  <h1>Benannte Farben</h1>
  <table>
    <tr>
      <th>Farbname</th>
      <th>Farbwert</th>
    </tr>
    <tr>
      <td>aqua</td>
      <td style="background-color: aqua;"><br /></td>
    </tr>
    <tr>
      <td>black</td>
      <td style="background-color: black;"><br /></td>
    </tr>
    <tr>
      <td>blue</td>
      <td style="background-color: blue;"><br /></td>
    </tr>
    <tr>
      <td>fuchsia</td>
      <td style="background-color: fuchsia;"><br /></td>
    </tr>
    <tr>
      <td>gray</td>
      <td style="background-color: gray;"><br /></td>
    </tr>
    <tr>
      <td>green</td>
      <td style="background-color: green;"><br /></td>
    </tr>
    <tr>
      <td>lime</td>
      <td style="background-color: lime;"><br /></td>
    </tr>
    <tr>
      <td>maroon</td>
      <td style="background-color: maroon;"><br /></td>
    </tr>
    <tr>
```

```
        <td>navy</td>
        <td style="background-color: navy;"><br /></td>
      </tr>
      <tr>
        <td>olive</td>
        <td style="background-color: olive;"><br /></td>
      </tr>
      <tr>
        <td>purple</td>
        <td style="background-color: purple;"><br /></td>
      </tr>
      <tr>
        <td>red</td>
        <td style="background-color: red;"><br /></td>
      </tr>
      <tr>
        <td>silver</td>
        <td style="background-color: silver;"><br /></td>
      </tr>
      <tr>
        <td>teal</td>
        <td style="background-color: teal;"><br /></td>
      </tr>
      <tr>
        <td>white</td>
        <td style="background-color: white;"><br /></td>
      </tr>
      <tr>
        <td>yellow</td>
        <td style="background-color: yellow;"><br /></td>
      </tr>
    </table>
  </body>
</html>
```

Diese Seite verwendet eine Tabelle zur Darstellung der von CSS erkannten Farbwerte. Rechts neben dem Farbnamen befindet sich eine Tabellenzelle, deren Hintergrundfarbe auf die entsprechende Farbe gesetzt wurde. Beachten Sie, dass ich hier kein größeres Stylesheet am Anfang des Dokuments verwende, sondern etliche kleinere `style`-Anweisungen direkt im body-Teil der HTML-Seite. Bei diesem Verfahren spricht man von *lokalen Styles* oder *lokalen Formatierungen*.

Die meisten HTML-Tags unterstützen ein Attribut namens `style`. Sie können dem `style`-Attribut bei Bedarf direkt CSS-Regeln zuordnen, wie Sie im folgenden Code sehen, mit dem der Hintergrund einer Zelle aquamarinblau gefärbt wird:

```
<td style="background-color: aqua;"><br /></td>
```

Lokale Formatierungen lassen sich zwar recht einfach einsetzen, haben aber einen bedeutenden Nachteil. Sie bringen nämlich den HTML-Code ziemlich durcheinander und genau das soll mit CSS eigentlich vermieden werden. Unter gewissen Umständen (wie in unserem Beispiel) kann diese Vorgehensweise allerdings immer noch recht nützlich sein.

id- und class-Attribute verwenden

CSS ist recht nützlich, weil sich damit schnell allen Elementen eines bestimmten Typs ein Format zuordnen lässt. So können Sie beispielsweise leicht dafür sorgen, dass für alle Absätze auf einer Seite dieselben Farben verwendet werden. Aber was, wenn ein Format nur für ein einzelnes Element verwendet werden soll? Und wie lässt sich vorgehen, wenn es zwei Arten von Absätzen mit unterschiedlicher Formatierung geben soll? Abbildung 5.3 zeigt ein Beispiel dafür, wie CSS mit derartigen Problemen umgeht.

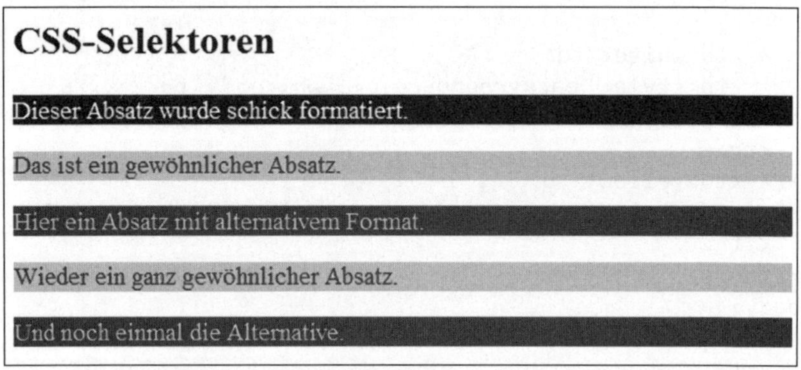

Abbildung 5.3: Unterschiedlich formatierte Absätze

Die Seite `CSSLevels.html` besteht vorwiegend aus Absätzen, für die aber drei verschiedene Absatzformate existieren. In gewöhnlichen Absätzen wird dunkelblaue Schrift auf hellblauem Hintergrund verwendet. Zudem gibt es noch zwei anders formatierte Absatzvarianten. Für eine wird ein spezieller Name (`fancy`) verwendet. Der `fancy`-Absatz besitzt sein eigenes Format. Für die Abbildung wurde nur ein `fancy`-Absatz erstellt, aber zwei Absätze mit dem `alternate`-Format. Sehen Sie sich erst einmal den Code an. Anschließend werde ich Ihnen erläutern, wie er funktioniert.

```
<!DOCTYPE HTML>
<html lang = "de-DE">
<head>
  <title>CSSLevels.html</title>
  <meta charset = "ISO-8859-1" />
  <style type = "text/css">
    p {
      background-color: lightblue;
      color: blue
    }

    #fancy {
      background-color: black;
      color: white;
    }

    .alternate {
      background-color: blue;
      color: lightblue;
    }
  </style>
</head>

<body>
  <h2>CSS-Selektoren</h2>
  <p id = "fancy">
    Dieser Absatz wurde schick formatiert. </p>
  <p> Das ist ein gewöhnlicher Absatz. </p>
  <p class = "alternate">
    Hier ein Absatz mit alternativem Format. </p>
  <p> Wieder ein ganz gewöhnlicher Absatz. </p>
  <p class = "alternate">
    Und noch einmal die Alternative. </p>
</body>
</html>
```

Der HTML-Code enthält ein paar zusätzliche Angaben bei den mit dem `p`-Tag versehenen Absätzen:

- **Gewöhnliche Absätze:** Diese erfordern keine besondere Behandlung. Sie werden entsprechend den für das `p`-Tag geltenden Regeln formatiert.
- **Benannte Absätze:** Der erste Absatz besitzt ein `id`-Attribut. Über diese Eigenschaft können Sie HTML-Objekten Namen geben. Die `id` muss eindeutig sein, sodass nur ein einziges Objekt auf dem Bildschirm einen bestimmten `id`-Wert haben darf. Für die `id`-Eigenschaft können Sie beliebige Werte verwenden, allerdings müssen diese aus einem Wort bestehen und sie dürfen keine Leerzeichen oder Satzzeichen enthalten. Wenn ein Objekt eine ID hat, können Sie dieser speziellen `id` ein Format zuweisen.
- **Einer Klasse zugehörige Absätze:** Neben der `id`-Eigenschaft können Sie beliebigen HTML-Elementen auch eine `class`-Eigenschaft zuordnen. Über das `class`-Attribut können Sie festlegen, dass ein Element Mitglied einer bestimmten Klasse sein soll. Anders als bei der `id` können aber beliebig viele Elemente einer Klasse angehören. Bei den »alternativen« Absätzen wurde das `class`-Attribut durchweg auf den Wert `alternate` gesetzt. Auch Werte für `class` können wieder beliebig gewählt werden, dürfen aber keine Leer- oder Satzzeichen enthalten. Die definierten Formate gelten dann für alle Elemente einer bestimmten Klasse. Und auch für verschiedenartige Elemente (wie beispielsweise Überschriften und Absätze) können Sie durchaus dieselben `class`-Werte verwenden, sofern das sinnvoll ist.

Wenn Sie im HTML-Code erst einmal `id`- und `class`-Werte nutzen, können Sie den CSS-Code ändern, um den verschiedenen Elementen die gewünschten Formate zuzuweisen.

Um darauf hinzuweisen, dass Sie ein Element mit einem bestimmten `id`-Wert formatieren wollen, setzen Sie im CSS-Code das Nummernzeichen/Doppelkreuz (#) davor. Mit diesem Code formatieren Sie beispielsweise das Element mit dem `id`-Wert `fancy`:

```
#fancy {
  background-color: black;
  color: white;
}
```

Um ein Format für eine bestimmte Klasse zu definieren, setzen Sie einen Punkt vor deren Namen. Mit diesem Code können Sie beispielsweise alle Elemente formatieren, bei denen das `class`-Attribut auf den Wert `alternate` gesetzt wurde:

```
.alternate {
  background-color: blue;
  color: lightblue;
}
```

Wenn Sie einem einzelnen Element auf einer Seite ein Format zuordnen wollen, können Sie das `id`-Verfahren nutzen. Über Tag-Namen können Sie allen Elementen eines bestimmten Typs Formatierungen zuweisen. Mit dem `class`-Verfahren beziehen Sie sich schließlich auf mehrere Elemente, die nicht einmal vom selben Typ sein müssen.

CSS auf verschiedenen Ebenen verwalten

CSS-Code kann auf drei Ebenen für Webseiten verwendet werden:

- ✔ **Lokal im body-Bereich der HTML-Seite:** Über das `style`-Attribut können Sie den meisten HTML-Tags direkt Formatierungen zuweisen. Diese Technik wurde im Abschnitt »Lokal Formatierungen zuweisen« weiter vorn in diesem Kapitel vorgestellt.
- ✔ **Auf Seitenebene im Header:** Bei diesem Verfahren wird ein `<style></style>`-Paar im `head`-Bereich der HTML-Seite verwendet. Diese Vorgehensweise bietet eine gute Möglichkeit zur spezifischen Formatierung einzelner Seiten.
- ✔ **In einem externen Dokument:** Formate können in separaten Dokumenten definiert werden, die in verschiedene Webseiten eingebunden werden können. Auf diese Weise können Sie einen Satz Formatierungsregeln für mehrere oder auch für alle Ihre Seiten verwenden. Diese Vorgehensweise sorgt auch für eine Bereinigung der Hauptseite, da die Formate an andere Stelle ausgelagert werden.

Abbildung 5.4 zeigt eine einfache Seite, die über eine externe CSS-Datei formatiert wird.

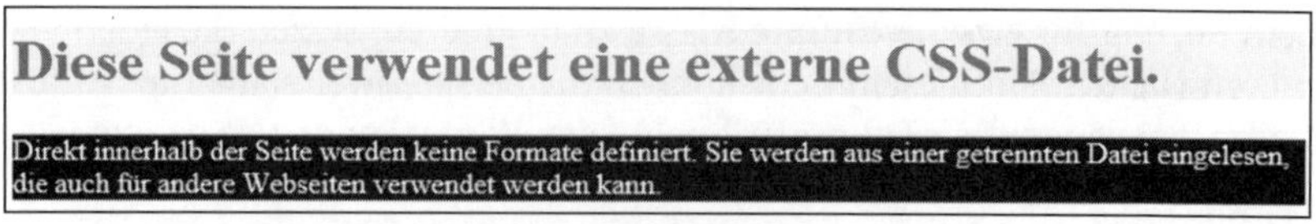

Abbildung 5.4: Diese einfache Seite wird über eine externe CSS-Datei formatiert.

Wenn Sie sich den Quelltext für Abbildung 5.4 ansehen, finden Sie darin überhaupt keine CSS-Anweisungen!

```
<!DOCTYPE HTML>
<html lang = "de-DE">
<head>
  <title>externStyle.html</title>
  <meta charset = "ISO-8859-1" />
  <link rel = "stylesheet"
        type = "text/css"
        href = "externStyle.css" />
</head>
<body>
  <h1>Diese Seite verwendet eine externe CSS-Datei.</h1>
  <p>
    Direkt innerhalb der Seite werden keine Formate definiert.
    Sie werden aus einer getrennten Datei eingelesen, die
    auch für andere Webseiten verwendet werden kann.
  </p>
</body>
</html>
```

Interessant an diesem Listing ist, dass die Seite offensichtlich formatiert wird, direkt in ihrem Quelltext aber keine CSS-Formate definiert werden. Das Geheimnis verbirgt sich hinter dem im Header aufgeführten `link`-Tag. Damit lassen sich eigenständige CSS-Dateien mit darin definierten Formatvorlagen einbinden. Zur Erstellung des entsprechenden externen Links führen Sie diese Schritte aus:

1. **Fügen Sie ein `<link>`-Tag in den Header ein.** Mit diesem Tag können Sie eine andere Datei mit der aktuellen Seite verknüpfen. Das ist äußerst praktisch, wenn es um die Zuordnung von CSS-Formaten zu Webseiten geht.

2. **Setzen Sie das `rel`-Attribut auf den Wert `stylesheet`.** Über dieses Attribut lässt sich die Art der externen Datei angeben. Verwenden Sie den Wert `stylesheet`, wenn Sie einer Webseite eine CSS-Datei zuordnen wollen.

3. **Setzen Sie das `type`-Attribut auf den Wert `text/css`.** Für die eingebundenen externen CSS-Dateien wird wie bei den eingebetteten Formaten (die über das `style`-Tag erstellt werden) der Wert `text/css` für das `type`-Attribut verwendet.

4. **Geben Sie über das `href`-Attribut an, wo sich das Stylesheet im Dateisystem befindet.** Normalerweise ist es am besten, wenn man für Stylesheets relative Verweise verwendet. Dann lassen sich die Seite und das Stylesheet zusammen auf einen Server verschieben.

5. **Sie können dasselbe Stylesheet immer wieder verwenden.** Mehrere Seiten können dasselbe Stylesheet nutzen. Das ist ideal, wenn es auf Ihrer Website viele Seiten mit demselben Layout und denselben Formaten gibt. Dann können Sie die Formate für eine Seite ändern und schon werden die Änderungen auch auf alle HTML-Dateien der gesamten Website übertragen.

Bei externen CSS-Dateien handelt es sich ebenfalls nur um gewöhnliche Textdateien, die mit Texteditoren bearbeitet werden können. Sie enthalten einfach nur die Formatierungsregeln. Bei externen CSS-Dateien werden die `<style></style>`-Tags nicht benötigt. Der Inhalt der Datei `externStyle.css`, die in `externStyle.html` eingebunden wird, sieht so aus:

```
h1 {
  color: red;
  background-color: yellow;
}

p {
  color: white;
  background-color: black;
}
```

Die Gestaltung des Aussehens Ihrer Webseite

Natürlich lassen sich bei Webseiten weit mehr als nur deren Farben ändern. Sie können für die Hauptbereiche von Seiten das Aussehen von Texten ändern, Rahmen und Hintergrundbilder hinzufügen und das Gesamtlayout ändern.

Die Verwendung von Hex-Farbwerten

Für einfache Farben (wie Rot und Gelb) reichen die Farbnamen völlig aus, aber gelegentlich will man ja eine Farbe mit ein wenig mehr Pep. Farbnamen sind ein wenig verwirrend und es gibt auch nur 16 CSS-Farbnamen, die garantiert verstanden werden. Zudem sind Farbanpassungen nicht so ganz einfach. Fragen Sie sich doch beispielsweise, welche Farbe ein wenig grüner als Aquamarinblau ist.

In CSS gibt es ein exakteres Verfahren zur Angabe von Farben. Es ist zwar ein wenig freakig, aber äußerst leistungsstark. Die einzelnen Pixel (Bildschirmpunkte) auf Computerbildschirmen setzen sich eigentlich aus drei verschiedenen winzigen Subpixeln zusammen, die mehr oder weniger stark in den Farben Rot, Grün und Blau leuchten. Der Rechner passt die Leuchtstärke dieser Triplets an. Soll ein Bildpunkt rot leuchten, leuchtet das rote Subpixel in voller Intensität, während das grüne und das blaue Subpixel komplett abgeschaltet werden. Durch Kombination verschiedener Leuchtintensitäten der Subpixel werden die verschiedenen Farben zusammengesetzt. Rot und grün ergibt so beispielsweise blau.

Sollten Sie davon irritiert sein, dass rot und grün zusammen blau ergibt, denken Sie einmal an Ihre Schulzeit zurück. Während für Malfarben und Drucker das subtraktive Farbmodell gilt, folgt Licht und damit auch die Farben auf dem Bildschirm dem additiven Farbmodell. Beide Modelle sind korrekt. Die Ansätze sind zwar verschieden, am Ergebnis ändert das aber nichts.

Wenn Sie bei der Arbeit mit Computern eine bestimmte Farbe festlegen wollen, können Sie angeben wie viel Rot, Grün und/oder Blau die Farbe anteilig enthalten soll. Dann wäre es sinnvoll, wenn die Farbe Rot als 100, 0, 0 (RGB-Modell) definiert wäre. Denn das hieße nichts anderes als: »Rot voll aufdrehen, Grün und Blau komplett abschalten.«

Computer kommen aber nicht besonders gut mit dem Prozentrechnen klar. Und sie rechnen bekanntlich auch nicht im Dezimalsystem, sondern nutzen das Dualsystem. Verwendet man nun zur Speicherung der drei Farbwerte jeweils ein Byte, liegen die Farbwerte zwischen 0 und 255. Noch ein wenig irritierender wird das dann, weil die technisch denkenden Programmierer diese Zahlenwerte häufig in Zahlen zur Basis 16 und damit in eine hexadezimale Notation umrechnen, die zu allerlei verrückten Zahlen und sogar Buchstaben führt. Letztlich können die drei Subpixel (rot, grün und blau) dann jeweils zweiziffrige Werte zwischen 00 (komplett abgeschaltet) und FF (volle Helligkeit) annehmen. Diese ein wenig verrückte hexadezimale Notation wird häufig mit hex abgekürzt.

Verfallen Sie jetzt nicht in Panik. So schwer ist das gar nicht. Sehen Sie sich dazu einmal das in Abbildung 5.5 dargestellte Farbtesterprogramm an.

Wenn Sie wollen, können Sie sich den Quelltext ansehen und nachvollziehen, wie das Programm arbeitet. Momentan wollen wir uns mithilfe des Programms aber eigentlich nur ansehen und ein Gefühl dafür bekommen, wie diese Hex-Werte zur Angabe von Farbwerten genutzt werden können.

Sehen Sie sich zunächst einmal den Aufbau der Seite an:

- ✔ **Der Seitenhintergrund ist schwarz.** Der Seitenhintergrund ist beim Programmstart erst einmal schwarz und wird dann jeweils so geändert, dass er den aktuellen Farbeinstellungen entspricht.
- ✔ **Es gibt drei Spalten mit Schaltflächen.** Es gibt Spalten für Rot, Grün und Blau.
- ✔ **Über die grauen Schalflächen können Hex-Werte direkt gesetzt werden.** Die grauen Schaltflächen können dazu benutzt werden, eine Farbe direkt auf einen bestimmten Wert zu setzen. Hellere Werte (`FF`) befinden sich dabei oben, dunklere Werte (`00`) unten.

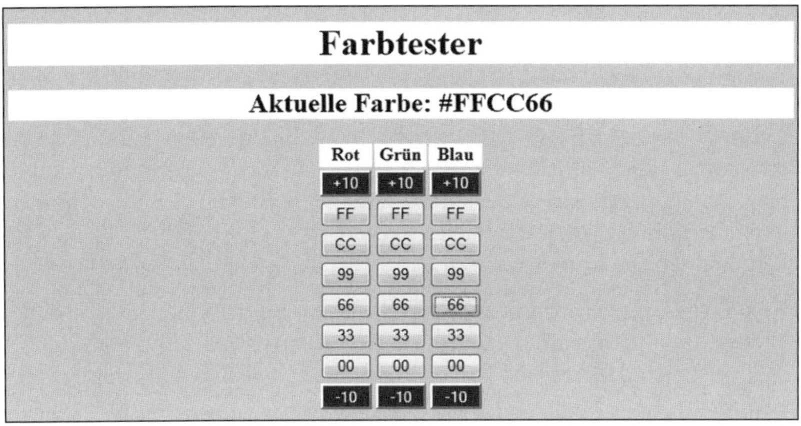

Abbildung 5.5: Programm zur Farbauswahl

- ✔ **Die aktuelle Farbe wird in Echtzeit geändert.** Wenn Sie die verschiedenen Schaltflächen anklicken, wird die Hintergrundfarbe so geändert, dass sie dem jeweils aktuell eingestellten Farbwert entspricht. Die Überschrift wird ebenfalls jeweils geändert und gibt den Hex-Wert der aktuellen Farbe an.

- **Über die grauen Schaltflächen lassen sich vorgegebene Werte einstellen.** Webentwickler gehen häufig von Werten aus, wie sie auf den Schaltflächen angegeben werden (`00`, `33`, `66`, `99`, `CC` und `FF`). Diese Werte bieten bereits eine sinnvolle Farbpalette und lassen sich noch leicht ändern.
- **Über die schwarzen Schaltflächen lassen sich Feineinstellungen vornehmen.** Natürlich können Sie auch Werte abseits der groben Vorgabeintervalle einstellen. Wenn Sie ein klein wenig mehr Rot wollen, können Sie dazu beispielsweise die Schaltfläche `+10` in der Spalte `Rot` anklicken.

Die hexadezimalen Farbwerte können Sie überall dort verwenden, wo Sie auch die Farbnamen nutzen können. Wenn Sie beispielsweise für eine Überschrift der obersten Ebene roten Text auf gelbem Hintergrund verwenden wollen, können Sie dazu die folgenden Hex-Werte angeben:

```
h1 {
    color: #FF0000;
    background-color: #FFFF00;
  }
```

Benutzen Sie das Doppelkreuz (#), um darauf hinzuweisen, dass Sie Hex-Werte und keine Farbnamen verwenden wollen. Hex-Werte haben etliche Vorteile im Vergleich zu benannten Farben.

- **Es gibt mehr von ihnen.** CSS kennt offiziell nur 16 benannte Farben (auch wenn die meisten Browser noch eine ganze Menge mehr kennen, wie beispielsweise die »light«-Varianten `lightblue` oder `lightred`). Mit dem Hex-System lassen sich letztlich mehr als 16 Millionen verschiedene Farben darstellen. Selbst wenn Sie sich auf das System `00336699CCFF` beschränken, können Sie immer noch mit 216 Farben spielen.
- **Hex-Farben lassen sich besser anpassen.** Sie können die Hex-Werte direkt ändern, um die Grundfarben zu variieren. Wenn es ein wenig mehr blau sein soll, lässt sich das mit Hex-Farben weit besser realisieren als mit benannten Farben.
- **Hex-Farben sind universeller.** Die meisten Bildbearbeitungs- und Grafikprogramme bieten die Hex-Notation in irgendeiner Form an. So können Sie beispielsweise mit der Farbpipette im Bildbearbeitungsprogramm eine Farbe aufnehmen und sie entsprechend für Ihre Webseite einsetzen.
- **Mit Farbschemageneratoren können Sie Farben abstimmen.** Wenn Sie (wie ich) nicht gerade der geborene Designer sind, können Sie Hilfsmittel wie den Farbschemagenerator unter `http://colorschemedesigner.com` nut-

zen. Mit diesem klasse Tool können Sie mit verschiedenen Farbschemata herumspielen, um schließlich die Hex-Werte erzeugen zu lassen, die Sie für Ihre eigene Seite verwenden wollen.

HTML5 bietet einige alternative Möglichkeiten für den Umgang mit Farben, zu denen das neue HSB-Modell (Hue/Saturation/Brightness – Farbton/Sättigung/Helligkeit) und transparente Farben zählen. In Kapitel 6 erfahren Sie mehr über diese neuen Entwicklungen.

Text gestalten

Auf Webseiten geht es oft vorrangig um den Text und CSS bietet viele Möglichkeiten zur Formatierung und Gestaltung von Text. Abbildung 5.6 zeigt eine Seite mit einer Reihe von Texteffekten.

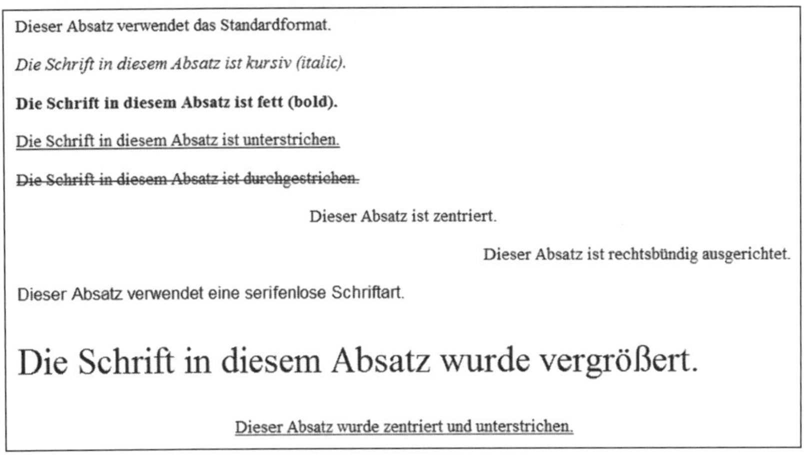

Abbildung 5.6: Verschiedene Texteffekte

Es gibt etliche interessante Möglichkeiten, um die Darstellung von Text zu beeinflussen. Einen allgemeinen Überblick erhalten Sie, wenn Sie sich den HTML-Quellcode der Seite `textManipulation.html` ansehen.

```
<!DOCTYPE HTML>
<html lang = "de-DE">
<head>
  <title>textManipulation.html</title>
  <meta charset = "ISO-8859-1" />
```

```
  <link rel = "stylesheet"
        type = "text/css"
        href = "textManipulation.css" />
</head>

<body>
  <p>
    Dieser Absatz verwendet das Standardformat.
  </p>

  <p class = "italic">
    Die Schrift in diesem Absatz ist kursiv (italic).
  </p>

  <p class = "bold">
    Die Schrift in diesem Absatz ist fett (bold).
  </p>

  <p class = "underline">
    Die Schrift in diesem Absatz ist unterstrichen.
  </p>

  <p class = "strikeThrough">
    Die Schrift in diesem Absatz ist durchgestrichen.
  </p>

  <p class = "center">
    Dieser Absatz ist zentriert.
  </p>

  <p class = "right">
    Dieser Absatz ist rechtsbündig ausgerichtet.
  </p>

  <p class = "sans">
    Dieser Absatz verwendet eine serifenlose Schriftart.
  </p>

  <p class = "big">
    Die Schrift in diesem Absatz wurde vergrößert.
  </p>
```

```
  <p class = "center underline">
    Dieser Absatz wurde zentriert und unterstrichen.
  </p>
</body>
</html>
```

Da CSS im Beispiel die meiste Arbeit übernimmt, passiert in diesem Quelltext nicht sonderlich viel. Diese Dinge sollten Sie beachten:

✔ **Die Seite besteht vorwiegend aus einer Abfolge von Absätzen.** Über den HTML-Code finden keine echten Formatierungen statt.

✔ **Formatierungen werden über das `class`-Attribut zugewiesen.** Alle Absätze werden über den Wert des `class`-Attributs formatiert. Die entsprechenden Definitionen finden Sie im Stylesheet.

✔ **Die Seite bindet ein externes Stylesheet ein.** Die eigentlichen Formatierungen werden in `textManipulation.css` definiert.

✔ **Ein Absatz verwendet mehr als ein Format.** Für den letzten Absatz werden mit `center` und `underline` zwei `class`-Werte angegeben und genutzt.

Die interessanten Dinge spielen sich in der CSS-Datei ab. Hier werden einige CSS-Regeln definiert, die festlegen, wie die verschiedenen Absätze formatiert werden sollen. Sehen Sie sich zunächst einmal den Code von `textManipulation.css` an, bevor ich ihn dann im Einzelnen erläutere:

```
.italic {
  font-style: italic;
}

.bold {
  font-weight: bold;
}

.underline {
  text-decoration: underline;
}

.strikeThrough {
  text-decoration: line-through;
}
```

```
.center {
  text-align: center;
}

.right {
  text-align: right;
}

.sans {
  font-family: sans-serif;
}

.big {
  font-size: 200%;
}
```

Wie Sie sehen können, habe ich einige Klassen definiert. Die Klassennamen weisen auf die verschiedenen Effekte hin und die Klassen enthalten jeweils eine einzige Regel, über die dieser Effekt erzeugt wird.

Und so funktionieren die verschiedenen Regeln:

✔ **Auswahl des Schriftstils:** Den vorgegebenen Schriftstil können Sie über das Attribut `fontstyle` festlegen. Zulässige Werte bei dieser Regel sind `italic`, `normal` und `oblique`.

`italic` und `oblique` führen beide zu kursiver Schrift. Für `italic` müsste (allerdings meist nur rein theoretisch) ein eigener Schriftschnitt (und damit typischerweise eine Fontdatei verwendet werden). Bei `oblique` wird hingegen eigentlich nur eine andere Schrift ein wenig nach rechts geneigt.

✔ **Änderung der Schriftstärke:** Sie können die Schriftstärke (das Schriftgewicht) über das Attribut `font-weight` festlegen. Die gängigsten Werte sind `bold` (fett) und `normal`.

✔ **Schrifteffekte:** Über das Attribut `text-decoration` können Sie eine Reihe von Schrifteffekten verwenden. Meist wird mit diesem Attribut zum Text ein Strich hinzugefügt. Die gängigsten Werte sind daher `underline` (unterstrichen), `overline` (überstrichen), `line-through` (durchgestrichen) und `none` (kein Effekt).

- **Textausrichtung:** Für die Ausrichtung von Absätzen ist zumeist das Attribut `text-align` zuständig. Die gängigsten Werte sind `center` (zentriert), `left` (links), `right` (rechts) und `justify` (Blocksatz). Beachten Sie, dass dieses Attribut nur zur Ausrichtung von Text innerhalb eines Elements verwendet wird. Wenn Sie ein gesamtes Element (beispielsweise einen Absatz oder eine Tabelle) selbst zentrieren wollen, bewerkstelligen Sie das über die im Abschnitt »Ein aufgeräumtes Formular« weiter hinten in diesem Kapitel beschriebenen `margin`-Attribute.
- **Benutzung von Schriftarten:** Über das Attribut `font-family` können Sie angeben, welche Schriftart benutzt werden soll. Es kann dazu verwendet werden, eine installierte Schriftart anzugeben. Ist die angegebene Schriftart aber auf dem Rechner eines Nutzers nicht installiert, wird nicht diese, sondern eine andere (mehr oder weniger ähnliche) Schrift angezeigt. In Kapitel 6 werden die neuen Möglichkeiten beschrieben, mit denen diese Probleme umgangen werden können.
- **Änderung der Schriftgröße:** Die gewünschte Größe für den Text können Sie über das Attribut `font-size` festlegen. Dabei können Sie unterschiedlich vorgehen; bei der zuverlässigsten Variante geben Webentwickler die Schriftgröße aber als Prozentsatz des Basisfonts an. Um den Text doppelt so groß wie normal zu machen, setzen Sie `font-size` auf `200%`. (Sie können zwar auch mit traditionellen Maßangaben wie Punkt arbeiten, diese funktionieren im Webumfeld bei der Darstellung auf dem Bildschirm aber weniger zuverlässig als im Druckbereich.)

Rahmen mit Stil

Sie können Elemente mit Rahmen versehen. Das kann nicht nur Designzwecken dienen, sondern auch bei der Fehlersuche innerhalb von Webseiten hilfreich sein. Rahmen besitzen drei wichtige Eigenschaften:

- **`border-width`:** Über dieses Attribut legen Sie die Rahmenbreite fest. Es gibt wie üblich auch hier andere Möglichkeiten, aber die Rahmenbreite wird meist in Pixeln (`px`) angegeben.
- **border-color:** Über dieses Attribut legen Sie die Rahmenfarbe fest, wobei Sie Farbnamen und Hex-Werte verwenden können.
- **`border-style`:** Dient der Auswahl eines Rahmenstils.

Abbildung 5.7 zeigt die möglichen Rahmenstile.

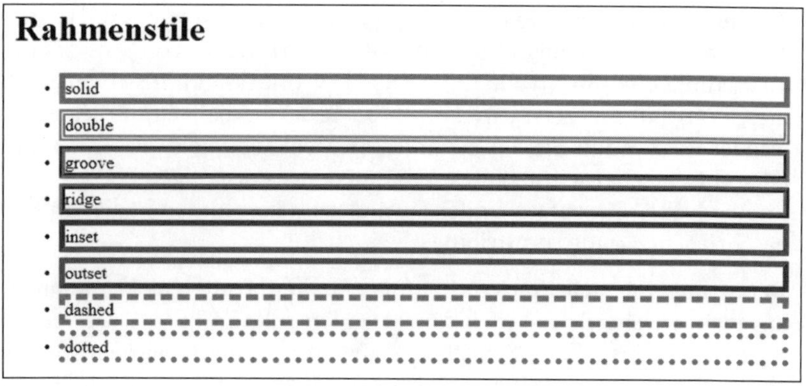

Abbildung 5.7: Rahmenstile und ihre Bezeichnungen

Generell werden die verschiedenen Rahmenattribute in einer einzigen `border`-Eigenschaft gemeinsam angegeben, über die sich Breite, Stil und Farbe in einem Schritt angeben lassen. Um Ihre Absätze beispielsweise mit einem fünf Pixel breiten doppelten Rahmen zu versehen, können Sie den folgenden Code verwenden:

```
p {
  border: 5px double blue;
}
```

Recht nützlich kann es auch sein, die verschiedenen Rahmenteile isoliert zum Zeichnen von Linien zu verwenden. Beispielsweise können Sie über `border-top` eine Linie oberhalb und mit `border-right` eine Linie rechts von einem Element zeichnen. Für die Minirahmen lassen sich dieselben Attribute wie für normale Rahmen verwenden.

Hintergrundbilder einfügen

Sie können beliebigen Elementen Hintergrundbilder zuordnen. Das Format des `background`-Attributs unterscheidet sich ein wenig von den anderen bisher vorgestellten Elementen. Abbildung 5.8 zeigt eine Seite mit einem Hintergrundbild.

Abbildung 5.8: Webseite mit Hintergrundbild

Hintergrundbilder lassen sich in HTML5 über CSS-Anweisungen hinzufügen:

```
<!DOCTYPE HTML>
<html lang = "de-DE">
  <head>
    <title>backgroundImage.html</title>
    <meta charset = "ISO-8859-1" />
    <style type = "text/css">
      body {
        background-image: url("ropeBG.jpg");
      }
      h1 {
        background-image: url("ropeBGLight.jpg");
      }
      p {
        background-color: white;
      }
    </style>
  </head>

  <body>
    <h1>Hintergrundbilder verwenden</h1>

    <p>
      Die Überschrift verwendet eine hellere Variante
      des Hintergrunds und der Hintergrund des Absatzes
      ist einfarbig und nicht transparent.
```

```
      Die Überschrift verwendet eine hellere Variante
      des Hintergrunds und der Hintergrund des Absatzes
      ist einfarbig und nicht transparent.
    </p>
  </body>
</html>
```

Das Attribut `background-image` spielt die entscheidende Rolle beim Hinzufügen von Hintergrundbildern. Und so nutzen Sie es:

1. **Wählen Sie das Bild aus, das Sie verwenden wollen.** Wählen Sie Hintergrundbilder sorgfältig aus. Das Bild sollte die zu übermittelnden Ideen unterstützen und nicht von der eigentlichen Botschaft ablenken. Es lassen sich die üblichen Webformate (`png`, `gif` oder `jpg`) nutzen. Häufiger empfiehlt es sich auch, das zu verwendende Bild in einem Bildbearbeitungsprogramm (IrfanView und GIMP bieten hier hervorragende kostenlose Optionen) in eine andere Größe und/oder Auflösung zu bringen. (Weniger ist hier oft mehr.)
2. **Legen Sie das Bild im selben Verzeichnis wie Ihre Webseite ab.** Auch wenn dieser Schritt nicht unbedingt nötig ist, lassen sich Bilder viel leichter verwalten, wenn sie physisch in der Nähe ihrer Webseite gespeichert werden. Auf diese Weise lassen sich die zugehörigen Bilder beim Verschieben von Webseiten auf einen Server leichter mit erfassen.
3. **Erstellen Sie Ihre Webseite wie gewohnt. Erstellen Sie Ihren XHTML-Code wie üblich.**
4. **Fügen Sie ein Hintergrundbild zum body-Tag hinzu.** Ein solches Bild wird als Hintergrund für die gesamte Webseite verwendet. Natürlich können Sie bei Bedarf auch beliebige andere Elemente mit einem Bildhintergrund versehen.
5. **Geben Sie die URL Ihrer Bilddatei an.** Die Angabe des Wertes für das Hintergrundbild folgt einer speziellen Syntax. Sie müssen nämlich angeben, dass eine URL angegeben wird. Wenn der Name der Bilddatei beispielsweise `background.png` lautet, ergäbe sich daraus der Wert `url("background.png")` für das Attribut `background-image`.
6. **Fragen Sie sich, ob Sie den Hintergrund verändern sollten.** Sie können das Hintergrundbild über eine Reihe anderer CSS-Attribute ändern. Über `background-repeat` können Sie steuern, wie der Hintergrund wiederholt wird; über `background-position` können Sie die Position des Hintergrunds beeinflussen.
7. **Testen Sie Ihre Webseite.** Achten Sie darauf, dass das Hintergrundbild nicht zu sehr ablenkt.

Hintergrundbilder können durchaus problematisch werden. Sehen Sie sich dazu beispielsweise Abbildung 5.9 an.

Abbildung 5.9: Probleme mit Hintergrundbildern

Die Verwendung ungeeigneter Hintergrundbilder zählt zu den häufigsten Anfängerfehlern. Denken Sie nur an die vielen Webseiten, bei denen Texte kaum oder gar nicht lesbar sind.

Die meisten interessanten Fotos besitzen einen großen Kontrastumfang. Bei Bildern führt das dazu, dass sie die Aufmerksamkeit auf sich ziehen, was aber problematisch ist, wenn sie als Hintergrund dienen sollen. Der hohe Kontrast erschwert das Lesen von Texten. Für dieses Problem gibt es eine Reihe gängiger Lösungen. Sie können entweder den Kontrast (die Farbdynamik) Ihrer Hintergrundbilder verringern oder Elemente mit darin enthaltenem Text einfarbig hinterlegen.

Wenn Sie sich Abbildung 5.8 noch einmal ansehen, werden Sie feststellen, dass ich beide Tricks dort benutze. Die Seite insgesamt hat die Seile als Hintergrund (Danke, Julian Burgess, für das tolle Bild), der Titel ist aber mit einer helleren Version des Bildes hinterlegt und die Absätze besitzen einen einfarbigen Hintergrund.

Weniger kontrastreiche (oder anderweitig manipulierte Bildversionen) können Sie beispielsweise mit IrfanView erstellen. (Moderne Bildbearbeitungsprogramme bieten meist eine ganze Reihe von Möglichkeiten, um deutlich dunklere oder blassere Bildversionen erstellen zu können. Beispielsweise können Sie einfach den Kontrast und damit die Farbdynamik des Bildes verändern.) Dunklere Hintergründe verwenden Sie für helleren Text, hellere Hintergründe für dunklen Text. Noch mehr Möglichkeiten bieten Ihnen teilweise transparente Hintergründe, die sich mit CSS erstellen lassen und die in Kapitel 6 ausführlicher behandelt werden. Dann können Sie selbst kontrastreiche Bilder als (dann teilweise) sichtbaren Hintergrund verwenden.

Positionierung mit float

Das Seitenlayout zählte lange zu den größten Schwächen von HTML. Tabellenbasierte Lösungen waren gewöhnlich die beste Alternative, um Seiten zum gewünschten Verhalten zu bringen. Nun bietet CSS aber eine Reihe nützlicher Werkzeuge zur Verwaltung der Position von Elementen.

Bei der Positionierung mit `float` definieren Sie die Beziehungen zwischen den Elementen und nicht mehr, wo sich die einzelnen Elemente genau befinden sollen. Dieser Ansatz lässt sich zwar möglicherweise erst einmal nicht direkt erfassen, wenn Sie die Idee der »schwebenden« Positionierung aber erst einmal erfasst haben, handelt es sich dabei um ein äußerst flexibles und nützliches System.

Wenn Sie den Ansatz erst einmal verstanden haben, können Sie mit `float` Seiten so erstellen, dass sie bei einer Vielzahl von Browsern funktionieren. Stellen Sie sich als Beispiel ein einfaches HTML/XHTML-Formular vor. Abbildung 5.10 zeigt ein typisches Formular ohne zugeordnete CSS-Regeln.

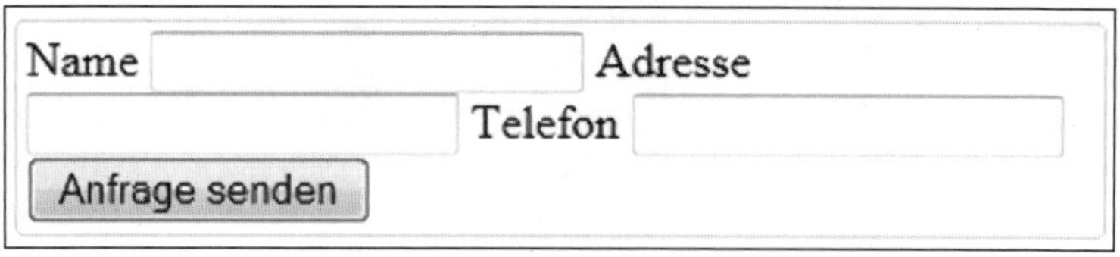

Abbildung 5.10: Dieses Formular ist ein wenig durcheinander.

Das Formular bietet zwar alle erforderlichen Funktionen, sieht aber nicht schön aus. Sehen Sie sich im HTML-Code an, wie es formatiert wird:

```
<!DOCTYPE HTML>
<html lang = "de-DE">
  <head>
    <title>formNoStyle.html</title>
    <meta charset = "ISO-8859-1" />
  </head>

  <body>
    <form action = "">
      <fieldset>
        <label>Name</label>
```

```
        <input type = "text"
               id = "txtName" />
        <label>Adresse</label>
        <input type = "text"
               id = "txtAddress" />
        <label>Telefon</label>
        <input type = "text"
               id = "txtPhone" />
        <button type = "button">
          Anfrage senden
        </button>
      </fieldset>
    </form>
  </body>
</html>
```

Im Zusammenhang mit diesem Code sind einige Dinge von Bedeutung:

- ✔ **Der Code erzeugt ein Formular.** Formularelemente sind für JavaScript-Code kritisch, weshalb sie für vielerlei Anwendungen erstellt werden müssen.
- ✔ **Das Formular enthält einen `fieldset`-Container.** Bei den meisten Formularelementen handelt es sich um Inline-Elemente, die nur innerhalb anderer Blockelemente verwendet werden können. Beim `fieldset`-Tag handelt es sich um ein spezielles Blockelement, das für Formulare entwickelt wurde und sich daher perfekt als Container für Formularelemente eignet.
- ✔ **Im Formular gibt es eine Reihe von Beschriftungs- und Eingabeelementen.** Der Aufbau der meisten Formulare folgt diesem Schema. `label`-Elemente geben an, welche Eingabe jeweils erwartet wird, während die eigentliche Eingabe des Nutzers über `input`-Elemente abgewickelt wird. Typischerweise bestehen Zeilen daher typischerweise aus einem Paar `label`/`input`-Tags.
- ✔ **Das `label`-Tag beschreibt die Label.** Dabei handelt es sich noch um eine recht neue HTML-Entwicklung. Mit dem `label`-Tag geht keine Formatierung einher, weshalb es traditionell kaum genutzt wurde. Mit CSS können Sie aber für beliebige Formatierungsregeln sorgen.
- ✔ **Das letzte Element ist eine Schaltfläche.** Die meisten Formulare enthalten eine oder mehrere Schaltflächen. Erst wenn der Nutzer eine davon anklickt, geschieht wirklich etwas. Da das `button`-Element anders als die `input`-Elemente formatiert werden soll, beschreibe ich es über das `button`-Tag.

- **In der HTML-Datei werden keine Formatierungen definiert.** Der HTML-Code beschreibt einfach die Funktion und nicht die Formatierung der verschiedenen Elemente. Dafür ist CSS zuständig.
- **Der HTML-Code ist selbsterklärend.** Wenn Sie sich nur den Code ansehen, wissen Sie schon, welche Funktion die verschiedenen Elemente haben. Hier gibt es keinen Code, der nicht in einem direkten Bezug zur Funktion des Formulars steht.
- **Der Code ähnelt dem einer Tabelle.** Der allgemeine Aufbau des Formulars ähnelt zwar ein wenig dem einer Tabelle, funktioniert aber etwas anders. Erst die CSS-Formatierung sorgt dafür, dass die sauber beschriebenen Datenstrukturen das gewünschte Aussehen erhalten. Dann sehen sie wie eine Tabelle aus, ohne dass der HTML-Code durch die `table`-Tags unübersichtlich wird.

Wenn Sie sich Abbildung 5.10 ansehen, dürfte klar sein, dass die Anzeige des Formulars im Browser so nicht beabsichtigt ist. Typischerweise sollen Formulare schon stärker nach Tabellen aussehen. Natürlich könnten Sie dazu eine HTML-Tabelle in den Code einbetten, aber das würde zu mehr Arbeit (und Komplexität) führen als nötig. CSS stellt eine einfachere Lösung bereit.

Die Funktion des display-Attributs

Um verstehen zu können, wie Sie Formulare wie Tabellen darstellen lassen können, müssen Sie ein wenig darüber Bescheid wissen, wie Webbrowser das Seitenlayout berechnen.

Um das Formular in eine einfache Tabellenform zu bringen, wird nur sehr wenig CSS-Code benötigt, der allerdings schon ein wenig geheimnisvoll wirken kann. Das liegt teilweise daran, wie das HTML-Layout berechnet wird.

Webbrowser können die Position von Seitenelementen auf drei Arten bestimmen:

- **Inline:** Das Element wird dorthin gesetzt, wohin das nächste Textzeichen kommen würde.
- **Block:** Blockelemente sind eigenständig und verwenden eigene Zeilen/Absätze. Vor und nach Blockelementen (wie beispielsweise `h1`-Tags und normalen Absätzen) steht normalerweise ein Zeilenumbruch.
- **Alternativ:** Bei einigen speziellen CSS-Attributen folgen die Elemente (zumindest teilweise) nicht mehr den normalen Layoutregeln. Für ihre Posi-

tionierung gelten andere Regeln. Ein Beispiel dafür ist das weiter hinten in diesem Kapitel beschriebene `float`-Attribut.

Alle HTML-Elemente sind standardmäßig entweder Inline- oder Block-Elemente. Das lässt sich aber auch über das `display`-Attribut ändern. So können Sie alternative Positionierungsverfahren nutzen und weitere CSS-Attribute ändern. So können Sie dafür sorgen, dass Formulare wie Tabellen aussehen und sich so verhalten, ohne dazu noch `table`-Tags verwenden zu müssen.

Block-Elemente definieren

Im ersten Schritt auf dem Weg dieses Formulars hin zum Tabellenverhalten sollen einige der Elemente über das `display`-Attribut dazu gebracht werden, sich wie Block-Elemente zu verhalten.

Sehen Sie sich dazu Abbildung 5.11 an, die das Ergebnis verdeutlichen soll.

Abbildung 5.11: Das Ergebnis von `formBlock.html` und `formblock.css`

Der HTML-Code in `formBlock.html` unterscheidet sich nicht von dem in `formNoStyle.html`. Der einzige Unterschied besteht darin, dass nun das externe Stylesheet `formBlock.css` eingebunden wird.

Der Code in `formBlock.css` ist recht einfach:

```
input {
  display: block;
}

button {
  display: block;
}
```

In diesem CSS-Code wird nur festgelegt, dass alle `button`- und `input`-Elemente (die Texteingabefelder) als Elemente auf Blockebene behandelt werden sollen. Das führt dazu, dass die Elemente auf der Seite quasi übereinandergestapelt angezeigt werden. Wichtiger ist aber, dass mit diesem Schritt die weiteren Layoutverbesserungen vorbereitet werden.

Mit float zum zweispaltigen Layout

Nach diesem einleitenden Schritt soll es nun darum gehen, die Beschriftungen links neben die Blöcke der entsprechenden Eingabefelder zu bringen. Wie Sie in Abbildung 5.12 sehen können, lässt sich genau das mithilfe des `float`-Attributs erreichen.

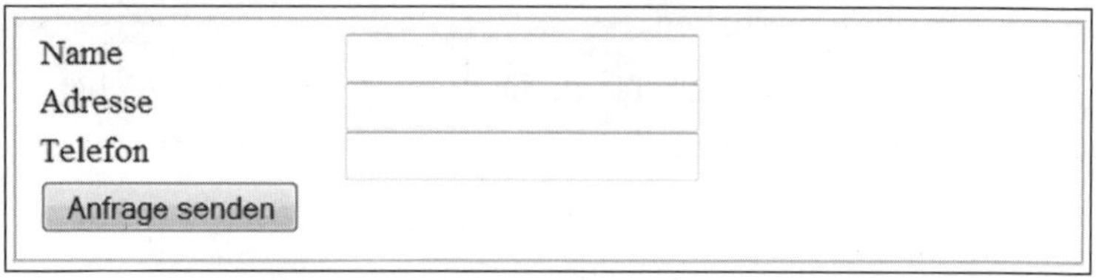

Abbildung 5.12: Das Ergebnis von `formBTwoCol.html` und `formTwoCol.css`

Mit dem `float`-Attribut können Sie die normalen Layoutregeln außer Kraft setzen und bei den entsprechenden Elementen dafür sorgen, dass sie »mitschwimmen«. Das `float`-Attribut beschreibt die Beziehung zwischen einem Element und seinen Nachbarn. Hier sorge ich dafür, dass die `label`-Elemente jeweils links von den Eingabefeldern landen. (Sie können auch `float: right` verwenden, was praktisch aber nur selten gemacht wird.)

Damit landen die Beschriftungen jeweils direkt links neben den zugehörigen `input`-Elementen. Wenn Sie nun noch bei den `label`-Elementen über das `width`-Attribut für eine einheitliche Breite sorgen, werden diese sauber ausgerichtet. (Damit haben wir bereits ohne zusätzlichen HTML-Code ein tabellenartiges Verhalten erreicht.)

Der Code in `formTwoCol.css` sieht so aus:

```
label {
  float: left;
  width: 30%;
}
```

```
input {
  display: block;
}
button {
  display: block;
}
```

Ein aufgeräumtes Formular

Natürlich können Sie mit CSS noch eine Menge mehr an diesem Formular aufpeppen. `formFloat.html` führt zu dem in Abbildung 5.13 dargestellten schön ausgerichteten Formular.

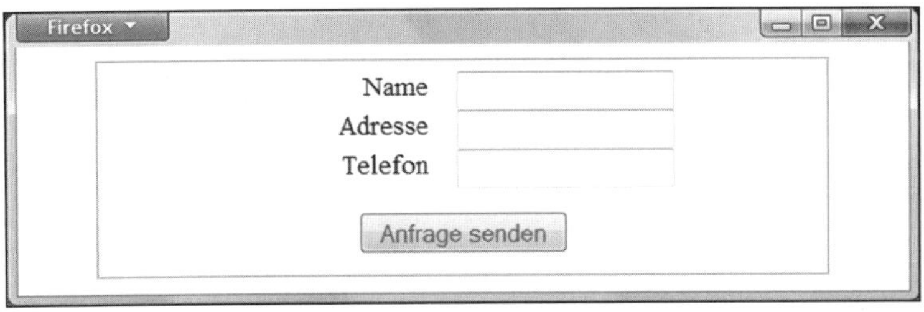

Abbildung 5.13: `formFloat.html` im Browser

Um das Aussehen des Formulars zu verbessern, werden hier noch ein paar weitere CSS-Attribute genutzt:

- ✔ **`margin`:** Beschreibt, wie breit die Ränder außerhalb der Grenzen eines Elements sein sollen. Sie können mit dem einfachen `margin`-Attribut auf allen Seiten einen einheitlich breiten Rand festlegen oder auch für die verschiedenen Seiten einzeln unterschiedlich breite Ränder bestimmen. (Über `margin-left` legen Sie beispielsweise die Breite des linken Randes fest.) Wenn Sie das `margin`-Attribut auf den Wert `auto` setzen, werden die entsprechenden Elemente horizontal zentriert. (Einfache Möglichkeiten für eine vertikale Zentrierung bietet CSS nicht.)
- ✔ **`padding`:** Über dieses Attribut geben Sie die Breite des inneren Randes zwischen dem Inhalt eines Elements und dessen Grenzen an. Das `padding`-Attribut schafft Abhilfe, wenn Text zu dicht am Rahmen klebt, wie es in Abbildung 5.7 der Fall ist.
- ✔ **`text-align`:** Sorgt für die Ausrichtung des Inhalts eines Elements. (Um das Element selbst zu zentrieren, verwenden Sie das `margin`-Attribut.)

Sehen Sie sich erst einmal den Code von `formFloat.css` an. Anschließend werde ich dann erläutern, wie er funktioniert:

```
fieldset {
  width: 80%;
  margin: auto;
}

label {
  float: left;
  width: 30%;
  text-align: right;
  padding-right: 1em;
  margin-left: 15%;
}

input {
  display: block;
  width: 30%
}

button {
  display: block;
  color: green;
  margin: auto;
  margin-top: 1em;
}
```

Diese Version des CSS-Codes passt zu genau demselben HTML-Code, der auch für die vorherigen Beispiele verwendet wurde. Es kommen aber ein paar weitere Formatierungsattribute hinzu, die die Seite noch ein wenig weiter aufräumen und ihr Aussehen verbessern. So können Sie ein derartiges Formularlayout erstellen:

1. **Beginnen Sie mit einem zweispaltigen Layout.** Beginnen Sie mit der Erstellung des einfachen zweispaltigen Layouts, der im vorherigen Abschnitt beschrieben wurde.

2. **Zentrieren Sie das `fieldset`-Element.** Standardmäßig handelt es sich bei `fieldset` um ein Element auf Blockebene und genau das brauchen wir hier. Elemente auf Blockebene nehmen typischerweise 100 % der Breite ihres Containers ein. Wenn Sie also ein `fieldset`-Element (oder beliebige

andere auf Blockebene arbeitende Elemente) zentrieren wollen, müssen Sie nur deren Breite verringern und die Seitenränder (`margin-left` und `margin-right`) auf `auto` setzen.

3. **Richten Sie die `label`-Elemente rechtsbündig aus.** Ich finde, Daten lassen sich leichter in Formulare eingeben, wenn sich die Beschriftungen dicht beim Textfeld befinden. Daher richte ich die der Beschriftung dienenden `label`-Elemente üblicherweise rechtsbündig aus. Setzen Sie dazu deren `text-align`-Attribut auf den Wert `right`.

4. **Sorgen Sie bei den `label`-Elementen für ein wenig Abstand.** Wenn `text-align` auf `right` gesetzt wird, klebt die Beschriftung rechts ein wenig dicht an den `input`-Elementen. Über `padding-right` können Sie den `label`-Elementen ein wenig Luft zum Atmen geben. (`1em` entspricht der Breite des breitesten Zeichens der aktuellen Schriftart.)

5. **Zentrieren Sie die `label`- und `input`-Elemente.** Da es sich dabei um zwei verschiedene Elemente auf derselben Zeile handelt, wird Ihnen das nicht ganz exakt gelingen. Sie können aber mit Prozentangaben denselben Effekt erreichen. Wenn die Breite sowohl des `label`- als auch des `input`-Elements auf `30%` und der linke Rand (`margin-left`) des `label`-Elements auf `20%` gesetzt wurden, werden diese im `fieldset`-Element zentriert. Werden die Label (wie hier) zum rechten Rand hin ausgerichtet, sieht es aber besser aus, wenn das Formular leicht nach links verschoben dargestellt wird. Da ich finde, dass es ein wenig besser aussieht, setze ich `margin-left` deshalb meist lieber auf den Wert `15%`.

6. **Zentrieren Sie die Schaltfläche.** Schaltflächen lassen sich zwar auch als `input`-Elemente im HTML-Code erstellen, ich verwende stattdessen aber lieber das `<button>`-Tag. Das Aussehen der `button`-Elemente unterscheidet sich häufig von dem der `input`-Elemente (die reinen Schaltflächen benötigen schließlich keine Label), weshalb Sie sich durch Verwendung verschiedener HTML-Elemente möglicherweise das Leben ein wenig erleichtern können. Um das `button`-Element zu zentrieren, setzen Sie einfach dessen `display`-Attribut auf `block` und `margin` auf `auto`. Um bei der Schaltfläche vertikal für ein wenig Abstand zu sorgen, setze ich noch `margin-top` auf `1em`. Das sieht jedenfalls deutlich besser aus.

Natürlich können Sie noch mehr machen, um Ihre Formulare besser aussehen zu lassen. Sie können Farben, Hintergrundbilder und spezielle Schriftarten nutzen. Wichtig ist hier jedoch die Vorgehensweise, bei der Sie CSS die gesamte Formatierung überlassen. Auf diese Weise sorgen Sie für ein gutes Layout und halten den HTML-Code möglichst sauber. Durch die Trennung zwischen CSS und HTML können Sie sich Ihr Leben ungeheuer erleichtern, was sich insbesondere bemerkbar macht, wenn Sie später JavaScript-Code schreiben, um das Aussehen Ihrer Seiten dynamisch zu verändern.

Absolute Positionierung

CSS bietet noch einige weitere nützliche Möglichkeiten für die Positionierung von Elementen. Das Verfahren der absoluten Positionierung ist dabei besonders nützlich, da Sie mit ihm die Positionierung von CSS-Elementen viel präziser steuern können. Wenn Sie ein einzelnes Element absolut positionieren, wird dessen Position in keiner Weise mehr berechnet und es befindet sich gewissermaßen auf einer anderen Ebene als die Inline- und Block-Elemente. Daher müssen Sie die Werte für die Position des Objekts selbst angeben.

Durch diese Besonderheiten wird die absolute Positionierung zwar äußerst leistungsfähig, für allgemeine Layoutaufgaben aber auch viel zu unhandlich. Wenn Sie Webseiten mit absoluter Positionierung erstellen, müssen Sie das Verfahren meist für alle Elemente auf dem Bildschirm verwenden und alle damit einhergehenden Nachteile in Kauf nehmen. Die absolute Positionierung eignet sich daher am besten für spezielle Objekte, die vom Layout der übrigen Seite unabhängig sind. Ich verwende sie vorwiegend für animierte Objekte, deren Bewegungen ich dann mit JavaScript steuere.

Abbildung 5.14 zeigt ein Beispiel für die absolute Positionierung (mit einem zusätzlichen Schmetterling).

Abbildung 5.14: Schmetterlinge auf einer Webseite

Bei den Codebeispielen unter `www.downloads.fuer-dummies` finden Sie das Beispiel mit zwei Schmetterlingen, auf dem auch Abbildung 5.14 basiert. Der hier im Buch abgedruckte Code beschränkt sich auf den linken Schmetterling.

Die »Bugs« in Abbildung 5.14 sitzen auf dem Absatz. Dieser Effekt lässt sich mit absoluter Positionierung realisieren. Dabei müssen Sie die Position der entsprechenden Elemente manuell festlegen.

Der HTML-Code für das Beispiel `absolute.html` sieht so aus:

```
<!DOCTYPE HTML>
<html lang = "de-DE">
<head>
  <title>absolute.html</title>
  <meta charset = "ISO-8859-1" />
  <link rel = "stylesheet"
        type = "text/css"
        href = "absolute.css" />
</head>
<body>
  <h1>Beispiel für absolute Positionierung</h1>
  <p>
    In dieser Seite steckt wohl ein Bug!!!
    In dieser Seite steckt wohl ein Bug!!!
    In dieser Seite steckt wohl ein Bug!!!
    In dieser Seite steckt wohl ein Bug!!!
    In dieser Seite steckt wohl ein Bug!!!
    In dieser Seite steckt wohl ein Bug!!!
    In dieser Seite steckt wohl ein Bug!!!
  </p>
  <p id = "bug">
    <img src = "bug.gif"
         alt = "bug picture" />
  </p>
</body>
</html>
```

Dieser Code enthält einen gewöhnlichen Absatz und einen zweiten mit dem Namen `"bug"`. Der `bug`-Absatz enthält nur das Bild eines Insekts. Beachten Sie, dass es sich bei den Bildern um Tags auf Inline-Ebene handelt, die in Tags auf Blockebene eingebettet werden müssen, damit die Seite valide ist. Entsprechend befindet sich das `img`-Element innerhalb eines anderen Elements, bei dem es sich um das `p`-Element handelt, das manipuliert wird.

Ohne CSS-Formatierung würde das Bild des Schmetterlings als eigenständiger Absatz hinter dem gewöhnlichen Absatz mit dem darin enthaltenen Text angezeigt. Mit der CSS-Datei ändert sich das aber:

```
#bug {
  position: absolute;
  left: 100px;
  top: 50px;
}
```

Diese CSS-Formatierung ändert das Verhalten des Elements namens `bug` in einigen Punkten entscheidend:

- ✔ **Das `position`-Attribut wird auf `absolute` gesetzt.** Dadurch werden die gewöhnlichen Layoutregeln außer Kraft gesetzt und spezifische Positionsangaben verwendet.
- ✔ **Das `left`-Attribut wird auf `100px` (Pixel) gesetzt.** Wenn Sie bei einem Element mit absoluter Positionierung arbeiten, müssen Sie dessen Abstand vom oberen und linken Seitenrand angeben. Normalerweise werden die absoluten Positionen von Elementen in Pixeln (`px`) angegeben.
- ✔ **Das `top`-Attribut wird auf `50px` gesetzt.** In Verbindung mit der Angabe für das `left`-Attribut sorgt diese Angabe dafür, dass sich die linke obere Ecke des Bildes in (100, 50) Pixeln Entfernung von der oberen linken Ecke des Dokuments befindet.
- ✔ **Das Element überlagert die herkömmlichen Elemente.** Alle absolut positionierten Elemente ignorieren andere zuvor positionierte Elemente. Das kann zwar beim normalen Webdesign problematisch sein, ist aber eine nette Funktion für Animationen. (Sie können den Schmetterling mit ein paar JavaScript-Tricks auch herumfliegen lassen.)

Es gibt noch viel mehr über CSS-Positionierung zu sagen, als mir in diesem einführenden Kapitel möglich ist. Wenn Sie sich mit der CSS-Positionierung ausführlicher befassen wollen, sollten Sie zu einschlägigen Werken greifen. Dort werden dann Themen wie mehrspaltiges Layout, CSS-Menüs und andere CSS-Feinheiten behandelt. Und natürlich finden Sie hier in diesem Buch im folgenden Kapitel noch ein paar Einzelheiten zu den neuen CSS-Möglichkeiten und einem völlig neuen Layoutverfahren.

Neuerungen und Verbesserungen in CSS

6

In diesem Kapitel …

- Die neuen CSS3-Selektoren
- Eine Untersuchung der Font-/Schriftartunterstützung
- Mehrspaltige Layouts mit »Flexbox«
- Vorschau auf neue visuelle Elemente

Neben den Änderungen an HTML gab es einige bemerkenswerte Neuerungen im CSS-Bereich (Cascading Style Sheets). Nun übernimmt CSS nahezu alle Aufgaben im Bereich des Seitenlayouts und der Formatierung. In diesem Kapitel werden noch relativ neue CSS3-Funktionen beschrieben, von denen erwartet wird, dass sie demnächst Wirkung im Web hinterlassen könnten. Bei der Arbeit mit diesen CSS-Elementen werden Sie eventuell feststellen müssen, dass sie noch nicht (vollständig) implementiert wurden. Für die bisher noch nicht unterstützten Tags gibt es in den wichtigen Rendering-Engines aber möglicherweise bereits herstellerspezifische Testversionen. Diese besitzen dann eines der folgenden Präfixe:

- ✔ **`-webkit-`:** Hierbei handelt es sich um eine Testversion des Attributs, das für Browser auf der Basis der WebKit-Engine optimiert wurde. Dazu zählen Safari, Chrome und der iPhone-Browser.
- ✔ **`-o-`:** Dieses Präfix steht für Testversionen von Attributen im Opera-Browser. Varianten des Opera-Browsers gibt es für die meisten Mobilplattformen.
- ✔ **`-moz-`:** Dieses Präfix wird für Testversionen eines Attributs verwendet, das für die Mozilla/Gecko-Engine optimiert wurde. Dabei handelt es sich zwar vorwiegend um Firefox, es gibt aber noch einige andere Browser, die auf dieser Engine basieren.

Der IE8 unterstützt noch so gut wie gar keine der in diesem Kapitel beschriebenen Funktionen. Der IE9 bietet zwar eine etwas bessere Unterstützung der HTML5-Standards (und von CSS3), bleibt dabei aber ohne die in Kapitel 1 beschriebene Installation von Google Chrome Frame deutlich hinter seiner Konkurrenz zurück.

Die neuen CSS3-Selektoren

Eine wesentliche Rolle im Zusammenhang mit CSS spielen die Möglichkeiten, die Entwicklern bei der Auswahl von Seitenbestandteilen für Auszeichnungen zur Verfügung stehen. Traditionell bietet CSS die Auswahl über den Tag-Typ (beispielsweise `p`, um alle normalen Absätze auszuwählen), über die Klasse (`.fancy` wäre beispielsweise ein Format, das allen Elementen der `fancy`-Klasse zugeordnet wird) oder über den `id`-Wert (`#sidebar` bezieht sich auf ein Format, das auf ein Element mit der ID `sidebar` angewendet wird).

CSS3 unterstützt einige neue Selektoren und bietet damit interessante neue Möglichkeiten.

Attributauswahl

Nun können Sie beliebigen Elementen mit einem bestimmten Attributwert ein Format zuordnen. Das `input`-Tag kann beispielsweise viele verschiedene Formen annehmen, die sich aber hinsichtlich des `type`-Attributs unterscheiden. Wenn Sie dem `input`-Element nur ein einziges einheitliches Format zuordnen würden, beträfe es viel zu viele verschiedene Arten von Elementen, wie Kontrollkästchen, Text- und Optionsfelder. Bei Verwendung der neuen Attributsyntax können Sie allen `input`-Elementen getrennt nach ihrem Typ Formate zuweisen:

```
input[type="text"]{
  background-color: #CCCCFF;
}
```

Sie können das Format mit oder ohne Angabe eines Tag-Typs zuordnen, es kann aber zu unerwünschten Nebeneffekten kommen, wenn Sie ein sehr häufig verwendetes Attribut auswählen.

not

Gelegentlich kann es sinnvoll sein, eine Auswahl umzukehren. Nehmen Sie beispielsweise an, Sie wollen allen Absätzen ein Format zuweisen, die *nicht* zur Klasse `special` gehören:

```
p:not(.special) {
  border: 1px solid red;
}
```

Mit dem vorgestellten Code erhalten alle Absätze einen roten Rahmen, denen nicht die Klasse zugeordnet wurde.

nth-child

Mit dem Selektor `nth-child` können Sie ein oder mehrere Elemente einer Gruppe auswählen. Die Basisversion arbeitet mit numerischer Eingabe:

```
#myList>li:nth-child(1){
  border: 1px solid blue;
}
```

Damit können Sie dem ersten Element einer Gruppe ein Format zuweisen. In meinem Beispiel habe ich eine Liste mit vier Elementen. Das Format wird Listenelementen und nicht der Liste zugeordnet.

Bei dem numerischen Wert kann es sich auch um eine Formel wie `an+b` handeln. Wenn Sie Algebra mögen (wer tut das nicht?), können Sie alle geradzahligen Elemente so auswählen:

```
#myList>li:nth-child(2n){
  border: 1px solid blue;
}
```

Über eine ähnliche Formel lassen sich natürlich auch Kinder mit ungerader Nummer auswählen:

```
#myList>li:nth-child(2n+1){
  border: 1px solid blue;
}
```

Sie könnten dieses Formelverfahren dazu nutzen, um allerlei Gruppen zu bilden (beispielsweise jedes dritte Element mit `3n`), aber meist geht es nur um ein bestimmtes Element oder alle geraden und alle ungeraden Zeilen. CSS3 stellt für diesen Zweck sogar Kürzel bereit und nimmt Ihnen damit auch noch die dargestellten Berechnungen ab:

```
#myList>li:nth-child(even){
  color: white;
  background-color: red;
}
```

Über das Schlüsselwort `last` können Sie das letzte Element einer Gruppe auswählen. Von diesem Auswahlverfahren gibt es noch einige weitere Variationen:

- ✔ **`nth-last-child(N)`:** Funktioniert wie `nth-child`, nur dass die Zählung am Ende und nicht am Anfang der Gruppe mit den Elementen beginnt.
- ✔ **`nth-of-type(N)`:** Dieser Selektor funktioniert wie `nth-child`, filtert aber einen bestimmten Typ heraus und ignoriert alle Elemente, die nicht genau diesem Typ entsprechen.
- ✔ **`last-child`:** Damit können Sie das letzte Kindelement auswählen.
- ✔ **last-nth-of-type(N):** Funktioniert wie `nth-of-type`, zählt aber vom Ende der Gruppe aus.
- ✔ **`first-child`**: Wählt das erste Element aus. (Diesen Selektor gab es zwar bereits in CSS2, er wurde aber nur selten genutzt.)

Diese Auswahlwerkzeuge werden von allen aktuellen Browsern unterstützt. Da sie generell aber einfach nur die Lesbarkeit (insbesondere von längeren Listen) verbessern sollen, sollte ihre Nutzung unproblematisch sein. Werden entsprechende Anweisungen von Browsern nicht unterstützt, fällt das Format einfach weg.

Andere neue Pseudoklassen

Über *Pseudoklassen* können Sie Formate in Abhängigkeit vom Zustand eines Elements definieren. Moderne CSS-Versionen unterstützen eine Reihe neuer Pseudoklassen:

- ✔ **`:hover`:** Die Pseudoklasse `:hover` ist zwar bereits von Anfang an Bestandteil von CSS, wurde aber offiziell nur für das `<a>`-Tag definiert. Nun lässt sich die Pseudoklasse `:hover` auf beliebige Elemente anwenden. Wenn sich der Mauszeiger (oder ein anderes Zeigegerät) über einem Element befindet, ist bei diesem der `hover`-Status aktiviert. (Dann können beispielsweise Hilfeinformationen in diesen kleinen Fenstern angezeigt werden.)

Beachten Sie, dass `hover` von Mobilgeräten nicht unbedingt unterstützt wird, da bei ihnen die Position des Zeigegeräts (Stylus oder Finger) zwischenzeitlich nicht bekannt ist. Möglicherweise unterstützen sie aber andere Verfahren, mit denen »schwebende Mauszeiger« simuliert werden.

- ✔ `:focus`: Diese Pseudoklasse wird aktiviert, wenn ein Element zur Entgegennahme von Tastatureingaben bereit ist.
- ✔ `:active`: Ein Formularelement ist `active` wenn es aktuell verwendet wird. Das trifft beispielsweise auf eine Schaltfläche zu, die gerade gedrückt wird, aber noch nicht wieder losgelassen wurde.

Mobilgeräte wechseln häufig direkt in den `active`-Modus und überspringen den `hover`-Modus. Das kann ein wichtiges Designdetail sein, wenn Sie Elementzustände für Formatierungszwecke auswerten wollen. Mit `hover.html` können Sie sich über das Verhalten eines Mobilgeräts informieren. Das Programm meldet Klicks über eine Warnmeldung und die Überschrift reagiert mit Farbwechseln.

Die Pseudoklassen für die Elementzustände werden von allen modernen Browsern mehr oder weniger umfassend unterstützt.

Unterstützung von Fonts und Text

Die mangelnde Unterstützung von Schriftarten (Fonts) war schon immer eine der größten Schwächen des HTML/CSS-Ansatzes. Webentwickler konnten zwar beliebige Schriftarten für Webseiten angeben und verwenden, da sie aber clientseitig installiert sein mussten, wurden sie nicht verwendet, sofern sie nicht auch auf dem Rechner des Nutzers installiert waren. Entwickler blieben daher auf einen Satz substituierbarer Schriftarten und Ersatzlösungen beschränkt. Endlich unterstützt CSS3 nun eine praktikable Lösung, mit der Fonts auch serverseitig bereitgestellt werden können.

@font-face

`@font-face` arbeitet anders als die meisten CSS-Elemente. Sie führt keine Formatierungen irgendwelcher Seitenbereiche durch. Stattdessen definiert es einen neuen CSS-Wert, der in anderen Auszeichnungen verwendet werden kann. Letztlich können Sie mit diesem Element eine Schriftdatei auf Ihrem Server ablegen und dafür mithilfe des Attributs `font-family` eine Fontfamilie definieren.

```
@font-face {
  font-family: "Miama";
  src: url("Miama.otf");
}
```

Über das Attribut `font-family` geben Sie dem Font einen Namen, der für ihn im übrigen CSS-Code verwendet wird. Typischerweise ähnelt er zwar dem Dateinamen der Schriftart, das muss aber nicht so sein. Beim `src`-Attribut handelt es sich um die URL der eigentlichen Schriftartdatei, die sich auf dem Server befindet. Wenn eine Schrift erst einmal definiert wurde, kann sie im übrigen CSS-Code über das gewöhnliche `font-family`-Attribut genutzt werden:

```
h1 {
  font-family: Miama;
}
```

Alle modernen Browser unterstützen zwar die Funktion `@font-face`, es gibt aber Unterschiede hinsichtlich der unterstützten Dateitypen. Die wichtigsten Font-Dateitypen sind:

- ✔ **TTF:** Das TrueType-Format (TTF) ist zwar verbreitet, wird aber dennoch nicht von allen Browsern unterstützt. Viele Schriftarten sind in diesem Format erhältlich.
- ✔ **OTF:** Das OpenType-Format (OTF) ähnelt TTF. Es handelt sich dabei aber um einen wirklich offenen Standard, daher wird es letztlich von Browsern bevorzugt, die ein Interesse an offenen Standards haben. OTF wird (mit der Ausnahme IE) von den meisten Browsern unterstützt.
- ✔ **WOFF:** Ein vorgeschlagenes standardisiertes Format. WOFF (Web Open Font Format) wird von allen wichtigen Browsern unterstützt.
- ✔ **EOT:** Ein proprietäres Font-Format von Microsoft. EOT (Embedded OpenType) funktioniert nur im IE. Der Fairness halber sei aber noch erwähnt, dass Microsoft darüber bereits seit Jahren in Webseiten eingebettete Fonts unterstützt.

Mit kostenlosen Konvertierungsanwendungen können Sie Fonts online beliebig in andere Formate umwandeln. Unter `www.font2web.com` finden Sie beispielsweise eine Lösung, die Ihnen einen Font gleich in allen wichtigen Formaten (`otf`, `ttf`, `woff` und `eot`) in einer `zip`-Datei verpackt zurückliefert, die auch noch gleich ein dazu passendes Minibeispiel enthält.

Zudem können Sie mehrere `src`-Attribute angeben und so beispielsweise EOT- und OTF-Versionen einer Schriftart bereitstellen, um auch eine breite Palette älterer Browser noch zu unterstützen:

```
@font-face {
  font-family: "spray";
  src: url("ideoma_SPRAY.eot"),
       url("ideoma_SPRAY.otf");
}
```

Nur weil sich nun Schriftarten einbetten lassen, müssen Sie das noch lange nicht tun. Einerseits sollten Sie sorgfältig auf die Lesbarkeit achten. Andererseits gilt es dabei die Urheberrechte zu beachten. Es sind allerdings eine Menge hervorragender Open-Source-Fonts kostenlos erhältlich. Ihre Suche könnten Sie beispielsweise bei `http://openfontlibrary.org` oder `www.schriftarten-fonts.de` starten.

Vergessen Sie nicht zu prüfen, ob die zu verwendende Schrift die deutschen Umlaute unterstützt. Und denken Sie daran, dass die Berechnung besonderer Schriften Rechenleistung und Speicherkapazität kostet, die gerade bei Mobilgeräten heutzutage durchaus wieder knapp ist.

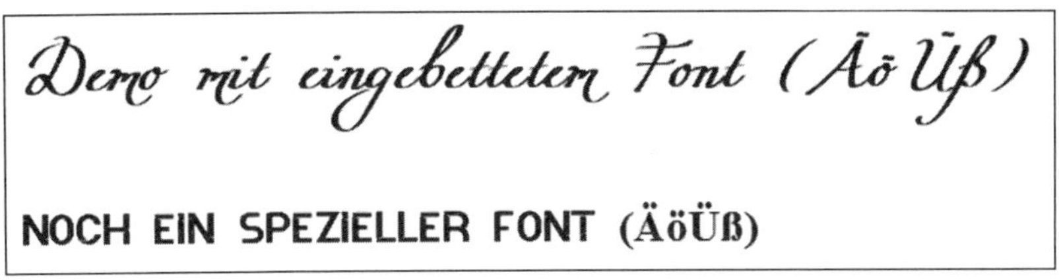

Abbildung 6.1: Zwei Fonts im Test (`EmbeddedFont.html`)

Unterstützung von Spalten im Layout

Webentwickler wünschen sich bereits seit den HTML-Anfängen Spaltenunterstützung. Im Laufe der Zeit wurden viele verschiedene Lösungsansätze genutzt, wie Rahmen, Tabellen und schwebende Elemente. Schließlich bietet CSS3 nun eine gewisse Unterstützung von Spalten. Ein Beispiel dazu finden Sie in `columns.html`:

```
#main{
  column-count: 2;
  column-gap: 2em;
  column-rule: 5px double red;
```

```
  -webkit-column-count: 3;
  -webkit-column-gap: 2em;
  -webkit-column-rule: 5px double red;

  -moz-column-count: 3;
  -moz-column-gap: 2em;
  -moz-column-rule: 5px double red;
} // end main
```

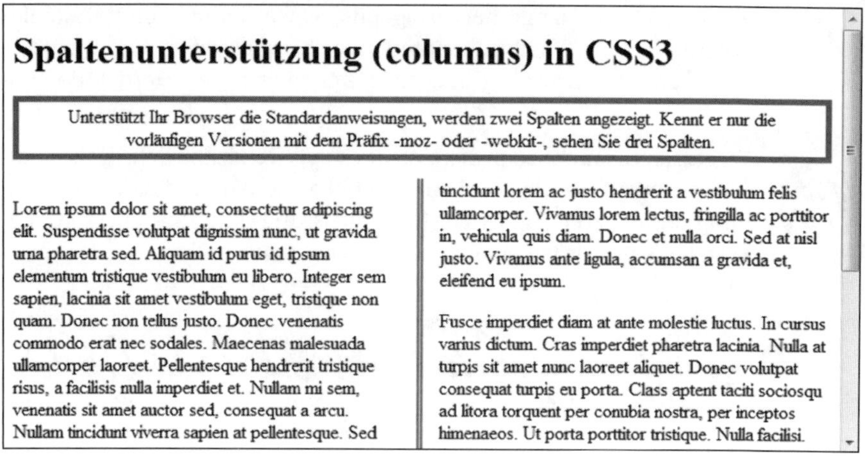

Abbildung 6.2: Spalten mit `columns.html` in Opera

Für Spalten gelten drei neue Regeln:

- ✔ **`column-count`:** Legt die Anzahl der Spalten fest.
- ✔ **`column-gap`:** Legt den Abstand zwischen den Spalten in den üblichen CSS-Maßeinheiten fest.
- ✔ **`column-rule`:** Die senkrechte Trennlinie (sofern vorhanden) zwischen den Spalten. Die Trennlinie wird mit denselben Parametern wie Rahmenlinien (`border`) definiert.

So vielversprechend das `column`-System auch wirkt, hat es doch (noch) einige Schwächen:

- ✔ **Mangelnde Unterstützung:** Die standardisierten `column`-Regeln werden momentan lediglich von Opera unterstützt. Allerdings stellen die anderen wichtigen Browser (wieder mit Ausnahme des IE) eigene Varianten des `column`-Tags bereit. Momentan müssen Sie noch `-moz-` für Firefox und die damit verwandten Browser und `-webkit-` für Safari und Chrome voranstellen.

- ✔ **Automatische Spaltenbreite:** Sie können entweder dieselbe Breite für alle Spalten vorgeben (dann wird die Anzahl der Spalten automatisch ermittelt), oder Sie können die Anzahl der Spalten vorgeben (dann wird deren Breite jeweils automatisch bestimmt). Jedenfalls lassen sich keine unterschiedlich breiten Spalten über das `column`-Tag definieren.
- ✔ **Automatischer Textfluss:** Die Inhalte füllen den gesamten Bereich und fließen automatisch von einer in die nächste Spalte. Es gibt keine einfachen Möglichkeiten, mit denen sich festlegen ließe, welcher Text sich in welcher Spalte befinden soll.

Die `column`-CSS-Attribute scheinen sich für das Seitenlayout geradezu anzubieten, stellen aber bisher wohl keine praktische Alternative dar. Da der IE auch in der Version 9 (ohne Plug-ins) das `column`-Tag nicht unterstützt, bleibt es weiterhin notwendig, andere universeller einsetzbare Techniken des Seitenlayouts zu erwägen. (Eine interessante neue Option wird noch im Abschnitt »Layout mit dem Flexbox-Modell« weiter hinten in diesem Kapitel behandelt.)

Spalten eignen sich besser für Layouts im Magazinstil, bei denen der Text zwischen den Spalten überläuft.

text-stroke

Sie können das Aussehen Ihrer Fonts noch auf eine andere neue Weise ändern. Mit CSS3 können Sie eine Konturfarbe für Ihren Text festlegen. Diese umrahmt als Linie die einzelnen Buchstaben. Die Farbe können Sie wie gewohnt über CSS-Farbwerte angeben. Zudem können Sie die Konturstärke (mit den üblichen Maßangaben) festlegen:

```
h2 {
  color: yellow;
  -webkit-text-stroke: 2px red;
  font-size: 300%;
}
```

Aktuell unterstützt keiner der Browser das `text-stroke`-Attribut direkt. Es hat bisher auch keinen Einzug in die Spezifikation gefunden, wird aber von WebKit-basierten Browsern (Chrome, Safari und IE mit Chrome Frame) in der herstellerspezifischen Version mit dem Präfix `-webkit-` unterstützt. (Das Beispiel finden Sie in `textStroke.html`.)

text-shadow

Schatten sind ein weiteres häufiges Gestaltungselement des modernen Webdesigns. Schatten verleihen Elementen Tiefenwirkung, können allerdings (bei richtigem Einsatz) auch die Lesbarkeit verbessern und Überschriften vom übrigen Seitentext abheben. Eigentlich war das `text-shadow`-Attribut zwar bereits Bestandteil von CSS2, wurde aber lange von keinem der verbreiteten Browser unterstützt:

```
h2 {
  font-size: 300%;
  text-shadow: 3px 3px 5px #666666;
}
```

Das Attribut **`text-shadow`** besitzt vier Parameter:

- ✔ **`offset-x:`** Gibt die horizontale Verschiebung des Schattens zum Originaltext an. Ein positiver Wert verschiebt den Schatten nach rechts, ein negativer verschiebt ihn nach links.
- ✔ **`offset-y:`** Gibt die vertikale Verschiebung des Schattens zum Originaltext an. Ein positiver Wert verschiebt den Schatten nach unten, ein negativer verschiebt ihn nach oben.
- ✔ **`blur:`** Gibt an, wie stark der Schatten verwischt werden soll. Beim Wert `0px` wird der Text nicht verwischt und sieht damit exakt genauso wie der Originaltext aus. Allgemein sollte der `blur`-Wert etwa dem größeren der beiden Verschiebungswerte entsprechen oder ein wenig darüber liegen. Dadurch lässt sich der Schatten als solcher erkennen, ohne die Lesbarkeit zu beeinträchtigen.
- ✔ **`color:`** Dient der Angabe der Schattenfarbe. Allgemein üblich ist ein dunkles Grau, für Spezialeffekte können Sie aber natürlich auch andere Farben verwenden. Beachten Sie, dass die Farbe des Schattens tendenziell durch das Verwischen ein wenig heller wird. Bei starker Verwischung können Sie daher für den Schatten durchaus dieselbe Farbe wie für den Text verwenden. Wenn der Schatten nur wenig verwischt wird, sollte aber eine hellere Farbe für den Schatten gewählt werden, wenn die Lesbarkeit nicht beeinträchtigt werden soll.

Die Größe des Schattens wird indirekt über den Versatz und die Verwischung festgelegt. Möglicherweise müssen Sie daher ein wenig herumprobieren, bis Sie den gewünschten Schatten hinbekommen.

Abbildung 6.3: Hier wird es schattig (`textShadow.html`)

Durch eine spezielle Schattenvariante können Sie Text besser von einem Hintergrundbild absetzen. Legen Sie dazu einen kleinen Schatten in einer Kontrastfarbe fest.

Alle modernen Browser mit Ausnahme des IE unterstützen das `text-shadow`-Attribut. (Abbildung 6.6. zeigt ein weiteres Beispiel für `text-shadow`.)

Layout mit dem Flexbox-Modell

Das Seitenlayout bereitete in der Webentwicklung beständig Sorgen. Mittlerweile kamen viele verschiedene Ansätze beim Seitenlayout zum Einsatz, die aber alle ihre Schwächen haben. Der aktuelle Standard ist das `float`-Verfahren. Das funktioniert zwar recht gut, hat aber zwei erhebliche Schwächen:

- ✔ **Es lässt sich zuweilen schwer nachvollziehen.** Die verschiedenen Teile der `float`-Spezifikationen lassen sich möglicherweise nur schwer erkennen und ihr Verhalten ist wenig intuitiv. Die Beziehung zwischen den Attributen `width`, `clear` und `float` lassen sich manchmal nur schwer nachvollziehen.
- ✔ **Die Reihenfolge auf der Seite spielt eine Rolle.** Ein Ziel des semantischen Layouts besteht in der völligen Trennung der Erstellung der Seite von ihrer Darstellung. Beim `float`-Layout wirkt sich die Reihenfolge der Erstellung der Elemente im HTML-Dokument auf deren Platzierung aus. Eine ideale Layoutlösung würde aber auch nach der Fertigstellung des HTML-Dokuments beliebige Platzierungen mit CSS ermöglichen.

Das `float`-Verfahren ist zwar der aktuelle Standard beim Seitenlayout, eine bessere Option wäre aber wünschenswert. CSS3 enthält das neue flexible Box-Layout (Flexbox-Layout) als Alternative.

Ein Flexbox-Layout erstellen

CSS3 schlägt mit *Flexbox* ein neues Layoutverfahren vor. Das ist zwar noch längst nicht fertig, scheint aber vielversprechend zu sein. In den Grundzügen funktioniert es wie folgt. (Aus Gründen der Verständlichkeit lasse ich hier absichtlich einige Details aus. Diese werden dann im nächsten Abschnitt behandelt.)

1. **Definieren Sie einen Seitenbereich als Box.** Das `display`-Attribut der meisten Elemente lässt sich auf verschiedene Typen setzen. Mit CSS3 kommt mit `box` ein neuer `display`-Typ hinzu. Wird das `display`-Attribut eines Elements auf den Wert `box` gesetzt, kann es mit dem Flexbox-Verfahren andere Elemente aufnehmen.

2. **Legen Sie die Ausrichtung der Kindelemente fest.** Benutzen Sie das neue Attribut namens `box-orient`, um festzulegen, ob die Kindelemente des aktuellen Elements vertikal oder horizontal im Elternelement angeordnet werden sollen.

3. **Legen Sie die Wichtung der Kindelemente fest.** Allen Kindelementen kann eine numerische Wichtung zugeordnet werden. Diese bestimmt, wie viel Platz das Element einnimmt. Bei einer Wichtung von null nimmt das Element möglichst wenig Platz ein. Wenn alle Elemente mit dem Wert `1` gewichtet werden, nehmen sie alle gleich viel Platz ein. Wenn ein Element mit `2` und alle anderen mit `1` gewichtet sind, wird dem Element mit der höheren Wichtung doppelt so viel Platz wie den anderen zugeteilt. Die Wichtung wird über das Attribut `box-flex` bestimmt.

4. **Verschachteln Sie eine weitere Box innerhalb der ersten.** Sie können Flexboxen ineinander verschachteln. Verwenden Sie dazu einfach den `display`-Typ `box` für die inneren Elemente.

5. **Ändern Sie die Reihenfolge, in der die Elemente angezeigt werden sollen.** Normalerweise werden die Elemente in der Reihenfolge angezeigt, in der sie auf der Seite angeordnet wurden. Sie können aber das Attribut `box-ordinal-group` dazu verwenden, die Reihenfolge anzupassen.

Betrachtung eines Flexbox-Layouts

Betrachten Sie nun als Beispiel für das im letzten Abschnitt skizzierte neue Layoutverfahren den folgenden HTML-Code:

```
<div id = "a">
  <div id = "b">b</div>
  <div id = "c">c</div>
  <div id = "d">
    <div id = "e">e</div>
    <div id = "f">f</div>
  </div>
</div>
```

Natürlich ist das Beispiel konstruiert, es zeigt aber eine recht komplexe Struktur, die sich mit den üblichen Layoutverfahren (beispielsweise CSS2) nur schwer realisieren ließe. Abbildung 6.4 verdeutlicht die entsprechende verschachtelte Struktur.

Abbildung 6.4: Eine komplexere Seitenstruktur

Das folgende Beispiel-Stylesheet wird verwendet, um dieser Seite »schwebende« Formate zuzuordnen:

```
div {
  border: 1px solid black;
}
```

```
#a {
  width: 300px;
  height: 200px;

  box-orient: horizontal;
  display: box;
}

#b {
  box-flex: 1;
}

#c {
  box-flex: 1;
}

#d {
  display: box;
  box-orient: vertical;
  box-flex: 2;
}

#e {
  box-flex: 1;
  box-ordinal-group: 2;
}

#f {
  box-flex: 1;
}
```

Diese CSS-Formate wirken zwar ein wenig komplex, enthalten aber nur vier neue CSS-Elemente. Dieses spezielle Beispiel arbeitet so:

1. **a wird als primärer Container eingerichtet.** `div a` soll als primärer Container fungieren, weshalb für ihn Höhe und Breite (`height` und `width`) festgelegt werden. Da er Flexboxen enthalten soll, setzen Sie das `display`-Attribut auf den Wert `box`. Legen Sie fest, wie die Kindelemente dieser Box ausgerichtet werden sollen und setzen Sie dazu das Attribut `box-orient` auf `vertical` oder `horizontal`.

2. **Geben Sie die Wichtungen für `b`, `c` und `d` an.** In meinem Beispiel sollen die Elemente `b` und `c` den halben Platz einnehmen, während `d` den Rest für sich beanspruchen soll. Dazu setzen Sie den Wert von `box-flex` bei `c` und `d` auf `1` und bei `d` auf `2`.
3. **Richten Sie `d` als weiteren Container ein.** Das `d`-Element soll `e` und `f` aufnehmen. Verwenden Sie `display: box`, um `d` zu einem Flexbox-Container zu machen, und setzen Sie `box-orient` auf `vertical`, um die in `d` enthaltenen Elemente vertikal auszurichten. (Normalerweise wechseln verschachtelte Elemente zwischen `horizontal` und `vertical`.)
4. **Die Elemente `e` und `f` sollen jeweils den halben Platz von `d` beanspruchen.** Benutzen Sie das `box-flex`-Attribut, um diesen Elementen eine einheitliche Wichtung zu geben.
5. **Ändern Sie bei `e` den Wert von `box-ordinal-group`, damit es hinter `f` angezeigt wird.** Über dieses Attribut lässt sich die Reihenfolge festlegen, in der Elemente innerhalb ihrer Gruppe angezeigt werden. Normalerweise besitzen alle Elemente den Vorgabewert `1` und werden in der Reihenfolge der Erstellung angezeigt. Sie können aber einzelne Elemente zurückstufen und ihrem `box-ordinal-group`-Attribut einen höheren Wert zuweisen. Das führt dazu, dass das betreffende Element später als normal angezeigt wird. Ich setze den Wert dieses Attributs bei `e` auf `2`, wodurch `e` hinter Element `f` angezeigt wird.

... ein wenig praktischer

Das Flexbox-System scheint perfekt zu sein. Es ist viel variabler als die momentan verwendeten veralteten Layoutverfahren. Das Flexbox-Verfahren ist nur leider noch nicht bereit für die verbreitete Nutzung. Bisher wurden die Flexbox-Attribute noch in keinem Browser direkt implementiert. Es werden aber die speziellen herstellerspezifischen Varianten bereitgestellt.

WebKit-basierte Browser (Safari und Chrome) verwenden Befehlsvarianten, die mit `-webkit-` beginnen, während Gecko-basierte Browser (Firefox und Mozilla) das Präfix `-moz-` nutzen. Damit das Beispiel in diesem Kapitel in diesen modernen Browsern funktioniert, müssen Sie wie folgt beide Varianten der jeweiligen Attribute im HTML-Code von `flexBox.html` aufführen:

```
#a {
  width: 300px;
  height: 200px;
```

```
  -moz-box-orient: horizontal;
  display: -moz-box;
  -webkit-box-orient: horizontal;
  display: -webkit-box;
}

#b {
  -moz-box-flex: 1;
  -webkit-box-flex: 1;
}
```

Momentan wird das Flexbox-Model nicht vom IE (ohne Plug-in) unterstützt. Ein wenig überraschend ist, dass Opera das Verfahren bisher überhaupt noch nicht implementiert hat. Wie dem auch sei, hierbei könnte es sich um ein zukünftiges wichtiges Layoutverfahren handeln, was insbesondere für Mobilgeräte gilt, deren Browser diese Funktionen bereits unterstützen.

Bei einigen Browsern könnten noch Probleme bei mehreren Verschachtelungsebenen auftreten, die aber wohl schon bald beseitigt sein dürften. Es lohnt sich jedenfalls, sich mit diesem Verfahren schon einmal ein wenig vertraut zu machen, denn es könnte zukünftig gut zum bevorzugten Layoutverfahren werden. In der Datei `flexTwoCol.html` finden Sie noch ein weiteres Flexbox-Beispiel für ein zweispaltiges Seitenlayout.

Neue visuelle Elemente

Die zukünftigen CSS-Versionen werden Ihnen eine Vielzahl an zusätzlichen visuellen Effekten bereitstellen. Diese haben zwar keine entscheidende Bedeutung, bieten Entwicklern aber enorme neue Optionen.

Farbwerte

CSS3 unterstützt nun die Verwendung weiterer Farbmodelle und eine neue Form der Farbdarstellung, die auch Transparenz unterstützt. So können Sie nun Farben im RGBA-Farbraum definieren:

```
h1 {
  color: rgba(0, 0, 0, .3);
}
```

Bei diesem Format werden vier numerische Werte verwendet. Die ersten drei stehen für Rot (`r`), Grün (`g`) und Blau (`b`). Den gewünschten Farbwert können Sie über die Werte `0` bis `255` angeben. Der vierte Wert (`a`) steht für den *Alphakanal* und damit für die Transparenz. Der Wert für den Alphakanal wird über eine Realzahl im Wertebereich zwischen `0` (völlig transparent) und `1` (völlig deckend) angegeben.

Zudem unterstützt CSS3 nun auch das flexible HSL-Farbmodell. HSL steht für *Hue* (Farbton), *Saturation* (Farbsättigung) und *Lightness* (Helligkeit). Während das RGB-Modell der Darstellung von Farben auf dem Computermonitor entspricht, stammt das HSL-Modell aus dem Druckbereich und ähnelt daher auch eher dem tatsächlichen Umgang von Künstlern und Designern mit Farben. Eine HSL-Farbe verwendet drei Parameter:

- ✔ **`hue`:** Ein Farbton als Farbwinkel. Rot entspricht den Werten `0` und `360` da das sichtbare Farbspektrum in einem Kreis dargestellt wird. Verwenden Sie für `hue` einen Wert zwischen 0 und 360 (`120` entspricht Grün, `240` Blau). Unter `http://colorschemedesigner.com` finden Sie ein Beispiel für ein Farbrad.
- ✔ **`saturation`:** Bezieht sich auf den Abstand zu Grau, Schwarz oder Weiß. Bei einer Farbe mit `0%` Sättigung handelt es sich (abhängig von der Helligkeit) um Grau, Schwarz oder Weiß. Eine Farbe mit `100%` Sättigung sorgt für einen wirklich satten Farbton. Die Sättigungswerte werden (wie hier im Abschnitt) als Ganzzahlen zwischen `0` und `100` mit nachgestelltem Prozentzeichen angegeben.
- ✔ **`lightness`:** Macht die Farbe heller oder dunkler als den Basisfarbton. Bei `0%` Helligkeit erhalten Sie immer Schwarz, bei `100%` Helligkeit immer Weiß. Helligkeitswerte werden als Ganzzahlen zwischen `0` und `100` mit nachgestelltem Prozentzeichen angegeben.

HSL-Farben können Sie überall nutzen, wo auch andere Farbangaben zulässig sind:

```
background: hsl(0, 0%, 50%);
```

Farben lassen sich in Schwarz-Weiß-Büchern nur unzureichend besprechen. Sehen Sie sich dazu das Beispiel `hsl.html` beim Begleitcode zum Buch an. Dabei handelt es sich um ein interaktives Beispiel für das HSL-Farbmodell. Wenn Sie die HSL-Werte in diesem Beispiel ändern, verändert sich auch die Farbe des ausgegebenen Vierecks.

Opera stellt die verwendeten Eingabeelemente als Schieberegler dar und empfiehlt sich damit für das Ausprobieren von `hsl.html`.

Das HSL-Modell entspricht nicht hundertprozentig dem HSV-Modell (Hue, Saturation und Value), das häufig in Grafikprogrammen verwendet wird, ist diesem aber recht ähnlich. Beide Modelle nutzen Farbton (Hue) und Sättigung (Saturation) letztlich auf dieselbe Weise. Der Farbwert (Value) reicht im HSV-Modell von Schwarz bis zur vollständigen Sättigung, während die Helligkeit im HSL-Modell von Schwarz bis Weiß reicht. Beachten Sie auch, dass in der Farbtheorie häufig der Begriff Luminanz verwendet wird, um den es hier im HSL-Modell aber nicht geht. (Luminanz ist eine Angabe für die Lichtenergie.)

CSS3 unterstützt mit HSLA noch ein weiteres Farbmodell. Wie Sie sich vielleicht denken können, handelt es sich dabei um das HSL-Modell mit einem zusätzlichen Alphakanal, der auch hier wieder die Stärke der Transparenz angibt. (`0` bedeutet völlig transparent, `1` völlig undurchsichtig.)

```
background: hsla(0, 0%, 50%, 0.7);
```

Gradienten

Bei einem *Gradienten* handelt es sich um eine Abfolge von Farben und damit um einen Farbverlauf. Bei einfachen Farbverläufen wechselt die Farbe von einer Vorder- zu einer Hintergrundfarbe. Gradienten können aber auch viele andere Farben enthalten. Zudem gibt es unterschiedliche Arten von Farbverläufen. Recht verbreitet werden lineare (gleichmäßige Farbübergänge) oder radiale Gradienten genutzt. (Bei Letzteren konzentriert sich eine Farbe an einer bestimmten Stelle, während die anderen Farben ab einer gewissen Entfernung gezeigt werden.)

Gradienten wurden im Rahmen der Webentwicklung zeitweise als Möglichkeit genutzt, um Webseiten ein wenig Farbe zu verleihen. Dazu wurden in einem Bildbearbeitungsprogramm Dateien erstellt, die in einem schmalen Streifen den gewünschten Farbverlauf enthielten. Dieser konnte dann für das `background-image`-Attribut eines Elements verwendet werden.

Abbildung 6.5 verdeutlicht die in diesem Abschnitt beschriebenen Gradienten.

CSS3 bietet ein Verfahren zur Erzeugung von Gradienten direkt im Browser an. Die so generierten Farbverläufe lassen sich überall (meist als Hintergrundbilder) verwenden, wo ansonsten auch Bilder verwendet werden können.

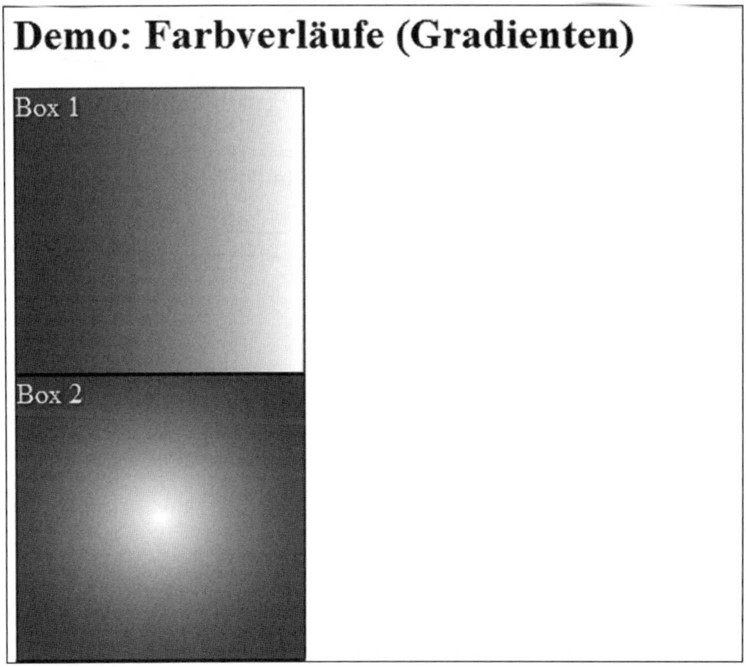

Abbildung 6.5: mit `gradient.html` erstellte Gradienten

Leider wurde für Gradienten bisher noch keine Standardsyntax festgelegt. Die Mozilla- und die WebKit-Engines verfolgen bei diesem Attribut verschiedene Vorgehensweisen. Die Mozilla-Version lässt sich ein wenig leichter verstehen:

```
background-image:
-moz-linear-gradient(left, blue, white);
```

Und so weisen Sie einen Gradienten im Mozilla-Stil dem Hintergrund eines Elements zu:

1. **Beginnen Sie mit einem `image`-Attribut.** `gradient` ist kein eigenständiges Attribut. Es soll Bilder ersetzen, weshalb Sie das `gradient`-Attribut beliebig anstelle von Bildern verwenden können.
2. **Verwenden Sie das Attribut `-moz-linear-gradient`.** Mozilla stellt unterschiedliche Attribute für lineare und radiale Farbverläufe bereit.
3. **Legen Sie die Richtung des Farbverlaufs fest.** Hier soll er von links nach rechts verlaufen, weshalb ich `left` angegeben habe. Sie können zwar auch

Pixel- oder Prozentwerte angeben, das spezielle Schlüsselwort `left` (für links) sollte sich aber ebenso wie `right` (für rechts) leicht merken lassen.

4. **Legen Sie Start- und Endfarben fest.** Mein Farbverlauf beginnt blau (`blue`) und endet weiß (`white`).

Die WebKit-basierten Browser (Chrome, Safari und iPhone) verwenden eine völlig andere Syntax:

```
background-image:
  -webkit-gradient(
    linear,
    left center, right center,
    from(blue),
    to(white)
  );
```

Diese Parameter kommen Ihnen vielleicht vertraut vor, unterscheiden sich aber geringfügig von der Mozilla-Variante.

1. **Verwenden Sie den Farbverlauf anstelle eines Bildes.** `gradient` kann nicht für sich allein stehen, sondern muss dort verwendet werden, wo Sie ansonsten Bilder einbinden würden.

2. **Legen Sie die Art des Farbverlaufs fest.** WebKit kennt nur ein einzelnes Attribut für beide Varianten. Über den ersten Parameter wählen Sie die Art des zu erzeugenden Gradienten (`linear` in diesem Beispiel).

3. **Geben Sie die Anfangs- und Endposition des Gradienten an.** Sie können damit die Richtung des Verlaufs bestimmen. Mit der Angabe `left center, right center` verläuft die Farbe von links nach rechts. Über `left - top, right bottom` könnten Sie für einen diagonalen Farbverlauf von links oben nach rechts unten sorgen.

4. **Legen Sie Anfangs- und Endfarben fest.** Mit den Parametern `from()` und `to()` lassen sich mühelos zweifarbige Verläufe erstellen. Der jeweilige Parameter nimmt einen Farbwert entgegen. Der Gradient beginnt immer mit dem `from`-Wert und endet mit dem `to`-Wert.

5. **Wenn Sie wollen, können Sie zwischen `from` und `to` mit dem `color-stop`-Attribut noch beliebig viele Zwischenwerte einfügen.** `color-stop` benötigt zwei Parameter: eine Prozentangabe (zwischen `0` und `1`) und eine Farbe. Die angegebene Farbe wird in der der Prozentangabe entsprechenden Entfernung im Verlauf angezeigt.

Radiale Gradienten ähneln der linearen Variante. Auch hier benutzen die WebKit- und Mozilla-Engines eine unterschiedliche Syntax. Der radiale Gradient sieht daher im Quellcode für Mozilla so aus:

```
background-image:
  -moz-radial-gradient(white, blue);
```

Das ist wiederum eine recht schlichte Syntax. Führen Sie einfach die anzuzeigenden Farben innen beginnend der Reihe nach auf.

Die WebKit-Version ist komplexer:

```
background-image:
  -webkit-gradient(
    radial,
    center center, 0,
    center center, 100,
    from(white),
    to(blue)
  );
```

Im WebKit-Modell verwenden lineare und radiale Gradienten dasselbe Attribut mit verschiedenen Parametern:

1. **Definieren Sie den Gradienten als Hintergrundbild.** Wie üblich lässt sich der Gradient nicht eigenständig, sondern nur als Teil eines Bildelements verwenden, bei dem es sich zumeist um das `background-image`-Element handelt.

2. **Geben Sie als Typ für den Gradienten `radial` an.** Beim ersten Parameter des `-webkit-gradient`-Attributs handelt es sich um den Verlaufstyp.

3. **Legen Sie den Mittelpunkt und den Radius der ersten Farbe fest.** Meist wird die erste Farbe von der Mitte des Elements ausgehen. Der Wert `center - center, 0` verweist auf die Mitte des Elements und gibt den Radius null vor.

4. **Legen Sie den Mittelpunkt und den Radius der zweiten Farbe fest.** Dabei handelt es sich um die äußere Farbe. Auch hier werden Sie meist von der Mitte des Elements ausgehen, aber üblicherweise einen größeren Radius verwenden.

5. **Geben Sie die Anfangs- und Endfarben an.** Auf diese Weise beschreiben Sie die anzuzeigenden Farben.

Noch ist nicht klar, welche Variante letztlich in den Standard übernommen wird, auch wenn das W3C die Mozilla-Variante als Entwurf übernommen hat. Zudem unterstützt auch Opera als Nachzügler (ab Version 11.10) mit seiner Presto-Engine über das Präfix `-o-` im Grunde genommen die Mozilla/Gecko-Variante:

```
-o-linear-gradient(top right, cyan, magenta, yellow)
-o-radial-gradient(red, white, blue);
```

Bei den Quelltexten zur deutschen Auflage, die Sie unter `www.downloads.fuer-dummies.de` aus dem Web herunterladen können, finden Sie zusätzlich noch die Datei `gradient3Color.html` mit einer kleinen Spielerei mit Farbverläufen und Schatten (siehe Abbildung 6.6).

Abbildung 6.6: Auch Opera beherrscht Gradienten.

An dieser Stelle sei noch einmal darauf hingewiesen, dass die Quelltexte zur deutschen Auflage teilweise aktualisiert und erweitert wurden. Die allermeisten Beispiele aus diesem Kapitel funktionieren mittlerweile in den aktuellen Versionen aller verbreiteten Browser – zumindest mit dem entsprechenden Präfix bei den verwendeten Attributen. (Auf den Microsoft Internet Explorer und Google Chrome Frame gehe ich hier jetzt nicht mehr ausführlicher ein.)

Rahmenbilder

Mit CSS3 können Sie Bilder als Rahmen für Elemente verwenden. Das Verfahren ist recht leistungsstark, da es die Ränder von Bilddateien erkennt und so zurechtstutzt, dass sie sich beispielsweise als Umrandung der verschiedenen Absatzformate nutzen lassen.

Sehen Sie sich dazu beispielsweise das einfache Bild eines Rahmens in Abbildung 6.7 an. Die Bilddatei mit dem Rahmen ist als `frame.png` im selben Verzeichnis wie die HTML-Datei gespeichert. Der mittlere Bereich des Bildes ist transparent (und wurde in der verwendeten png-Datei auch so definiert). Verwenden Sie den folgenden Code, um alle h2-Elemente auf einer Seite mit dem entsprechenden Rahmen zu versehen:

```
h2 {
  border-width: 15px;
  border-image: url("frame.png") 25% repeat;
  -webkit-border-image: url("frame.png") 25% repeat;
  -moz-border-image: url("frame.png") 25% repeat;
  -o-border-image: url("frame.png") 25% repeat;
}
```

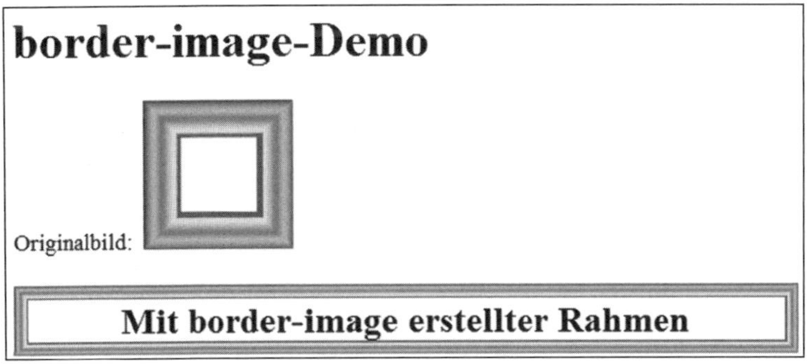

Abbildung 6.7: Ein aus einer Bilddatei erstellter Rahmen (`borderImage.html`)

Und so können Sie über `border-image` Umrandungen erstellen:

1. **Wählen Sie das zu verwendende Bild aus.** Es sollte bereits einen Rahmen in irgendeiner Form enthalten. Typischerweise zieht sich dieser um die Ränder herum und umschließt entweder einen einfarbigen oder einen transparenten inneren Bereich. Üblicherweise erstelle ich zu diesem Zweck ein Bild mit einer Größe von 100x100 Pixeln, um mir spätere Berechnungen zu erleichtern.

2. **Legen Sie die Rahmenbreite fest.** Sie müssen die Rahmenbreite direkt angeben. Der Rahmen in der entsprechenden Bilddatei wird für beliebige Größen passend hochskaliert.

3. **Berechnen Sie, wie viel des Rahmens aus der Bildvorlage Sie verwenden wollen.** Ich will die äußeren 25 % des Bildes als Rahmen verwenden und gebe daher diesen Wert an. Wenn Sie das Prozentzeichen weglassen, wird der

Wert in Pixeln berechnet. Sie können auch vier Werte angeben, wenn Sie verschieden große Bereiche der jeweiligen Ränder verwenden wollen.

4. **Legen Sie das gewünschte Verhalten fest.** Das Originalbild wird so gut wie nie dieselbe Größe wie das zu umrahmende Element haben, weshalb Sie angeben können, wie der Browser bei Elementen vorgehen soll, die größer als das Original sind. Die gängigsten Angaben sind `repeat` (das Originalbild wiederholen) oder `stretch` (das Bild so strecken, dass es den gesamten Platz einnimmt). Bei einem einfachen Bild wie der hier für das Beispiel verwendeten Datei `frame.png` bleibt das Ergebnis im Grunde dasselbe.

Spiegelungen mit box-reflect

Spiegelungen (Reflexionen) zählen ebenfalls zu den visuellen Elementen, die bei geeigneter Verwendung Seiten das gewisse Extra verleihen können. Mit CSS3 soll es mit nur ein wenig CSS möglich sein, Elemente zu spiegeln. Aktuell unterstützen allerdings nur WebKit-basierte Browser (Safari, Mobile Safari und Chrome) diese Funktion. Sie hinterlässt aber einen derart vielversprechenden Eindruck, dass sie in der einen oder anderen Form wohl irgendwann auch in die anderen Browser Einzug halten wird. Nutzen Sie den folgenden CSS-Code, um beliebige Elemente der Klasse `reflect` in Browsern zu spiegeln, die eine entsprechende Unterstützung bieten:

```
-webkit-box-reflect: below 2px;
```

Einfache Spiegelungen lassen sich recht einfach realisieren:

1. **Verwenden Sie das Attribut `-webkit-box-reflect`.** Leider gibt es von diesem Attribut bisher keine generische Version und auch keine Version in anderen Browsern. (Es funktioniert allerdings auch im IE, wenn dort Chrome Frame als Plug-in installiert ist.)

2. **Geben Sie an, wo die Spiegelung dargestellt werden soll.** Meist wird sich die Spiegelung wohl unterhalb (`below`) des Primärelements befinden, hier kann aber auch `above`, `left` oder `right` (über, links oder rechts daneben) angegeben werden.

3. **Geben Sie einen Wert für den Abstand zwischen Original und Spiegelung an.** Die Spiegelung kann direkt an das Originalelement anschließen, oft sieht es mit einem kleinen Abstand aber besser aus. Dieser wird normalerweise in Pixeln angegeben.

Damit sorgen Sie für eine sehr schöne Spiegelung.

Bei den so erzeugten Spiegelungen handelt es sich jedoch normalerweise nicht um genaue, pixelgetreue doppelte Darstellungen. Vielmehr verblassen sie mit zunehmendem Abstand. Bei der WebKit-Engine können Sie der Spiegelung einen Farbverlauf hinzufügen. Hier verläuft der Gradient von völlig undurchsichtig (weiß) bis völlig durchsichtig (transparent). Das WebKit-Gradienten-Modell ist ein wenig komplex. (Im Abschnitt »Gradienten« weiter vorn in diesem Kapitel erfahren Sie dazu mehr.) Üblicherweise werden Sie einfach eine Variation des in diesem Beispiel verwendeten Gradienten benutzen können:

```
.reflect {
  -webkit-box-reflect: below 2px
    -webkit-gradient(
      linear,
      center top, center bottom,
      from(transparent),
      color-stop(0.6, transparent),
      to(white));
}
```

Der Standardteil der Spiegelung entspricht dem im vorherigen Beispiel, umfasst nun aber einen Gradienten, der für einen Farbverlauf bis hin zur Transparenz sorgt.

1. **Erstellen Sie einen linearen Gradienten.** Der Farbverlauf bei Spiegelungen wird nahezu immer linear sein.

2. **Sorgen Sie dafür, dass der Gradient von oben nach unten verläuft.** Um das obere Ende anzugeben, verwenden Sie `center top`. Für das untere Ende des Farbverlaufs verwenden Sie `center bottom`. Diese Werte entsprechend dem oberen und unteren Rand des Originalbildes und nicht der Spiegelung, bei der sie natürlich umgekehrt werden.

3. **Beginnen Sie mit vollständiger Transparenz.** Der obere Rand des Originals wird zum unteren Rand der Spiegelung, weshalb mit Transparenz begonnen werden muss. (Legen Sie daher `transparent` als Farbwert für `from()` fest.)

4. **Schließen Sie mit völliger Opazität (Undurchsichtigkeit) ab.** Bei diesem Gradienten geht es ja eigentlich nicht um Farbverläufe, sondern darum, welche Teile der Spiegelung sichtbar sein sollen. Der untere Rand des Originals (der zum oberen Rand der Spiegelung wird) wird daher völlig undurchsichtig (deckend) dargestellt. Geben Sie daher für `to()` den Farbwert `white` an.

5. **Fügen Sie zum Anpassen des Verlaufs noch die Anweisung `color-stop` ein.** Über diesen Parameter können Sie festlegen, ab wo das Bild in der Spiegelung langsam sichtbar werden soll. Dazu lege ich noch einmal `transparent` als Farbe fest und gebe `0.6` an. Bei diesen Werten werden nur etwa die unteren 40 Prozent des Originalbildes gespiegelt angezeigt, bevor das Bild völlig transparent wird.

Beachten Sie, dass das gespiegelte Bild beim Seitenlayout nicht als eigenständiges Element mitgezählt wird. Deshalb würden Text und andere Inhalte über das gespiegelte Bild hinweglaufen und es überlagern.

Abbildung 6.8 zeigt eine Überschrift und ein Bild, die beide gespiegelt sind. Sie wurde mit `reflection.html` in Chrome erzeugt. Beachten Sie dabei den vor dem hellen Hintergrund angesichts des Zwei-Pixel-Abstands deutlich sichtbaren Übergang zwischen Bild und Spiegelung.

Abbildung 6.8: Gespiegelte Elemente (Überschrift und Bild)

Spiegelungen werden häufiger in Verbindung mit Bildern genutzt, sind aber auch bei nahezu beliebigen anderen Elementen bis hin zu Videos denkbar!

Abgerundete Ecken

Abgerundete Ecken sind gewissermaßen zu einem Symbol des Web-3.0-Designs geworden. Plattformübergreifend für abgerundete Ecken zu sorgen, war in den bisherigen CSS ziemlich schwer. Mit CSS3 wird es aber recht einfach.

Der folgende CSS-Code sorgt für eine schicke blaue Überschrift:

```
h1 {
  width: 60%;
  background-color: #000066;
  color: #9999ff;
  border: #9999ff 3px groove;
  margin: auto;
  text-align: center;
  border-radius: .5em;
}
```

Beim überwiegenden Teil handelt es sich um Wald-und-Wiesen-CSS2. Das einzige neue Element ist das `border-radius`-Attribut. Darüber können Sie einen Parameter für die Abrundung der Ecken angeben. Alle Ecken werden von einem kleinen Bogen ersetzt und über den Parameter lässt sich dessen Radius angeben. Ein Wert von `1em` führt zu perfekt abgerundeten Ecken bei einzeiligen Elementen (wie den meisten Überschriften und Links). Der Wert `.5em` führt zu einer Abrundung wie sie bei den Schaltflächen der meisten Betriebssysteme üblich sind.

Das Attribut heißt zwar `border-radius`, setzt aber keine Definition des `border`-Attributs voraus.

Beachten Sie, dass es Varianten für die verschiedenen Tags gibt, die für die verschiedenen Ecken stehen, wie beispielsweise `bordertop-left-radius`. Das kann nützlich sein, wenn Sie nicht für alle vier Ecken Ihres Elements dieselben Radiuswerte verwenden wollen.

Dieses Attribut wird mittlerweile von den jüngsten Versionen aller verbreiteten Browser unterstützt. (Zudem gab es in älteren Versionen noch herstellerspezifische Varianten wie `-moz-border-radius`, `-webkit-border-radius` und `-o-border-radius`.)

Schlagschatten

Mit dem `box-shadow`-Attribut können Sie beliebige Elemente mit einem Schatten versehen. Diese Funktion arbeitet ähnlich wie das `text-shadow`-Attribut. (Mehr dazu erfahren Sie im Abschnitt »Unterstützung von Fonts und Text« weiter vorn in diesem Kapitel.) Der folgende Code versieht `div`-Elemente der Klasse `shadow` mit einem attraktiven Schlagschatten:

```
.shadow {
  box-shadow: 10px 10px 10px #000000;
}
```

Abbildung 6.9 verdeutlicht diesen Schlagschatten.

Abbildung 6.9: Der von `boxShadow.html` erzeugte Schlagschatten

Das `shadow`-Attribut übernimmt vier Parameter:

- **`x-offset`:** Bestimmt, wie weit der Schatten auf der x-Achse (links-rechts) relativ zum Hauptelement verschoben wird. Positive Werte verschieben den Schatten nach rechts, negative Werte verschieben ihn nach links.
- **`y-offset`:** Bestimmt, wie weit der Schatten auf der y-Achse (oben-unten) relativ zum Hauptelement verschoben wird. Positive Werte verschieben den Schatten nach unten, negative Werte verschieben ihn nach oben.

- **`cast-length:`** Länge des geworfenen Schattens. Bei größeren Werten wird der Schatten stärker verwischt, bei kleineren Werten sind die Ränder schärfer.
- **`color:`** Beim letzten Parameter handelt es sich um die Farbe des Schattens. Normalerweise dürften das zwar die vordefinierten Farbewerte `black` oder `gray` (Schwarz oder Grau) sein, mit anderen Farben lassen sich aber möglicherweise interessante Effekte erzielen.

Passen Sie auf, dass Sie bei der Angabe von `gray` die amerikanische Schreibweise mit a verwenden.

Die standardisierte Version von `box-shadow` wird mittlerweile von den aktuellen Versionen aller verbreiteten Browser unterstützt. Im Quelltext von `boxShadow.html` finden Sie aber auch noch die herstellerspezifischen Varianten des Attributs (für ältere Browserversionen auf der Basis von WebKit und Mozilla).

Allgemein sollten Sie auf einer Webseite für alle Schatten dieselben Einstellungen verwenden. Daher ist es auch durchaus sinnvoll, beispielsweise eine Klasse namens `shadow` zu erstellen und dieser alle Elemente zuzuordnen, die einen Schatten werfen sollen.

Wenn die Ränder des Originalbildes abgerundet sind, gilt das auch für die Ränder des Schattens. (Beim Attribut `border-radius` im Abschnitt »Abgerundete Ecken« weiter vorn in diesem Kapitel erfahren Sie detaillierter, wie Sie diesen Effekt erzielen können.)

Im Abschnitt »text-shadow« weiter vorn in diesem Kapitel erfahren Sie, wie Sie Textelemente mit Schatten versehen können.

Transformationen

CSS3 enthält Funktionen, mit denen sich beliebige Elemente geometrisch verformen lassen. Das bietet Webentwicklern bisher nicht gekannte visuelle Gestaltungsmöglichkeiten.

Mit dem `transform`-Attribut können Sie beliebige `div`-Elemente mathematisch transformieren. Wenn Sie ein Element verformen wollen, müssen Sie mindestens einen der folgenden Parameter zur Beschreibung der Art der Umwandlung angeben:

- **`translate:`** Verschiebt das Objekt relativ zu seiner Originalposition. Für den Versatz müssen zwei Parameter (x- und y-Richtung) angegeben werden. Dazu verwenden Sie die üblichen CSS-Maßeinheiten.

- **rotate:** Dreht das Objekt um seinen Mittelpunkt und übernimmt einen Parameter, bei dem es sich um eine Winkelangabe in Grad handelt. 30 Grad wird beispielsweise mit `30deg` angegeben.
- **scale:** Ändert die Größe (Skalierung) des Objekts. Bei der Standardvariante wird die Größe horizontal und vertikal einheitlich geändert. Die Attribute `scalex` und `scaley` können dazu benutzt werden, die Skalierung gesondert für die einzelnen Achsen zu ändern. Die Skalierung wird über die üblichen CSS-Maßeinheiten angegeben. Bei einem `scale`-Wert größer als `1` wird das Objekt größer als das Original. Bei Skalierungen zwischen `0` und `1` wird das Element kleiner als ursprünglich. Kleinere Werte einschließlich `0` sind nicht definiert.
- **skew:** Über diesen Parameter lässt sich das Element um einen bestimmten Winkel kippen oder neigen. Für den `skew`-Parameter muss der Wert eines Winkels in Grad angegeben werden. Über die Varianten `skewx` und `skewy` können Sie die Transformation noch feiner beeinflussen.

Sie können mehrere Parameter kombinieren und getrennt durch Leerzeichen hinter dem `transform`-Attribut aufführen.

Betrachten Sie zur Verdeutlichung das folgende HTML-Codefragment:

```
<div id = "box1">Box 1</div>
<div id = "box2">Box 2</div>
<div id = "box3">Box 3</div>
<div id = "box4">Box 4</div>
<div id = "box5">Box 5</div>
```

Der Code enthält fünf im Grunde genommen identische `div`-Elemente. Im Rahmen des Beispiels werden für alle `div`-Elemente dieselben gemeinsamen CSS-Regeln verwendet:

```
#box1, #box2, #box3, #box4, #box5{
  width: 100px;
  height: 80px;
  border: 3px solid black;
  background-color: yellow;
}
```

Um zu sehen, wie sich die Umwandlungen auswirken, weisen Sie den verschiedenen Elementen Variationen des `transform`-Attributs zu:

```
#box2 { transform: translate(100px, 0px); }
#box3 { transform: rotate(45deg); }
#box4 { transform: scale(2) translate(100px, 0px); }
#box5 { transform: skew(30deg); }
```

Abbildung 6.10 verdeutlicht das Ergebnis dieses Codes.

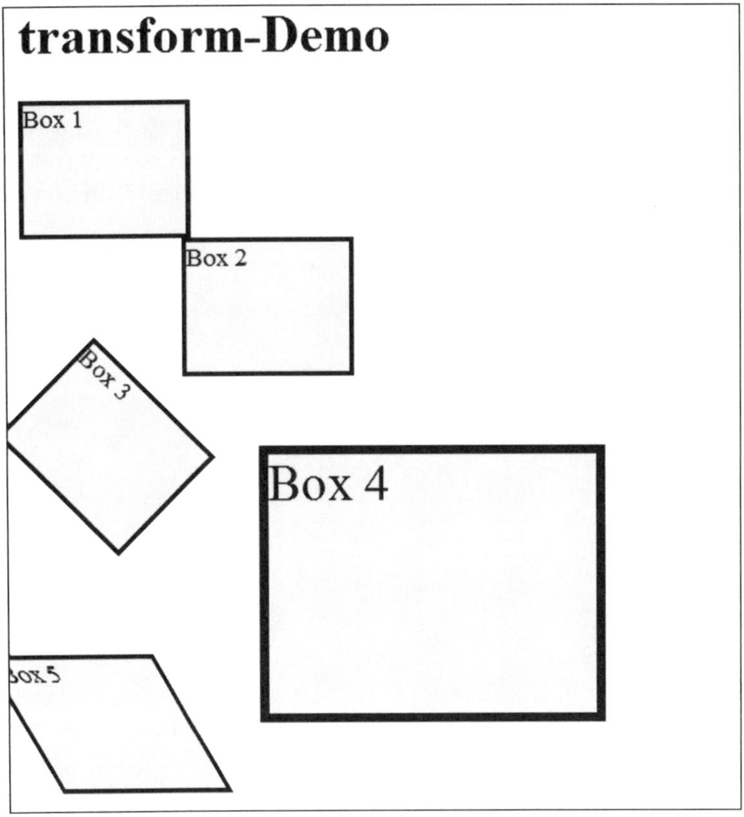

Abbildung 6.10: Die Ausgabe von `transform.html`

Beachten Sie, dass momentan noch kaum einer der aktuellen Browser das `transform`-Element so wie in den Spezifikationen vorgesehen unterstützt. Die verbreiteten Browser kennen aber durchweg herstellerspezifische Varianten des

Attributs, weshalb der eigentliche Code für Box 2 in `transform.html` beispielsweise so aussieht:

```
#box2 {
  -webkit-transform: translate(100px, 0px);
  -moz-transform: translate(100px, 0px);
  -o-transform: translate(100px, 0px);
}
```

Animationen mit transition

CSS-Eigenschaften lassen sich bereits im laufenden Betrieb über Pseudoklassen (wie `hover`) oder über JavaScript-Code ändern. Vor CSS3 fanden alle Änderungen der CSS-Zustände unmittelbar statt. Mit dem neuen `transition`-Attribut können Sie dafür sorgen, dass sich der Übergang (Transition) über einen längeren Zeitraum hinweg erstreckt.

Betrachten Sie dazu eine einfache `h1`-Überschrift:

```
<h1>transition-Demo</h1>
```

Der CSS-Code dazu ist recht simpel:

```
h1 {
  color: black
  font-size: 300%;
  transition: color 1s ease-in;
}
h1:hover {
  color: red;
}
```

Ignorieren Sie erst einmal das `transition`-Attribut. Wenn Sie sich den übrigen Code ansehen, lässt sich leicht erkennen, was er bewirkt. Im Normalzustand ist die Überschrift schwarz. Im `hover`-Zustand, wenn also der Mauszeiger darüber steht, nimmt er die Farbe Rot an. Normalerweise wird die Überschrift dann sofort rot, sobald der Mauszeiger darüber steht, und sofort wieder schwarz, wenn er sich über anderen Seitenbereichen befindet.

Wird jedoch das `transition`-Attribut hinzugefügt, erfolgt die Farbänderung nicht sofort, sondern dauert einen Moment. Dabei wechselt die Überschrift langsam die Farbe und wechselt von schwarz zu rot.

Transitionen sind häufig in Kombination mit Transformationen noch interessanter. Stellen Sie sich dazu ein sehr einfaches `div`-Element vor:

```
<div id = "box">Box 1</div>
```

Wenn Sie nun ein wenig CSS3-Magie anwenden und sich der Mauszeiger über dem `div`-Element befindet, dreht sich dieses Element, bis es auf dem Kopf steht. Wenn der Mauszeiger den Bereich über dem `div`-Element wieder verlässt, dreht es sich langsam wieder zurück in seine Originalposition:

```
#box {
  transition: all 1s ease-in;
  height: 100px;
  width: 100px;
  border: 1px solid black;
}

#box:hover {
  transform: rotate(180deg);
}
```

Der Übergang wird in der Pseudoklasse `:hover` definiert. Bei dem einzigen neuen Element handelt es sich um das im üblichen Format für Klassen definierte `transition`-Attribut.

Das `transition`-Attribut akzeptiert einige Parameter:

- ✔ **`property`:** Über diese Angabe wird die Art der Animation bestimmt. Der Vorgabewert lautet `all`; es sollten aber noch weitere Arten funktionieren, wie beispielsweise `color`, `length`, `width`, `percentage`, `opacity` und `number`. Im Zweifelsfall verwenden Sie die Standardvorgabe `all`.
- ✔ **`duration`:** Die Dauer der Animation in Sekunden. Eine Sekunde wird als `1s` angegeben.
- ✔ **`timing-function`:** Wenn die Animation in konstanter Geschwindigkeit ablaufen soll, verwenden Sie `linear`. Wenn Sie einen natürlicheren Ablauf der Animation mit Beschleunigung und Verlangsamung bevorzugen, verwenden Sie einen der Werte `ease`, `ease-in`, `ease-out` oder `ease-in-out`.
- ✔ **`delay`:** Wenn Sie einen zweiten Zeitwert angeben, wird dieser als Verzögerung interpretiert. Die Animation beginnt erst nach Ablauf dieser Zeitspanne.

Wenn Ihnen das lieber ist, können Sie die verschiedenen Eigenschaften des `transition`-Attributs einzeln aufführen, die meisten Entwickler ziehen aber die einzeilige Kurzvariante mit aneinandergereihten Angaben vor.

Auch wenn nicht alle CSS-Attribute animiert werden können, ist das doch vielen möglich. Um festzustellen, welche CSS-Attribute mit dem `transition`-Attribut animiert werden können, kann ein wenig Experimentieren angesagt sein.

Leider wird das standardisierte `transition`-Attribut aktuell noch von keinem der verbreiteten Browser unterstützt. Es gibt aber die herstellerspezifischen Varianten mit ihrem Präfix für Mozilla (`-moz-`), WebKit (`-webkit-`) und Opera (`-o-`). Leider unterstützt keine der IE-Versionen dieses Attribut direkt. Daher empfiehlt es sich, wie bei der im Quelltext zum Buch enthaltenen Variante `transition.html`, vorläufig neben der Standardversion auch alle herstellerspezifischen Varianten in Ihrem HTML-Code aufzuführen.

Transparenz/Opazität

CSS3 unterstützt umfassend Einstellungen der Transparenz. Das zeigt sich auf verschiedene Weise. Zunächst einmal unterstützen alle Elemente ein `opacity`-Attribut, das Werte zwischen `0` (völlig transparent) und `1` (völlig undurchsichtig) annehmen kann.

Opazität steht im Druckbereich insbesondere für die Undurchsichtigkeit von Papier und ist dabei gewissermaßen der Kehrwert der oder auch das Gegenteil von Transparenz.

Abbildung 6.11 zeigt ein teilweise transparentes `div`-Element, das ein Bild überlagert.

Der CSS-Code (`opacity.html`) für diesen Effekt ist recht einfach:

```
#box {
  position: absolute;
  top: 350px;
  left: 100px;
  height: 100px;
  width: 100px;
  border: 1px solid red;
  background-color: white;
  opacity: .3;
}
```

Abbildung 6.11: Ein Bild mit transparenter Überlagerung

Abgesehen vom letzten Attribut handelt es sich durchweg um den üblichen CSS2-Code. Das `opacity`-Attribut übernimmt einen einzelnen Gleitkommawert zwischen `0` und `1`. Dabei steht der Wert `0` für völlige Transparenz und der Wert `1` für völlige Undurchsichtigkeit.

Änderungen in JavaScript

7

In diesem Kapitel ...

- Untersuchung neuer Auswahloptionen
- Vorschau auf Datenoptionen
- Eine kurze Betrachtung verschiedener neuer JavaScript-Funktionen

Es gibt zwar viele neue Funktionen in HTML5, bei der größten Änderung handelt es sich aber eigentlich um die Art der Nutzung von Webseiten. Im Web geht es nicht mehr nur um die Bereitstellung von Dokumenten, es wird vielmehr zunehmend zu einem Framework für die Anwendungsentwicklung. Einige der interessantesten und potenziell weitreichendsten Neuerungen in HTML5 sind die neuen Erweiterungen von JavaScript, die moderne Browser bereitstellen.

JavaScript hat sich für moderne Webanwendungen zu einer entscheidenden Technologie entwickelt, wobei die JavaScript-Engine mit der Zeit immer leistungsfähiger wurde. Zudem wird schon bald eine Reihe faszinierender neuer Erweiterungen der Sprache JavaScript bereitstehen.

Dieses Kapitel konzentriert sich auf jene JavaScript-Aspekte die besonders faszinierend und neu sind. Wenn Sie dieses Kapitel lesen, gehe ich davon aus, dass Sie ein wenig mit der Computerprogrammierung und/oder der JavaScript-Sprache vertraut sind. Wenn Sie einen Wiederholungskurs brauchen, greifen Sie zu einem entsprechenden Titel wie *JavaScript für Dummies*.

Den Quellcode zu den Beispielen in diesem Kapitel können Sie sich unter `www.downloads.fuer-dummies.de` herunterladen.

Die neuen JavaScript-Selektoren

JavaScript wird üblicherweise für Interaktionen mit Webseiten eingesetzt. Allgemein nutzen Programmierer die Methode `document.getElementById()`, um Variablen auf der Basis von Seitenelementen zu erstellen. Dazu müssen die Elemente ein `id`-Attribut besitzen. HTML5 bietet einige neue Möglichkeiten für die Auswahl von Webseitenelementen.

document.getElementsByClassName ( )

Manchmal soll Code für alle Elemente einer bestimmten Klasse ausgeführt werden. Die Funktion `getElementsByClassName()` gibt ein Array aller Elemente einer bestimmten Klasse zurück. Sehen Sie sich dazu beispielsweise den folgenden Code an:

```
function init(){
  specP = document.getElementsByClassName("special");
  alert(specP.length);
  for(i = 0; i < specP.length; i++){
    alert(specP[i].innerHTML);
  } // end for
} // end function
```

Diese Routine erstellt ein Array aller Elemente auf der aktuellen Seite, die der Klasse `special` angehören. Dann werden die einzelnen Elemente des Arrays durchlaufen und es wird eine Meldung mit dem Wert des Elements ausgegeben.

Beachten Sie, dass `getElementsByClassName()` im Unterschied zu `getElementById()` kein einzelnes Element, sondern ein Array zurückgibt. Allgemein werden Sie das Array mit einer `for`-Schleife durchlaufen, um die einzelnen Elemente zu verarbeiten.

Mit der Klasse müssen keine CSS-Formate verknüpft sein. Sie kann einfach genutzt werden, um eine Menge von Elementen zu markieren, mit denen irgendetwas geschehen soll.

document.getElementsByTagName ( )

Mit der Methode `getElementsByTagName()` können Sie schnell alle Elemente mit einem bestimmten Tag-Namen übernehmen. Sie können dieses Verfahren beispielsweise dazu benutzen, auf alle `input`-Elemente eines Formulars zuzugreifen. Wie `getElementsByClassName()` gibt auch diese Methode ein Array mit Werten zurück (selbst wenn es nur ein einziges passendes Element gibt). Verwenden Sie Array-Syntax (üblicherweise eine `for`-Schleife), um die Mitglieder des Arrays zu verarbeiten. Der folgende Code gibt den Inhalt der einzelnen Absätze der aktuellen Seite als Meldung aus:

```
function init(){
    paras = document.getElementsByTagName("p");
    for(i = 0; i < paras.length; i++){
```

```
    alert(paras[i].innerHTML);
  } // end for
} // end function
```

document.querySelector()

Einige JavaScript-Bibliotheken (insbesondere *jQuery*) wurden um die Möglichkeit erweitert, DOM-Elemente über dieselbe Syntax auszuwählen, die auch zur Definition von CSS-Elementen verwendet wird. JavaScript bietet diese Fähigkeit nun nativ über die Methode `querySelector()`. Dieses äußerst leistungsstarke Verfahren erleichtert die Auswahl beliebiger Elemente erheblich. Im folgenden Codesegment wird beispielsweise der zweite Absatz auf der Seite ausgewählt:

```
para2 = document.querySelector("p + p");
alert(para2.innerHTML);
```

Beachten Sie, dass bei dieser Vorgehensweise nur das erste Element zurückgegeben wird, das der Abfrage entspricht. Wenn mehr als ein passendes Element vorhanden sein kann, verwenden Sie stattdessen die Methode `document.querySelectorAll()`. Die Methode `querySelector()` kann auch zur Auswahl von Elementen über deren Tag-Namen, die Klasse oder die ID genutzt werden.

document.querySelectorAll()

Die Methode `querySelectorAll()` arbeitet wie `querySelector()`, nur dass sie alle Elemente auf der Seite ermittelt, die einer Abfrage entsprechen. Die folgende Funktion fragt nach einem CSS-Selektor und zeigt den Inhalt aller Seitenelemente an, die diesem Selektor entsprechen:

```
function init(){
  paras = document.getElementsByTagName("p");
  alert(specP.length);
  for(i = 0; i < paras.length; i++){
    alert(paras[i].innerHTML);
  } // end for
} // end function
```

Die Methode `querySelectorAll()` gibt selbst bei einzelnen passenden Werten ein Array mit Elementen zurück. Verwenden Sie Array-Syntax (normalerweise eine `for`-Schleife), um die einzelnen Elemente des Arrays zu verarbeiten.

Datenoptionen

Clientseitigen Anwendungen (zu denen auch JavaScript-Programme zählen) ist es typischerweise untersagt, Daten lokal auf einem Rechner zu speichern. Und das ist auch gut so, denn dadurch wird verhindert, dass Webentwickler bösartigen Code schreiben und ihn auf Ihrem Rechner installieren können. Allerdings erschwert diese Beschränkung auch die Erstellung von im Browser ausgeführten Anwendungen erheblich.

Entwickler haben serverseitige Lösungen genutzt (Sitzungsvariablen in PHP, persistente Daten und so weiter). Die einzige Möglichkeit, Daten clientseitig zu speichern, boten jedoch Cookies. Cookies sind zwar nützlich, bieten aber nur höchst beschränkte Möglichkeiten (es sind nur maximal 4 KByte Daten erlaubt) und zudem ist die Arbeit mit ihnen recht ineffizient. (Die Daten werden als Teil des HTTP-Headers letztlich bei jedem Seitenneuaufbau zum Server übertragen.)

Da der Webbrowser zunehmend zur Anwendungsplattform wird, müssen robustere Speicherverfahren bereitgestellt werden, die für die Nutzer aber weiterhin sicher sind. Zu diesem Zweck wurden einige sehr interessante Möglichkeiten in die modernen Browsergenerationen integriert.

Mit Offline-Cache arbeiten

Webbasierte Anwendungen gewinnen zunehmend an Bedeutung, haben aber zumindest ein wesentliches Problem, da sich mit den meisten webbasierten Apps nur online arbeiten lässt. Das scheint zwar zunächst klar zu sein, es wäre aber schön, wenn es ein Verfahren gäbe, mit dem Teile von Webseiten und ihre Ressourcen zwingend auf dem lokalen Rechner abgelegt werden könnten, um auch im Offline-Betrieb benutzt werden zu können. Natürlich gibt es bei vielen Browsern Funktionen, über die Webseiten und/oder Dateien gespeichert werden können, der Ansatz basiert hier aber darauf, dass sich Seiten selbstständig identifizieren und mit entsprechenden Verfahren automatisch versuchen können sollen, Kopien auf dem lokalen Rechner zu speichern. Offline-Cache dient genau diesem Zweck. Stellen Sie sich eine Seite wie diese vor:

```
<!DOCTYPE HTML>
<html lang = "de-DE"
      manifest = "cache.manifest">
<head>
  <title>offline.html</title>
  <meta charset = "ISO-8859-1" />
```

```
  <link rel = "stylesheet"
        type = "text/css"
        href = "offline.css" />
  <script type = "text/javascript"
          src = "offline.js">
  </script>
</head>

<body onload = "setCaption()">
  <h1>Demo für Offline-Speicher</h1>

  <div>
    <img src = "pot.jpg"
         alt = "handverzierte Töpferei" />
    <p id = "caption"></p>
  </div>

</body>
</html>
```

Diese Seite ist zwar äußerst simpel, schafft es aber, Ressourcen aus einigen verschiedenen Dateien zu übernehmen. Natürlich wird die Bilddatei `pot.jpg` benötigt. Es werden aber auch noch eine externe JavaScript-Datei (`offline.js`) und ein externes Stylesheet (`offline.css`) eingebunden. HTML5 stellt einen Mechanismus bereit, über den der Browser nicht nur automatisch die HTML-Datei speichert, sondern auch alle weiteren Ressourcen, die für deren korrekte Anzeige benötigt werden.

Normalerweise würde ich keine derart einfache Seite mit so vielen externen Abhängigkeiten erstellen, aber hier geht es ja auch nur um ein Beispiel.

Das Geheimnis verbirgt sich in einer speziellen Datei namens `cache.manifest`. Dabei handelt es sich einfach um eine Textdatei, die angibt, welche anderen Dateien von der Seite benötigt werden. Der Inhalt der Datei `cache.manifest` sieht für dieses spezielle Beispiel so aus:

```
CACHE MANIFEST
offline.css
offline.js
pot.jpg
```

Die Datei muss mit der Phrase CACHE MANIFEST (komplett in Großbuchstaben) beginnen. Alle nachfolgenden Zeilen sollten den Namen einer Datei enthalten, die benötigt wird, um die Seite zu vervollständigen. Sie erleichtern sich das Leben, wenn sich alle Dateien im selben Verzeichnis befinden, können alternativ aber auch relative Verweise verwenden.

So können Sie eine Seite für die Nutzung von Offline-Cache einrichten:

1. **Richten Sie Ihren Server für die Verwaltung von Cache ein.** Der Cache-Mechanismus verwendet den MIME-Typ `text/manifest`. Ihr Server wurde bisher möglicherweise noch nicht für derartige Daten eingerichtet. Wenn Sie Apache benutzen, lässt sich das leicht ändern. Suchen Sie nach einer Textdatei namens `.htaccess` im Hauptverzeichnis Ihres Webservers. Fügen Sie die folgende Zeile zu dieser Datei hinzu:

   ```
   AddType text/cache-manifest .manifest
   ```

   Wenn Ihnen die Rechte zum Ändern von `.htaccess` fehlen oder wenn Sie einen anderen Server benutzen, müssen Sie möglicherweise Ihren Serveradministrator bitten, diesen MIME-Typ hinzuzufügen.

`.htaccess` gilt jeweils für den aktuellen Ordner und dessen untergeordnete Verzeichnisse. Die hier besprochenen Dateien befinden sich auch beim Quellcode, den Sie unter `www.downloads.fuer-dummies.de` herunterladen können.

1. **Erstellen Sie Ihre Manifest-Datei.** Erstellen Sie eine Textdatei namens `cache.manifest` im selben Verzeichnis wie Ihr Projekt. In der ersten Zeile muss CACHE MANIFEST stehen. In den nachfolgenden Zeilen führen Sie die von Ihrer Seite benötigten Ressourcen auf. Sie werden möglicherweise Ihren Quellcode durchgehen müssen, um die verschiedenen Elemente zu ermitteln (normalerweise Bilder, CSS- und JavaScript-Dateien).
2. **Erstellen Sie Ihre Webseite wie üblich.** Notieren Sie sich alle möglicherweise benötigten externen Ressourcen.
3. **Fügen Sie das Attribut manifest zum <html>-Tag hinzu.** Damit und mit der Definition eines Links für die Datei `cache.manifest` sorgen Sie dafür, dass Ihre Seite lokalen Speicher anfordert.
4. **Laden Sie Ihre Seite.** Natürlich können Sie die Arbeit mit Cache allein auf einem lokalen Rechner nicht testen (sofern darauf nicht gerade ein Webserver läuft, den Sie über die Adresse `http://localhost` als Testumgebung nutzen können). Daher müssen Sie Ihre Dateien auf einen Server hochladen, der sich aber natürlich auch irgendwo im lokalen Intranet befinden kann.

Beim ersten Versuch des Zugriffs auf die Seite werden Sie von Ihrem Browser wahrscheinlich gefragt werden, ob er Daten lokal speichern darf. Geben Sie ihm die entsprechende Erlaubnis.

5. **Testen Sie im Offline-Modus.** Um sich davon zu überzeugen, dass die Seite funktioniert, trennen Sie den Rechner vom Internet. (Deaktivieren Sie dazu notfalls Ihre WLAN-Verbindung oder entfernen Sie das Netzwerkkabel.) Versuchen Sie, die Seite erneut zu laden. Wenn Sie Erfolg haben, wird die gesamte Seite mit all ihren Bestandteilen geladen.

Browser speichern bereits vom Nutzer besuchte Seiten automatisch in einer Art Cache. Bei dem hier erstellten Cache handelt es sich aber um eine andere Cache-Variante, die in voller Absicht erstellt wird.

Beachten Sie, dass Sie keine Links für serverseitige Ressourcen im Cache verwenden können. In einem lokalen Cache lassen sich keine PHP-Programme oder Datenbanken speichern. Sie können aber andere in diesem Abschnitt beschriebene Speichermechanismen verwenden, um beliebige benötigte Daten clientseitig zu speichern, damit Ihr Projekt auch ohne Serververbindung noch funktioniert.

Wenn Sie Änderungen an der Datei `cache.manifest` vornehmen und Ihr Projekt anschließend testen, aktualisiert der Browser die Daten möglicherweise nicht sofort. Das liegt daran, dass die Browser meist so eingerichtet sind, dass sie den aktuellen Cache ein paar Stunden lang benutzen. Wenn Sie Ihr Projekt dann wieder testen, werden Sie feststellen, dass die Änderungen berücksichtigt werden. Während der Testphase können Sie das automatische Caching der Daten durch den Browser abschalten. Fügen Sie dazu diese Zeilen zur Datei `.htaccess` hinzu:

```
ExpiresActive On
ExpiresDefault "access"
```

Das Browser-Caching abzuschalten, ist natürlich nur bei einem Testserver sinnvoll. Für einen Produktivserver behalten Sie die Standardeinstellungen für den Cache bei.

Beim Quellcode zum Buch sind die beiden zuletzt erwähnten Zeilen für den Apache-Server als Kommentare in der Datei `.htaccess` enthalten.

Wenn sich zwar eine der verwendeten Dateien ändert, aber nicht die Datei `cache.manifest`, weiß der Browser nicht, dass er eine geänderte Datei neu nachladen muss. Wenn Sie einen komplett neuen Ladezyklus für die Dateien anstoßen wollen, müssen Sie mindestens ein Zeichen in der Datei `cache.manifest` ändern.

Da es sich bei der Änderung um einen Kommentar handeln kann, können Sie einfach wie folgt eine Versionsangabe hinzufügen:

```
#version 3
```

Beim nächsten Mal, wenn Sie online sind, werden die Daten bei geänderter Versionsnummer neu übertragen, und die Offline-Version wird auf den neuesten Stand gebracht.

localStorage

Das `localStorage`-Verfahren ist ein netter Ersatz für Cookies. Er erlaubt Programmierern, maximal 5 MByte Daten in eine spezielle Datei auf dem Client zu schreiben. Diese Datei ist nicht ausführbar und kann keine Binärdaten enthalten (nur Zeichenketten) und ist daher recht sicher.

Alle Seiten, die von Ihrer Domäne stammen, nutzen gemeinsam denselben Speicherbereich, weshalb Sie dieses Verfahren dazu verwenden können, Daten für mehrere Webseiten aufzubewahren. Die Daten bleiben ebenfalls auf dem Clientrechner (bis Sie sie entfernen) und können daher genutzt werden, um Informationen über einen gewissen Zeitraum hinweg zu protokollieren.

Das Attribut `localStorage` ist ein Beispiel für eine sehr einfache (aber leistungsstarke) Datenstrukturvariante, die Wörterbuch (*Dictionary*) genannt wird. Alle Daten werden in *Schlüssel-Wert*-Paaren gespeichert. Der Schlüssel (key) fungiert als Name für die Daten (Beispiel: »Vorname«) und beim Wert (value) handelt es sich um die eigentlichen Daten (»Herbert«). Als Webentwickler haben Sie derartige Wörterbücher bereits häufig verwendet. HTML-Attribute sind nämlich entsprechende Wörterbucheinträge. (In `<a href = "http://www.google.com">` ist `href` der Schlüssel und `http://www.google.com` der Wert.) Und auch CSS-Regeln funktionieren nach diesem Schema. (In der Formatregel `color: red;` ist `color` der Schlüssel und `red` der Wert.) Einige Programmiersprachen verwenden andere Namen für diese Wörterbücher und nennen sie beispielsweise assoziative Arrays und Hashtabellen.

Der Zugriff auf lokalen Speicher erfolgt über ein spezielles integriertes Objekt namens `localStorage`. Diese Objektklasse besitzt zwar nur relativ wenige Methoden, die dafür aber äußerst leistungsstark und leicht nutzbar sind:

✔ **`setItem(key, value)`:** Speichert einen mit einem Schlüssel verbundenen Wert. Letztlich handelt es sich bei `key` um so etwas wie einen Variablennamen und bei `value` um den zugewiesenen Wert. Sie können beliebige Arten von Werten speichern, sie werden aber immer als Zeichenketten gespeichert.

- **getItem(key):** Übernimmt den einem Schlüssel zugeordneten Wert. Auch hier können Sie sich `key` wieder als Variablennamen vorstellen. Beachten Sie, dass diese Methode die Werte immer als Zeichenketten zurückgibt, weshalb Sie die Daten möglicherweise erst einmal in einen anderen Typ umwandeln müssen. (Sehen Sie sich dazu das Zählerbeispiel weiter hinten in diesem Kapitel an.) Wenn `key` nicht existiert, wird der spezielle Wert `null` zurückgegeben.
- **removeItem(key):** Entfernt ein Element aus dem Speicher. Schlüssel und Wert werden beide gelöscht. Das kann nützlich sein, wenn der Speicherplatz knapp wird. Immerhin werden Ihnen nur 5 MByte zugeteilt und wenn diese ausgeschöpft sind, lassen sich keine weiteren Daten mehr speichern.
- **length:** Gibt die Anzahl der Schlüssel-Wert-Paare in der Datenbank zurück. Diese Variable wird üblicherweise zusammen mit der Methode `key()` in Schleifen benutzt, um die einzelnen Schlüssel-Wert-Paare zu verarbeiten.
- **key(i):** Bei Übergabe eines Integer-Werts `i` findet diese Methode den entsprechenden Schlüssel. Beachten Sie, dass die Reihenfolge der Schlüssel nicht garantiert wird. Normalerweise wird diese Methode in Schleifen verwendet, um alle Schlüssel in der Datenbank zu durchlaufen. Dann können die zugehörigen Werte untersucht werden. Weiter hinten in diesem Kapitel finden Sie ein Beispiel, das alle Schlüssel und Werte aus `localStorage` ausliest.
- **clear():** Löscht alle Datenpaare aus `localStorage`. Hierbei handelt es sich um einen potenziell destruktiven Befehl, dessen Einsatz Sie sich gut überlegen sollten. Definitionsgemäß werden `localStorage`-Daten nicht auf dem Server (oder anderweitig) gesichert. Weg ist also weg.

Hier ein Codeschnipsel, der den Namen des Nutzers speichert und abrufen kann:

```
function greet(){
  name = localStorage.getItem("name");
  if (name == "null" || name == null){
    alert("Hallo, Fremder!");
    name = prompt("Wie heißt du?");
    localStorage.setItem("name", name);
  } else {
    alert ("Hallo, " + name + "!");
  } // end else
} // end function
```

Der Vorgang ist recht einfach:

1. **Ermitteln Sie den Wert.** Generell werden Sie eine Variable mit demselben Namen wie dem Schlüssel erstellen. Versuchen Sie den Wert mit der Methode `getItem()` vom `localStorage`-Objekt zu übernehmen. Das ähnelt dem Ausleihen eines Buches in einer Bibliothek.
2. **Stellen Sie fest, ob der Wert existiert.** Wenn der Schlüssel nicht existiert, wird der Wert `null` zurückgegeben. Dann gilt es etwas zu unternehmen, um einen Wert hinzuzufügen. (Ich frage den Namen des Nutzers ab.) Beachten Sie, dass einige Browser nach dem Wert `"null"` (ein String-Wert) suchen und andere wirklich das Schlüsselwort `null` (ohne Anführungszeichen, weil es sich um ein Schlüsselwort handelt) benutzen. Ich benutze den speziellen Oder-Operator (| |), um beide Varianten zu erfassen.
3. **Ändern Sie den Wert der Variablen.** Hier habe ich einfach den vom Nutzer eingegebenen Namen neu hinzugefügt.
4. **Speichern Sie den Wert zurück in die Datenbank.** Die Datenbank `localStorage` ist von Ihren Variablen separiert. Sie selbst müssen daher für die Aktualisierung der gespeicherten Daten sorgen. Benutzen Sie die Methode `setItem()`, um Daten zu speichern. Dies ähnelt der Rückgabe eines ausgeliehenen Buches an eine Bibliothek.

Wenn Sie mit numerischen Daten arbeiten, müssen Sie daran denken, dass `localStorage` alles als Strings speichert. Sie können zwar problemlos auch numerische Werte in `localStorage` ablegen, wenn Sie diese aber aus dem Speicher übernehmen, müssen Sie sie erst einmal wieder in einen numerischen Wert des benötigten Datentyps umwandeln (mit `parseInt()` oder `parseFloat()`).

Es folgt ein Beispiel, das zählt, wie oft ein Nutzer eine Website besucht hat:

```
function countVisits(){
  str_count = localStorage.getItem("count");
  //Numerischen Wert von str_count übernehmen, in count übertragen
  if (str_count == null || str_count == "null"){
    count = 0;
  } else {
    count = parseInt(str_count);
  } // end else
```

```
  //count inkrementieren
  count++;

  //count anzeigen
  lblCounter = document.getElementById("lblCounter");
  lblCounter.innerHTML = "Sie waren hier bereits "
                              + count + " Mal";

  //count speichern
  localStorage.setItem("count", count);
} // end count
```

Dieser Code müsste jeweils beim Laden der Seite ausgeführt werden (vielleicht über das Attribut `<body onload>`). Er funktioniert fast wie der Code zur Übernahme des Namens, umfasst aber ein paar einfache numerische Umwandlungen:

1. Ich versuche, den Zähler von `localStore` zu übernehmen. Beachten Sie, dass ich ihn in einer String-Variablen speichere. (Bei JavaScript müssen Sie den für eine Variable zu verwendenden Datentyp zwar nicht angeben, sie sind aber unterschiedlich.) Ich verwende hier das Präfix `str_`, damit ich mich selbst besser daran erinnern kann, dass es sich bei dem Wert der Variablen um einen String handelt.

2. Es wird sichergestellt, dass der Wert existiert. Wenn in der Datenbank kein Eintrag für `count` existiert, muss es sich um den ersten Besuch des Benutzers handeln (oder die Datenbank wurde gelöscht). In beiden Fällen wird `count` der (numerische) Wert `0` zugewiesen.

3. Sofern `str_count` existiert, wird er in einen Integer-Wert umgewandelt. Verwenden Sie die Methode `parseInt()` zur Umwandlung des Strings `str_count` in einen Integer-Wert für `count`.

4. Inkrementieren Sie `count`. Da es sich bei `count` um einen Integer-Wert handelt, können Sie mit ihm rechnen.

5. Zeigen Sie dem Benutzer den Wert des Zählers `count` an. Natürlich ist das nicht unbedingt notwendig, es ist aber immer sinnvoll, dem Nutzer irgendwelche Rückmeldungen zu geben.

6. Speichern Sie `count` wieder zurück in die Datenbank `localStorage`. Beachten Sie, dass Sie Integer-Werte wie `count` zwar problemlos in der Datenbank speichern können, dass sie bei der Speicherung aber stillschweigend in Strings umgewandelt werden.

Alle oder bestimmte Daten lassen sich leicht löschen. `locaStorage` unterstützt die Methode `clear()`, mit der Sie alle zu Ihrer Website gehörenden Daten löschen können, und die Methode `removeItem(key)`, mit der bestimmte Schlüssel-Wert-Paare entfernt werden können.

```
function clearValues(){
  alert(name + " wird aus der Datenbank entfernt ...");
  localStorage.removeItem("name");
  localStorage.removeItem("count");
  // Um alle Namen in einem Rutsch zu löschen,
  // können Sie localStorage.clear(); verwenden

  //Anzeige bereinigen
  lblCounter = document.getElementById("lblCounter");
  lblCounter.innerHTML = "Sie waren hier bereits 0 Mal";
}
```

Zuweilen werden Sie alle in einer Datenbank enthaltenen Einträge der Reihe nach verarbeiten müssen. Das lässt sich mithilfe der Eigenschaft `length` und der Methode `keys()` recht einfach bewerkstelligen. Sehen Sie sich dazu das folgende Beispiel an:

```
function viewData(){
  //Alle Schlüssel-Wert-Paare anzeigen
  for (i = 0; i < localStorage.length; i++){
    key = localStorage.key(i);
    value = localStorage.getItem(key);
    alert(key + ": " + value);
  } // end for
} // end viewData
```

Der Vorgang umfasst die Erstellung einer `for`-Schleife, in der alle Schlüssel-Wert-Paare durchlaufen werden:

1. Erstellen Sie eine `for`-Schleife, um die Daten zu durchlaufen. Verwenden Sie die Eigenschaft `localStorage.length`, um zu bestimmen, wie oft die Schleife abgearbeitet werden muss.

2. Suchen Sie den nächsten `key`-Wert. Benutzen Sie den Schleifenzähler (im Beispiel `i`), um den nächsten Schlüssel mit `localStorage.key(i)` zu übernehmen. Beachten Sie dabei, dass die Reihenfolge der Schlüssel nicht vorhersehbar ist.

3. Übernehmen Sie den diesem Schlüssel zugeordneten Wert. Wenden Sie dazu die Standardmethode `localStorage.getItem()` auf den gerade übernommenen Schlüssel an.

4. Arbeiten Sie mit `key` und `value`. An dieser Stelle haben Sie eine Variable namens `key`, die den aktuellen Schlüssel enthält, und eine andere namens `value` mit dem zugehörigen Wert. Sie können die Daten dann auf der Webseite ausgeben oder sie anderweitig verarbeiten.

Wenn Sie mehr als 5 MByte Daten von derselben Domäne zu speichern versuchen, erzeugt JavaScript den Ausnahmefehler `"QUOTA_EXCEEDED_ERR"`. Momentan gäbe es selbst mit Zustimmung des Benutzers keine Möglichkeit, das zulässige Kontingent zu ändern.

Einigermaßen erstaunlich ist, dass das `localStorage`-Verfahren von allen aktuellen Browsern und selbst vom Internet Explorer gut unterstützt wird.

Natürlich gibt es immer dann, wenn Webseiten Daten clientseitig speichern dürfen, gewisse Bedenken hinsichtlich Privatsphäre und Sicherheit. Die Daten werden jedoch auf dem Clientrechner gespeichert und (anders als Cookie-Daten) nie zum Server übertragen. Die Daten werden auf dem Clientrechner gespeichert und gehören diesem. Die 5-MByte-Beschränkung stellt Webanwendungen einiges an Speicher zur Verfügung. Selbst wenn der Speicher ausgenutzt wird, ist es aber immer noch so wenig, dass er moderne Rechner nicht sonderlich belasten sollte. Und zu guter Letzt werden die Daten als reiner Text gespeichert und können nicht in getrennten Dateien abgelegt werden, weshalb es schwierig sein dürfte, diese Technologie zur Erstellung von Viren oder anderen Codeärgernissen zu missbrauchen.

Die Speicherung von Daten in diesen einfachen Schlüssel-Wert-Paaren mag zunächst einschränkend wirken, es lassen sich aber tatsächlich äußerst komplexe Daten mit diesem Verfahren speichern. Die Werte können einen beliebigen Datentyp haben und ermöglichen damit die Nutzung leistungsfähiger *XML-* und *JSON*-Verfahren zur Datenspeicherung. In Büchern zu Java und/oder AJAX sollten Sie mehr über diese anspruchsvolleren Datenstrukturen erfahren können.

Web-SQL-Datenbank

Das `localStorage`-Verfahren ist zwar recht leistungsfähig und lässt sich auch recht einfach nutzen, aber die meisten anspruchsvolleren Datenanwendungen greifen auf das relationale Datenbankmodell zurück. Typischerweise stellt der

Client eine Verbindung mit einem Programm her, das auf dem Webserver läuft, das dann wiederum für die Verbindung zu relationalen Datenbankprogrammen wie MySQL oder Oracle sorgt. Das serverseitige Programm erstellt Abfragen in einer speziellen Sprache, die SQL (Structured Query Language) genannt wird. Die Ergebnisse der Abfragen werden zum Server zurückgegeben und von diesem zurück zum Client übertragen.

Wenn Sie sich detaillierter mit diesem Modell befassen wollen, sollten Sie zu einem Buch greifen, in dem genauer erläutert wird, wie sich derartige Systeme beispielsweise mit der Programmiersprache PHP und dem MySQL-Datenbankpaket einrichten und nutzen lassen. Sich ein wenig mit PHP und SQL zu befassen, ist im Rahmen der Webentwicklung eigentlich immer sinnvoll.

Mit HTML5 wurde ein radikal neues Modell vorgestellt. Dabei enthält der Browser praktisch ein eigenes Datenbankprogramm (das auf der verbreiteten Datenbankengine SQLite basiert), das Programmierern die Erstellung von Datenbanken direkt auf dem Client ermöglichen sollte!

Safari, Chrome und Opera enthielten bereits entsprechende Datenbanken, als das W3C verkündete, dass es die Arbeit an diesem Teil der Spezifikation einstellen werde. (Ein wenig mehr dazu erfahren Sie weiter hinten in diesem Kapitel im Abschnitt »Praktische Überlegungen zu Web SQL«.)

Wie die Zukunft aber auch immer aussehen wird, dürfte es einerseits interessant sein, sich einmal mit dieser Technik zu befassen, und andererseits sollten uns die bereits vorhandenen Implementierungen zumindest noch eine Weile erhalten bleiben.

Der folgende SQL-Code erstellt eine einfache Datenbanktabelle namens `contact` und speichert darin drei Werte:

```
DROP TABLE IF EXISTS contact;
CREATE TABLE IF NOT EXISTS contact (id, name, email);
INSERT INTO contact VALUES(1, 'Andy','andy@aharrisbooks.net');
INSERT INTO contact VALUES(1, 'Bill', 'bgates@msBob.com');
INSERT INTO contact VALUES(1, 'Steve', 'sJobs@newton.com');
```

Die SQL-Sprache ist ziemlich leistungsstark und komplex und erfordert selbst wieder ein eigenes Buch. Wirkliche Experimente mit Web SQL können Sie eigentlich erst anstellen, wenn Sie bereits mit Standard-SQL vertraut sind.

Wenn Sie mit der von Web SQL verwendeten SQL-Variante experimentieren, sollten Sie auf die Angebote zu SQLite (`www.sqlite.org`) zurückgreifen. Sie können sich dort bei Bedarf verschiedene Versionen und Browsererweiterungen herunterladen. Wenn Sie auf Ihrer Website (oder Ihrem Rechner) eine SQL-Datenbank angelegt haben, können Sie SQL-Befehle über eine Konsole eingeben und Ihre Datenbank auf diesem Weg manuell verwalten und aktualisieren.

Eine Web-SQL-Datenbank anlegen

Datenbanken über SQL zu erstellen und zu verwalten ist nicht allzu schwierig. Im ersten Schritt öffnen Sie die Datenbank:

```
var db = openDatabase('contactDB', '1.0', 'Contact DB',
2 * 1024 * 1024);
```

Mit diesem leistungsstarken Befehl wird eine Datenbank auf dem Client geöffnet. Er besteht aus einer Reihe wichtiger Komponenten, zu denen insbesondere diese zählen:

- ✔ **Datenbank-Handle (`db`):** Der Befehl `openDatabase` versucht, eine Datenbank zu öffnen. Bei erfolgreicher Ausführung gibt er ein spezielles Datenbankobjekt, beim Auftreten von Fehlern `null` zurück. Das Datenbankobjekt (hier im Beispiel `db`) wird bei den nachfolgenden Datenbankaktionen verwendet.
- ✔ **Datenbankname (`contactDB`):** Beim ersten Parameter handelt es sich um einen Datenbanknamen. Dieser wird intern für die Datenbank verwendet.
- ✔ **Versionsnummer:** Hier können Sie eine Versionsnummer für Ihre Datenbank angeben. Sofern Sie irgendwelche Datenstrukturen ändern, sollte sich das auch in der Versionsnummer Ihrer Datenbank niederschlagen. Das erleichtert Ihnen bei Strukturänderungen die Verwaltung der Daten. (Allerdings sollten Sie es immer möglichst vermeiden, Datenstrukturen von Datenbanken nachträglich zu ändern, wenn diese bereits Daten enthalten.)
- ✔ **Anzeigename:** Dieser Name könnte bei der tabellarischen Ausgabe der Daten verwendet werden, was aber bisher scheinbar noch nicht der Fall ist.
- ✔ **Speicherplatz in Bytes:** Der letzte Parameter gibt an, wie viel Speicherplatz Sie für die Datenbank bereitstellen wollen. Normalerweise werden Sie hier in Megabyte rechnen. 2 MByte sind dann `2 * 1024 * 1024`. (Da 1 MByte ja `1024 * 1024` Bytes entspricht.)

Wenn Sie erst einmal eine Datenbank angelegt haben, können Sie die darin enthaltenen Daten manipulieren. Transaktionen sorgen in Web SQL für die reibungslose Verarbeitung der Datenbankbefehle. Letztlich wird dabei eine Reihe von SQL-Befehlen gebündelt und zu Transaktionen zusammengefasst. Die Methode `init()` aus meinem Beispiel (die automatisch über `<body onload>` aufgerufen wird) führt zwei Transaktionen aus:

```
function init(){
db.transaction(makeContact);
db.transaction(getContacts);
} // end init
```

Die Methode `transaction` des `db`-Objekts übernimmt als einzigen Parameter den Namen einer Funktion.

Die beiden Funktionen (`makeContact` und `getContacts`) werden in den nachfolgenden Abschnitten ausführlicher beschrieben. Die Funktionen zu erstellen, die sich um die Transaktionen kümmern, ist Aufgabe des Programmierers.

Praktisch alle Online-Beispiele zu Web SQL verwenden die fortgeschrittene JavaScript-Technik der *anonymen Callback-Funktion* (anonyme Rückruffunktion). *Callback-Funktionen* werden irgendwann aus anderen Prozessen heraus aufgerufen. Dabei wird der Name der Callback-Funktion (ohne Parameter) oder eine direkt definierte Funktion einer anderen existierenden Funktion übergeben.

Wenn Sie die zu übergebende Funktion direkt definieren, erstellen Sie eine anonyme Funktion. Ich bin kein Fan anonymer Funktionen, weil sie gerade anfangs die Lesbarkeit des Codes verschlechtern. Üblicherweise erstellen Sie eine gesamte Funktion innerhalb einer Parameterliste, was zu verwirrenden Einrückungen und Schleifenkonstrukten führt. Selbst wenn man diese Technik gut beherrscht, halte ich es für sinnvoller, auf ihren Einsatz möglichst zu verzichten, um den Code besser lesbar zu halten.

Daher werde ich im folgenden Beispiel keine anonymen Funktionen nutzen. Stattdessen werde ich einige Standardfunktionen zusammen mit der Callback-Technik verwenden. Wenn Sie selbst lieber mit anonymen Funktionen arbeiten, können Sie das natürlich tun.

Eine Kontaktdatenbank anlegen

Die Kontaktdatenbank selbst wird über die Funktion `makeContact()` erstellt. Die Methode `db.transaction()` ruft die Funktion `makeContact()` auf.

Wenn die Transaktion erst einmal erstellt wurde, sucht der Browser nach einer Funktion namens `makeContact()`.

Transaktionsfunktionen müssen einen einzelnen Parameter haben, der einen Verweis auf die Transaktion selbst enthält. Für das Transaktionsobjekt wird fast immer `tx` (Kürzel für »transaction«) verwendet. Der Code für die vollständige Funktion `makeContact()` sieht so aus:

```
function makeContact(tx){
  tx.executeSql("DROP TABLE IF EXISTS contact");
  tx.executeSql("CREATE TABLE IF NOT EXISTS contact
  (id, name, email)");
  tx.executeSql(
    "INSERT INTO contact VALUES(1, 'Andy', 'andy@aharrisbooks.
    net')");
  tx.executeSql(
    "INSERT INTO contact VALUES(2, 'Bill', 'bgates@msBob.
    com')");
  tx.executeSql(
    "INSERT INTO contact VALUES(3, 'Steve', 'sJobs@newton.
    com')");
} // end makeContact
```

Bei Erstellung der eigentlichen Datenbanktabelle wird eine wichtige Methode des Transaktionsobjekts namens `executeSql()` genutzt. Diese Methode übernimmt einen SQL-Befehl und reicht ihn an die Datenbank weiter.

Bei dem Code handelt es sich einfach um eine Reihe von `tx.executeSql()`-Aufrufen mit den verschiedenen SQL-Befehlen, die für die Erstellung der Datenbank und die Speicherung von Datensätzen darin benötigt werden. Die einzelnen SQL-Anweisungen werden dem Befehl `executeSql()` übergeben.

Wenn Sie Chrome verwenden, können Sie den Inhalt der Datenbank über die Entwicklerkonsole prüfen. Klicken Sie dazu die Seite mit der rechten Maustaste an und wählen Sie als zu inspizierendes Element unter den Ressourcen die Datenbanken aus.

Es gibt eine Variante der Funktion `executeSql()`, bei der Sie mit Ihren Abfragen Parameter übergeben können. Beispielsweise übergibt das folgende Beispiel die Variablen `id`, `name` und `email` der Datenbank:

```
tx.executeSql("INSERT INTO contact VALUES(?, ?, ?)",
[id, name, email], null, null);
```

Ein wenig mehr zu dieser Variante erfahren Sie im nächsten Abschnitt.

Datenbankausgaben nutzen

Wenn man Daten in einer Datenbank speichert, wird man sie irgendwann auch wieder daraus auslesen wollen. Die allgemeine Vorgehensweise ist ähnlich. Die Funktion `init()` enthält diese Zeile:

```
db.transaction(getContacts);
```

Dieser Code führt eine zweite Transaktion aus, die von der Funktion `getContacts()` aktiviert wird. Auch diese Funktion nutzt wieder den Befehl `tx.executeSql()`, diesmal aber in etwas anderer Form:

```
function getContacts(tx) {
  tx.executeSql('SELECT * FROM contact',
                [],
                showData,
                null);
} // end getContacts
```

Eigentlich ist die Funktion nur eine einzige Zeile lang. Dafür steckt aber eine Menge darin. (Tatsächlich habe ich sie ein wenig vereinfacht. Oft ist sie noch sehr viel verzwickter.) Die Funktion `getContacts()` nutzt eine andere Variante von `executeSql()`, bei der vier Parameter übergeben werden:

- ✔ **Abfrage:** Beim ersten Parameter handelt es sich um eine SQL-Abfrage. Da mit diesem speziellen Befehl Daten aus der Datenbank abgerufen werden sollen, benutze ich eine `SELECT`-Abfrage. Abfragen können schnell recht komplex werden, funktionieren aber auch dann ähnlich.
- ✔ **Parameter:** Sie können ein Array mit String-Werten (eingeschlossen in eckige Klammern) übergeben, die für gegebenenfalls in Ihrer Abfrage enthaltene Fragezeichensymbole eingesetzt werden können. Das funktioniert ähnlich wie gespeicherte Prozeduren in traditionellen Datenbanken. Zudem ist dieser Ansatz sehr viel sicherer als das Zusammenziehen von Strings beim eigentlichen SQL-Code. Wenn es keine Parameter gibt, übergeben Sie einfach ein Paar leere eckige Klammern (`[]`).
- ✔ **Callback-Funktion bei erfolgreicher Ausführung:** Konnte die Abfrage erfolgreich ausgeführt werden, wird die hier angegebene Funktion aufgerufen. Diese kann irgendwo anders (dann wird nur der Funktionsname benötigt) oder direkt hier an Ort und Stelle anonym definiert werden. Wenn Sie keine Callback-Funktion verwenden wollen, setzen Sie hier den Wert `null` anstelle eines Funktionsnamens ein. Wenn Sie Daten aus der Datenbank

abrufen wollen, benötigen Sie allerdings eine Callback-Funktion. Im Beispiel übergebe ich die Kontrolle nach erfolgreicher Ausführung der Abfrage an die Funktion `showData`.

- ✔ **Callback-Funktion im Fehlerfall:** Eine zweite Callback-Funktion wird aufgerufen, wenn bei der Abfrage Fehler auftreten. Typischerweise meldet die Funktion auftretende Probleme zurück. Wenn beim Auftreten von Fehlern keine Funktion aufgerufen werden soll, übergeben Sie hier den Wert `null`.

Praktische Überlegungen zu Web SQL

Web SQL macht den Eindruck einer großartigen Technologie, die von Entwicklern teilweise recht begeistert begrüßt wurde. Wie bereits erwähnt, scheint das W3C Web SQL nicht mehr weiterentwickeln zu wollen und hat es erst einmal aus dem offiziellen Standard herausgenommen. Entsprechend empfiehlt sich die Nutzung von Web SQL nicht gerade. Zwar wird Web SQL von Safari, Chrome und Opera unterstützt, aber neben Microsofts IE (weniger überraschend) ist diesmal noch ein anderer wichtiger Browser nicht mit an Bord. In Firefox wurde und wird Web SQL nicht implementiert. Formal ist Web SQL kein Bestandteil von HTML5 und wird es möglicherweise auch nicht werden.

Firefox unterstützt eine andere Variante namens IndexedDB. Momentan wird diese zwar nur von Gecko-basierten Browsern (Firefox/Mozilla) unterstützt, aber andere Entwickler zeigten zumindest zeitweise Interesse. Jedenfalls bleibt abzuwarten, wie sich die Geschehnisse weiter entwickeln.

Das weiter vorn in diesem Kapitel behandelte `localStorage`-Verfahren lässt sich jedenfalls in modernen Browsern recht problemlos nutzen.

Verschiedene neue JavaScript-Funktionen

Der HTML5-Standard umfasst eine Reihe weiterer praktischer Funktionen. Diese lassen sich zwar nicht leicht kategorisieren, bieten aber beeindruckende neue Möglichkeiten. Wenn Sie wissen wollen, wo sich ein Gerät/Browser befindet, wie Sie Benachrichtigungen versenden und über Websockets Verbindungen zu Servern herstellen können, sollten Sie weiterlesen.

Geolokation

Häufig ist es nützlich, wenn man weiß, wo sich ein Gerät/Browser auf der Welt befindet. Das gilt insbesondere bei Anwendungen für Mobilgeräte, da diese Informationen genutzt werden können, um interessante Dienste bereitzustellen. So lassen sich beispielsweise Suchanfragen starten, die sich auf die physische Umgebung des Nutzers konzentrieren.

Viele Mobilgeräte können über integrierte GPS-Komponenten recht genaue Positionsinformationen gewinnen. Mobiltelefone ohne GPS können ihre Position grob über die Funkzelle ermitteln, in der sie sich befinden. Wenn sich mehrere Sendemasten in Reichweite befinden, lässt sich die genauere Position möglicherweise triangulieren. Selbst für Desktoprechner lassen sich über Vermittlungsstellen, Anschlusskästen, IP-Nummern und so weiter oft recht genaue Standortdaten ermitteln.

Bisher gab es kein Standardverfahren zur Gewinnung von Standortdaten über all die verschiedenen Quellen hinweg. Die neue Geolocation-API ist Bestandteil der HTML-Spezifikation. Sie versorgt Webentwickler mit einer einfachen Schnittstelle, über die deren Anwendungen versuchen können, den genauen Benutzerstandort zu ermitteln.

Die Basisfunktionen lassen sich bereits mit einem sehr einfachen JavaScript-Aufruf bereitstellen:

```
function getLoc(){
  navigator.geolocation.getCurrentPosition(showMap);
} // end getLoc
```

Diese Funktion wird typischerweise über `body.onload` oder irgendein anderes Initialisierungsskript gestartet. Sie ruft lediglich die Funktion `navigator.geolocation.getCurrentPosition()` auf. Dieser wird ein einzelnes Argument übergeben, bei dem es sich um den Namen einer Callback-Funktion handelt, die in meinem Beispiel `showMap()` heißt:

```
function showMap(position){
  var lat = position.coords.latitude;
  var long = position.coords.longitude;
  var lin kUrl = "http://maps.google.com?q="
                + lat + "," + long;
  var mapLink = document.getElementById("mapLink");
  mapLink.href = linkUrl;
  var embedMap = document.getElementById("embedMap");
  embedMap.src = linkUrl + "&z=16&amp;output=embed";
} // end showMap
```

Die Funktion `showMap` wird automatisch aufgerufen, wenn der aktuelle Standort ermittelt werden konnte. (Wie der aktuelle Standort ermittelt wird, bleibt dabei voll und ganz dem Browser und der Gerätehardware überlassen. Die Anwendungen müssen schließlich auch gar nicht wissen, wie die Position ermittelt wurde.) `showMap()` arbeitet so:

1. **Das Objekt `position` wird als Parameter übernommen.** Der Callback-Funktion wird immer ein spezielles Objekt namens `position` übergeben.

2. **Es werden `latitude` und `longitude` aus dem `position`-Objekt übernommen.** Das `position`-Objekt besitzt eine Eigenschaft namens `coords`. Dabei handelt es sich ein weiteres Objekt mit den beiden Eigenschaften `lattitude` und `longitude` (Breitengrad und Längengrad). Speichern Sie diese Werte zur leichteren weiteren Verarbeitung in lokalen Variablen.

3. **Verarbeiten Sie die Positionsdaten.** Koordinatenangaben können zwar interessant sein, wahrscheinlich werden Sie sie aber irgendwie verwerten wollen. Recht leicht lässt sich damit beispielsweise ein Link zu Google Maps erstellen.

4. **Erstellen Sie einen Link zu Google Maps.** Wenn man ein wenig auf den Seiten von Google Maps herumstöbert, lässt sich herausfinden, wie sich eine Karte für bestimmte Koordinaten anzeigen lässt. Erstellen Sie einfach einen Link zu `maps.google.com?q=lat, long`, wobei `lat` als Variable für den Breitengrad und `long` als Variable für den Längengrad benutzt wird. Ich habe die einzelnen Teile in einer String-Variablen zusammengezogen. Natürlich bleiben Sie hier nicht auf Google Maps beschränkt. Benutzen Sie die Koordinaten einfach ganz nach Belieben.

5. **Erstellen Sie einen Link zur Karte.** Ich habe bereits einen Link auf der Seite. Ich habe Standardverfahren zur DOM-Manipulation eingesetzt, um die `href`-Eigenschaft des Links auf die ermittelten Koordinaten zu setzen.

6. **Betten Sie eine Karte ein.** Sie können Karten auch direkt in Ihre Seiten einbetten. Das Ergebnis von Google-Maps-Suchen umfasst auch einen Code, der in Webseiten eingebettet werden kann. Ich habe diesen Code einfach kopiert und so abgeändert, dass darin die Koordinaten des aktuellen Standorts übernommen werden. Beachten Sie, dass die hier dargestellte Vorgehensweise eine Technik namens iFrame verwendet, deren Nutzung allgemein nicht empfohlen wird, auch wenn sie zu beeindrucken weiß.

Das Geolocation-API beachtet einige Sicherheitsaspekte. Mit ihm können Webseiten feststellen, wo sich deren Benutzer im physischen Raum aufhalten. Natürlich werden nicht alle Benutzer derartige Informationen preisgeben wollen. Generell werden Positionsdaten nie ohne das Einverständnis des Benutzers weitergegeben. Immer wenn ein Benutzer Seiten aufruft, die Positionsdaten abrufen, werden im Browser Benachrichtigungen angezeigt, die den Benutzer darüber informieren. Dann kann er dieses Verhalten zulassen oder untersagen.

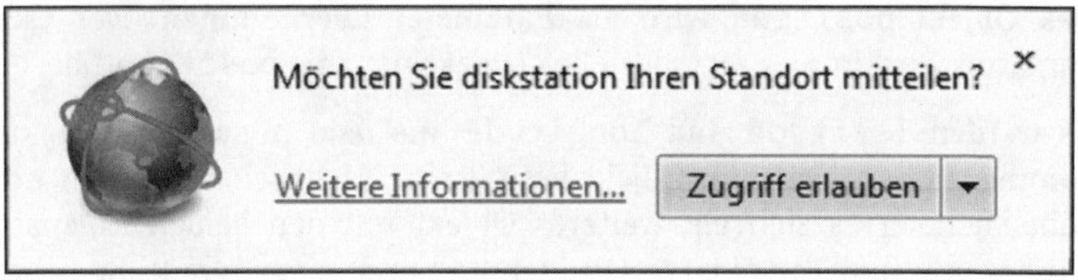

Abbildung 7.1: Nachfrage in Firefox zur Übermittlung des Standorts

Mit Geolokationsdiensten lässt sich noch viel mehr anstellen. Beispielsweise können Sie eine zweite Funktion erstellen, die dann aufgerufen wird, wenn Fehler bei der Standortermittlung auftreten. Sie können auch die Genauigkeit der Positionsangaben ermitteln. Einige Verfahren zur Standortermittlung (wie GPS) arbeiten sehr genau, andere (IP-basierte) eher unpräzise. Geräte können auch mehrere Verfahren zur Standortbestimmung mit zunehmend genaueren Angaben nutzen, wodurch sich die Genauigkeit der Angaben mit der Zeit ändern kann. (Das iPhone nutzt diese Technik und ermittelt zunächst einen recht allgemeinen Standort über die Position des Mobilfunkturms, bis es dann schließlich auf den GPS-Empfänger zurückgreift.)

Alle wichtigen Browser (mit Ausnahme des IE) unterstützen Geolokationsdienste in irgendeiner Form. Den IE können Sie mit Google Gears oder mit der Bibliothek `geo.js` von Google (`http://code.google.com/p/geo-location-javascript`) erweitern, mit der sich die plattformübergreifende Standortverwaltung vereinfachen lässt.

In Abhängigkeit vom jeweiligen Gerät besitzt das `coords`-Objekt einige weitere, möglicherweise verfügbare Eigenschaften:

- ✔ **`altitude`:** die Höhe in Metern
- ✔ **`accuracy`:** die Genauigkeit der aktuellen Angaben in Metern
- ✔ **`heading`:** die Bewegungsrichtung als Gradangabe
- ✔ **`speed`:** die Geschwindigkeit der Bewegung in Metern pro Sekunde

`heading` und `speed` lassen sich natürlich über mehrere unterschiedliche Sätze von Standortdaten ermitteln.

Das erledigt die Funktion `navigator.geolocation.watchPosition()`, die sich wie die Funktion `getCurrentPosition()` nutzen lässt. Sie übernimmt genau dieselben Parameter (eine oder zwei Callback-Funktionen). Bei der Verwendung von `watchPosition()` wird die Callback-Funktion jeweils aufgerufen, wenn sich der Gerätestandort ändert.

Benachrichtigungen

Beim Notifications-API handelt es sich um einen von Chrome bereits unterstützten Vorschlag. Hiermit können Entwickler Benachrichtigungsfenster des Browsers auf Betriebssystemebene erzeugen. Diese ähneln ein wenig den bekannten Warnmeldungen (`alert()`), sind aber sehr viel flexibler.

Wie viele andere fortgeschrittene JavaScript-Funktionen bedürfen auch Benachrichtigungen der Zustimmung des Benutzers. Ohne dessen Einverständnis dürfen nicht einfach irgendwelche Benachrichtigungen auf dem Bildschirm eingeblendet werden. Hier ein Beispiel dazu:

```
function notify(){
  if (window.webkitNotifications) {
    //Benachrichtigungen erlaubt, weiter geht's ...

    //Prüfen, ob Erlaubnis vorhanden
    if (window.webkitNotifications.checkPermission() == 0) {

      //Erlaubnis erhalten
      var note = window.webkitNotifications
                       .createNotification(
        'andyGoofy.gif',
        'Hallo',
        'dies ist meine Benachrichtigung');
      note.show();
    }else{
      //Erlaubnis anfordern
      window.webkitNotifications.requestPermission();
      alert("Klicken Sie noch einmal auf 'Benachrichtigen'");
    } // end else

  } else {
    //Benachrichtigungen werden nicht unterstützt
```

```
    alert("Dieser Browser unterstützt keine Benachrichtigun-
    gen!");
  } // end else
} // end notify
```

Das Erstellen von Benachrichtigungen ähnelt der Nutzung vieler anderer neuer JavaScript-Werkzeuge. Es funktioniert so:

1. **Benachrichtigungen müssen in Reaktion auf ein Nutzerereignis erfolgen.** Ich habe meinen Code für die Benachrichtigung in eine Funktion namens `notify()` gepackt. Diese Funktion lässt sich nicht mit `body onload` oder anderen Initialisierungstechniken aufrufen. Benachrichtigungen lassen sich nur in Reaktion auf direkte Benutzeraktionen aktivieren. Das sollte einige der Missbrauchsvarianten unterbinden, die um sich griffen, als Popup-Fenster als Benachrichtigungen genutzt wurden.

2. **Ermitteln Sie mit `window.webkitNotifications`, ob der verwendete Browser Benachrichtigungen unterstützt.** Aktuell ist das nur bei der WebKit-Engine der Fall, weshalb die Funktionen auch dieses Präfix aufweisen. Sofern das API auch für andere Engines bereitsteht, wird es wahrscheinlich wegfallen.

3. **Prüfen Sie, ob der Benutzer der Übertragung von Benachrichtigungen zugestimmt hat.** Benachrichtigungen bedürfen der Zustimmung des Benutzers. Wenn er die Website bereits besucht hat (und die Zustimmung erteilt hat), speichert der Browser diese Antwort. Die Methode `webkitNotifications.checkPermissions()` gibt einen numerischen Code zurück (`0` bedeutet, dass der Benutzer Benachrichtigungen erlaubt).

Abbildung 7.2: Ein Benachrichtigungsfenster

4. **Erstellen Sie die Benachrichtigung.** Bei der eigentlichen Benachrichtigung handelt es sich um ein kleines Fenster außerhalb des Browsers. Sie erstellen sie mit der Methode `webkitNotifications.createNotification()`. Diese erwartet mit einem Bild, einer Überschrift und dem eigentlichen Meldungstext drei Parameter. Speichern Sie die Benachrichtigung vorübergehend in einer Variablen.

5. **Nutzen Sie die Methode `show()` der Benachrichtigung, um diese anzuzeigen.**

6. **Fordern Sie bei Bedarf eine Genehmigung an.** Die Schritte 4 und 5 werden nur ausgeführt, wenn der Benutzer bereits die entsprechende Erlaubnis erteilt hat. Falls diese noch nicht erteilt wurde, nutzen Sie die Methode `webkitNotifications.requestPermission()`, um sie einzuholen. Daraufhin zeigen die Browser ein spezielles kleines Dialogfeld an, in dem der Benutzer gefragt wird, ob er bereit ist, Benachrichtigungen entgegenzunehmen. Wird dieses Dialogfeld angezeigt, weisen Sie den Benutzer darauf hin, dass er die Schaltfläche noch einmal anklicken muss, um die Benachrichtigung dann auch wirklich zu erhalten.

7. **Wenn der verwendete Browser keine Benachrichtigung unterstützt, informieren Sie den Benutzer darüber.** Es ist möglich (und wohl sogar eher wahrscheinlich), dass der verwendete Browser Benachrichtigungen nicht unterstützt. In dem Fall können Sie aber immer noch die üblichen, mit `alert()` erzeugten Warnmeldungen nutzen, um Benutzern Informationen zukommen zu lassen.

Das Notifications-API ist zwar recht nett, aber nicht unbedingt notwendig. Ähnliche Informationen kann man Benutzern auch auf andere Weise zukommen lassen. Es dürfte sich zwar lohnen, diese Technik im Auge zu behalten, aber aktuell ist sie noch nicht sonderlich nützlich.

Websockets

Websockets sind eine der technisch fortschrittlichsten HTML5-Neuerungen. Potenziell könnten sie auch zum dramatischsten Wandel in der Nutzung des Internets führen.

Um Websockets verstehen zu können, müssen Sie erst einmal wissen, wie das Web heute funktioniert. Die meisten Aktivitäten im Web spielen sich über HTTP (HyperText Transfer Protocol) ab. Dieses Kommunikationsverfahren arbeitet recht effizient, wenn es um die Anforderungen geht, auf denen das traditionelle Internet basiert: Der Benutzer fordert Dokumente an, die ihm dann vom Server zugestellt werden. HTTP ist ein zustandsloses Protokoll. Wenn eine Transaktion abgewickelt wurde, wird die Verbindung zwischen Client und Server vollständig abgebrochen und die nächste Transaktion erfordert eine völlig neue Verbindung. Bei den meisten Anwendungen ist das auch in Ordnung. Stellen Sie sich einen Kunden vor, der Ihre Webseite besucht und ein Formular abruft. Er sieht es sich an, geht dann aber lieber ins Bett, um es erst am nächsten Morgen auszufüllen. Beim zustandslosen HTTP muss Ihr Server nicht die ganze Nacht über eine aktive Verbindung zum Kunden aufrechterhalten. Wenn der Nutzer die Senden-Schaltfläche anklickt, wird eine völlig neue Transaktion erzeugt.

Wenn sich das Web aber weiter zu einem Anwendungsframework entwickelt (und sich von der Metapher der Dokumentweiterleitung entfernt), kann die zustandslose Arbeitsweise von HTTP zu einem Hindernis werden. Die Art und Weise, wie *AJAX* umfangreiche Transaktionen in eine Reihe kleinerer HTTP-Anforderungen zerlegt (häufig ohne Wissen des Benutzers), ist für dessen Erfolg mit verantwortlich. Das ermöglicht eine flüssigere Kommunikation zwischen Client und Server. Es bedeutet aber weiterhin eine Menge Aufwand, wenn Hunderte kleine, eigenständige Anforderungen erstellt werden müssen.

Bereits lange vor der Entwicklung des uns heute bekannten Webs nutzten Programmierer mit den sogenannten *Sockets* einen Ansatz, um über dauerhafte Verbindungen mit Rechnern an anderen Standorten zu kommunizieren. Wenn Sie schon einmal mit einem Telnet-, FTP- oder SSH-Client gearbeitet haben, haben Sie bereits ein Programm benutzt, das Sockets nutzt. Typischerweise erstellen Programmierer zwei Arten von Sockets, von denen einer auf dem Server und einer auf dem Client arbeitet und die auch – welch Überraschung – Server- und Client-Sockets genannt werden. Diese beiden Programme kommunizieren über ein vorher vereinbartes Protokoll. Tatsächlich handelt es sich bei Telnet, FTP, HTTP und vielen anderen Internetwerkzeugen eigentlich mehr um Protokolle als um Software. Bei einem Telnet-Programm handelt es sich eigentlich um einen Mehrzweck-Client-Socket, der genutzt werden kann, um viele verschiedene Arten von Server-Sockets zu testen. Beim Webserver selbst handelt es sich um einen spezialisierten Server, der vorwiegend das HTTP-Protokoll nutzt, und beim Webbrowser um einen spezialisierten Client, der HTTP versteht.

Sie können ein Socket-Werkzeug wie Telnet benutzen, um eine Verbindung zu einem HTTP-Server herzustellen. Wenn Sie sich selbst davon überzeugen wollen, führen Sie doch einfach den folgenden Code über die Befehlszeile aus:

```
telnet aharrisbooks.net 80
```

Der Befehl funktioniert unter vielen Betriebssystemen so oder so ähnlich, da eigentlich alle ein einfaches Telnet-Programm mitbringen. Unter neueren Windows-Versionen müssen Sie den Telnet-Client als Funktion möglicherweise erst noch über die Systemsteuerung (Windows Vista/7: über das Applet Programme und Funktionen) aktivieren.

Die Verbindung zum Server wird hier über Port 80 (den Standardport für Webserver) hergestellt. Die Antwort sollte etwa wie folgt aussehen. (Die fett dargestellten Zeilen stammen vom Server.)

```
Trying 66.40.52.176...
Connected to www.aharrisbooks.net.
Escape character is '--5e--]'.
```

Nun meint der Server, es mit einem Browser zu tun zu haben. Um bestimmte Seiten abzurufen, müssen Sie dieselben Anforderungen senden, die auch Browser übertragen würden. Mit dieser Anforderung gelangen Sie zum Index meines JavaScript-Buches (oder erhalten eine HTML-Fehlermeldung):

```
GET /jad/index.html HTTP/1.1
host: www.aharrisbooks.net
```

Drücken Sie nach der letzten Zeile zwei Mal die ↵ -Taste, um die Anforderung abzusenden. Daraufhin sollte der ganze HTML-Code über den Bildschirm rauschen, der die Seite ausmacht. Natürlich sehen Sie nur den Code, da es sich ja beim Telnet-Client nicht wirklich um einen Browser handelt. Am Ende sollte diese Zeile angezeigt werden:

```
Connection closed by foreign host.
```

Da es sich bei HTTP um ein zustandsloses Protokoll handelt, wird diese Zeile immer angezeigt. Nach jeder Anforderung wird die Verbindung komplett getrennt.

Websockets stellen ein weiteres Protokoll bereit. Sie können sich immer noch wie üblich mit Webseiten verbinden, aber wenn Sie einen Websocket implementieren, integrieren Sie Code in Ihre Webseite, der Verbindungen zu Server-Sockets herstellen und mit ihnen kommunizieren kann. Während die Seite selbst immer noch das zustandslose HTTP-Protokoll verwendet, bleibt die Socket-Verbindung so lange bestehen, wie die Seite aktiv ist. Auf diese Weise lässt sich die Zweiwegkommunikation abschließen, ohne dass die Verbindung wiederholt neu aufgebaut werden müsste.

Die Art der Verbindung, die Sie auf diese Weise herstellen, eignet sich ideal für Anwendungen mit umfangreicherer Client-Server-Kommunikation, wie Chat-Anwendungen und Multiplayer-Games.

Natürlich benötigen Sie für die Herstellung von Websocket-Verbindungen einen Client *und* einen Server. Typischerweise wird der Server in Sprachen wie PHP oder Python erstellt.

Zwei Beispiele finden Sie hier:

- PHP-Websocket: `http://code.google.com/p/phpwebsocket/`
- Python-Websocket: `http://code.google.com/p/pywebsocket`

Und natürlich müssen Sie, um einen Server-Socket erstellen zu können, Kenntnisse in der Socket-Programmierung *und* der Sprache besitzen, in der der Server erstellt wurde. Viele moderne Sprachen unterstützen einen generischen Socket-Modus, der verwendet werden kann, um spezielle Websockets zu erstellen.

Die Behandlung der Erstellung von Server-Sockets würde den Rahmen dieses Buches sprengen, weshalb ich mich auf die Verbindung mit einem existierenden Server konzentriere. Unter `http://websockets.org/echo.html` finden Sie einen recht praktischen Echo-Server.

Dieser einfache Server nimmt eine Meldung vom Client entgegen und gibt sie zurück. Abbildung 7.3 zeigt ein Programm, bei dem der Nutzer Daten eingeben kann, die zum Server übertragen und als Echo zurückgesendet werden.

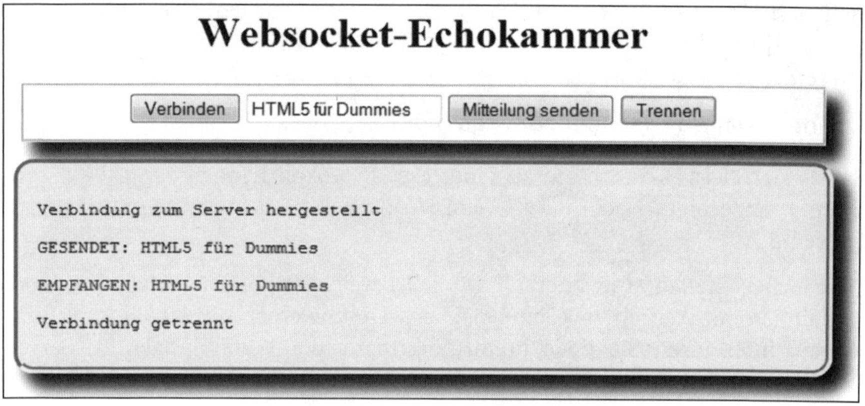

Abbildung 7.3: `echoSocket.html` *im Einsatz*

Der gesamte Code ist zwar ein wenig lang, aber immer noch nicht sonderlich kompliziert:

```
<!DOCTYPE HTML>
<html lang = "de-DE">
<head>
  <title>WebSocket Test</title>
  <meta charset = "ISO-8859-1" />
```

```
<style type = "text/css">
h1 {
  text-align: center;
}

.error {
  color: red;
}
.response {
  color: blue;
}

fieldset {
  width: 80%;
  margin: auto;
  text-align: center;
  -moz-box-shadow: 10px 10px 10px #000000;
  -webkit-box-shadow: 10px 10px 10px #000000;
}

#output {
  font-family: monospace;
  width: 80%;
  margin-left: auto;
  margin-right: auto;
  margin-top: 1em;

  background-color: #eeeeee;
  padding: 1em;
  border: 5px groove #cccccc;
  -moz-border-radius: 15px;
  -webkit-border-radius: 15px;
  -moz-box-shadow: 10px 10px 10px #000000;
  -webkit-box-shadow: 10px 10px 10px #000000;
}
</style>

<script language="javascript" type="text/javascript">
var output;
var websocket;
```

```
function init(){
  output = document.getElementById("output");
} // end init

function connect(){
  //Socket-Instanz erzeugen
  if ("WebSocket" in window){
    websocket = new WebSocket("ws://echo.websocket.org/");
    //Dieser Server macht weiter nichts, als nur den ihm
    //gesendeten Text als Echo zurückzugeben

    output.innerHTML = "Verbindung wird hergestellt ..." ;

    //Event-Handler zuweisen
    websocket.onopen = onOpen;
    websocket.onclose = onClose;
    websocket.onmessage = onMessage;
    websocket.onerror = onError;
  } else {
    alert("Dieser Browser unterstützt keine Websockets!");
  } // end else
} // end connect

function onOpen(evt){
  //Wird aufgerufen, wenn Verbindung hergestellt wird
  output.innerHTML = "<p>Verbindung zum Server hergestellt
  </p>";
} // end onOpen

function onClose(evt){
  //Wird aufgerufen, wenn Verbindung getrennt wird
  output.innerHTML += "<p>Verbindung getrennt</p>";
} // end onClose;

function onMessage(evt){
  //Wird aufgerufen, wenn Meldung eintrifft
  output.innerHTML += "<p class = 'response'>EMPFANGEN: "
                    + evt.data + "</p>";
} // end onMessage
```

```
  function onError(evt){
    //Wird bei Fehlern aufgerufen
    output.innerHTML += "<p class = 'error'>FEHLER: "
                         + evt.data + "</p>";
  } // end onError

  function sendMessage(){
    //Mitteilung aus Textfeld übernehmen
    txtMessage = document.getElementById("txtMessage");
    message = txtMessage.value;

    //Mitteilung zum Server übertragen
    websocket.send(message);
    output.innerHTML += "<p>GESENDET: " + message + "</p>";
  } // end sendMessage

  </script>
</head>

<body onload = "init()">
  <h1>Websocket-Echokammer</h1>
  <form action = "">
    <fieldset>
      <button type = "button"
              onclick = "connect()">
        Verbinden
      </button>
      <label for = "txtMessage">
        <input type = "text"
               id = "txtMessage"
               value = "HTML5 für Dummies" />
      </label>
      <button type = "button"
              onclick = "sendMessage()">
        Mitteilung senden
      </button>
      <button type = "button"
              onclick = "websocket.close()">
        Trennen
      </button>
```

```
    </fieldset>
  </form>

  <div id="output">Klicken Sie auf 'Verbinden', um
       Kontakt zum Server herzustellen</div>
</body>
</html>
```

Den HTML-Code erstellen

Wie üblich stellt der HTML-Code im obigen Beispiel den allgemeinen Rahmen bereit. In diesem speziellen Beispiel handelt es sich um ein einfaches Formular mit drei Schaltflächen und einem Eingabebereich:

1. **Die Initialisierung erfolgt über `body.onload`.** Der Code erfordert ein wenig Initialisierungsarbeit, für die üblicherweise ein Aufruf über das `onload`-Attribut des `body`-Elements genutzt wird.

2. **Erstellen Sie eine VERBINDEN-Schaltfläche.** Eine Schaltfläche soll die Funktion `connect()` aufrufen, die einen Websocket zu erzeugen versucht.

3. **Erstellen Sie ein `input`-Element.** Der Benutzer soll eine Mitteilung eingeben können, die zum Server übertragen wird. Erstellen Sie dazu ein einfaches `input`-Element.

4. **Erstellen Sie eine SENDEN-Schaltfläche.** Wenn der Benutzer seine Mitteilung zum Server übertragen will, muss er eine weitere Schaltfläche anklicken. Diese wird der Funktion `sendMessage()` zugeordnet.

5. **Erstellen Sie eine TRENNEN-Schaltfläche.** Eine weitere Schaltfläche soll der Trennung der Verbindung dienen. Dieser Code ist so einfach, dass er keine spezielle Funktion benötigt. Er lautet schlicht `websocket.close()`.

6. **Erzeugen Sie einen Ausgabebereich.** Verwenden Sie für diesen Zweck ein einfaches `div`-Element.

7. **Gestalten Sie die Seite ein wenig.** Die Standardformatierungen sind ein wenig trist, also lassen Sie ein wenig die CSS-Muskeln spielen.

Wenn Sie das Formular erstellt haben, wissen Sie bereits recht gut, was der Code zu tun hat.

Verbindung zum Socket herstellen

Wenn Sie auf einen laufenden Websocket zugreifen können (wie wir es in diesem Beispiel machen), lässt sich der JavaScript-Code für die Kommunikation mit diesem Socket recht leicht schreiben. Die erste Aufgabe lautet, eine Verbindung zum Socket herzustellen. Dazu erzeugen Sie ein Websocket-Objekt:

1. **Prüfen Sie, ob der Browser Websockets unterstützt.** Das geht am einfachsten über die Prüfung, ob das WebSocket-Objekt Bestandteil des integrierten `window`-Objekts ist.
2. **Erzeugen Sie eine neue Instanz des Websocket-Objekts.** Die Funktion `new WebSocket()` stellt eine Verbindung zu einem Server-Socket her. Die URL, für die Sie einen Socket erstellen wollen, muss Ihnen bekannt sein. Im Beispiel verwende ich den Echo-Server unter `echo.Websocket.org`. Beachten Sie, dass die URL immer mit `ws` beginnt, da wir nicht mehr das HTTP-Standardprotokoll verwenden. Für diese Verbindung benutzen wir das neue `ws`-Protokoll (Websocket). Wenn Sie Ihren eigenen Server erstellen, können Sie hier natürlich dessen URL verwenden.
3. **Verknüpfen Sie Callback-Methoden mit den verschiedenen Ereignissen.** Wie Standard-HTML besitzt auch das WebSocket-Objekt Handles für eine Reihe von Ereignissen. Geben Sie Callback-Funktionen für die verschiedenen Ereignisse an. Manchmal werden Sie sehen, dass zu diesem Zweck anonyme Funktionen verwendet werden, aber ich halte es für einfacher und übersichtlicher, wenn hier die üblichen Funktionen benutzt werden. Natürlich müssen Sie diese Funktionen jeweils erstellen. (Wie das geht, erfahren Sie im folgenden Abschnitt.)
4. **Der Nutzer sollte darüber informiert werden, wenn der verwendete Browser keine Websockets unterstützt.** Chrome, Firefox (ab Version 4) und Opera (ab Version 10.7) unterstützen den Websocket-Standard, beim Internet Explorer und anderen Browsern ist das aber möglicherweise nicht der Fall.

Die Callback-Funktionen erstellen

Im letzten Schritt im vorherigen Abschnitt haben Sie Referenzen für eine Reihe von Funktionen erstellt, die beim Eintreten bestimmter Ereignisse aufgerufen werden sollen. Natürlich müssen die entsprechenden Funktionen auch erstellt werden. Die meisten informieren den Nutzer einfach nur über die Geschehnisse. Alle Funktionen werden automatisch mit dem Parameter `evt` versehen, bei dem es sich um ein spezielles Objekt handelt, das die aktuellen Ereignisse beschreibt.

- **onOpen:** Wenn die Verbindung hergestellt werden konnte, soll dem Nutzer dies mitgeteilt werden. Alle Ausgaben erfolgen hier durch Zusammenziehen über das `output`-Element und dessen Attribut `innerHTML`.
- **onClose:** Auch bei der Trennung der Verbindung muss der Nutzer nur über dieses Ereignis informiert werden.
- **onMessage:** Diese Funktion wird aufgerufen, wenn eine Mitteilung vom Server empfangen wurde. Der Inhalt der Mitteilung steht in `evt.data` zur Verfügung. Leiten Sie diese Daten an den Nutzer weiter. Damit sich leichter erkennen lässt, welche Daten vom Server stammen, verwende ich für eintreffende Daten eine andere Farbe.
- **onError:** Diese Funktion wird aufgerufen, wenn irgendwelche Fehler aufgetreten sind. Dann steht eine Fehlererläuterung in `evt.data` bereit. Es ist sinnvoll, auch Fehlermeldungen irgendwie zu kennzeichnen (ich verwende für sie roten Text) und so darauf hinzuweisen, dass etwas schiefgelaufen ist.

Mitteilung senden

Wenn Nutzer eine Mitteilung zum Server übertragen wollen, klicken sie die Schaltfläche MITTEILUNG SENDEN an. Dann wird die Funktion `sendMessage()` aufgerufen und die Mitteilung wird an das Websocket-Objekt übergeben.

Und auch das ist nicht allzu schwierig:

1. Übernehmen Sie die Mitteilung aus dem Textfeld. Im Beispiel handelt es sich dabei um das Textfeld `txtMessage`, aus dem der Wert mit JavaScript übernommen wird.
2. Übergeben Sie die Mitteilung an das `websocket`-Objekt, das über eine `send()`-Methode verfügt.
3. Informieren Sie den Nutzer darüber, dass die Mitteilung gesendet wurde. Verwenden Sie dazu das übliche Verfahren. Wenn der Server antwortet, wird die Methode `onMessage()` automatisch aufgerufen.

Einige Anmerkungen zu Websockets

Das Websocket-Protokoll ist zwar kein offizieller Bestandteil von HTML5 mehr, zählt aber noch zum informellen HTML5-Kanon. In alle wichtigen Browser soll diese Funktion in irgendeiner Variante aufgenommen werden. Sie funktioniert aktuell in Safari, Chrome und Firefox (ab Version 4).

Die echten Vorteile von Websockets erschließen sich erst mit der Möglichkeit, eigene Server zu erstellen. Websockets werden wahrscheinlich vorwiegend in zwei Szenarien eingesetzt werden:

- ✔ **Thin Client:** In einigen Anwendungen sollte die Hauptlast vom Server bewältigt werden, während der Client fast nur als Schnittstelle dient. Da die ständig bestehende Verbindung für eine sehr schnelle Client-Server-Kommunikation sorgt, handelt es sich dabei um eine ideale Anwendung für Websockets.
- ✔ **Mehrbenutzeranwendungen:** Wenn mehrere Nutzer miteinander kommunizieren wollen, können sie dies alle über einen zentralen Server tun. Mit Server-Sockets lassen sich diese Verbindungen einfacher als mit den aktuellen Verfahren verwalten.

Web-Worker

Die Rolle des Webs verlagert sich schnell von einer Plattform, die Dokumente bereitstellt, hin zu einem System, das Anwendungen verwaltet. Webbrowser konnten aber bisher nicht die volle Leistungsfähigkeit moderner Prozessoren und Betriebssysteme ausschöpfen.

Letztlich beherrschen alle modernen Betriebssysteme das Multitasking. Viele Rechner besitzen aber immer noch nur eine einzige CPU (Central Processing Unit). Dieser oft auch *Prozessor* genannte Baustein ist gewissermaßen das »Gehirn« eines Computers.

Auf modernen Rechnern, auf denen kein Programm läuft, werden häufig mehr als 50 Prozesse im Hintergrund ausgeführt. (Mit einem Task-Manager können Sie sich bei Ihrem System leicht selbst davon überzeugen.) Die Frage lautet daher, wie ein einzelner Prozessor all diese Programme ausführen kann. Betriebssysteme verwenden clevere Algorithmen, um zwischen den verschiedenen Prozessen umzuschalten und den einzelnen Programmen genügend Rechenzeit zur Verfügung zu stellen, damit sie ihre Arbeit verrichten können. Selbst Rechner mit mehreren Prozessor(kern)en (Dual-Core-Prozessoren zum Beispiel) stehen dabei vor dem Problem, dass mehrere Programme auf dieselben beschränkten Rechnerressourcen zugreifen müssen. Das Betriebssystem kümmert sich automatisch um all dies. Programmierer müssen sich darum daher normalerweise nicht weiter kümmern.

Normalerweise werden Programme als einzelne Prozesse im Arbeitsspeicher ausgeführt, wobei sie sich mit anderen Programmen abwechseln, die ebenfalls vom Betriebssystem verwaltet werden. Beim Webbrowser handelt es sich um ein Programm, das normalerweise in einem einzigen Prozess ausgeführt wird. Das funktionierte gut, solange die Aufgabe der Browser nur in der Verarbeitung von Dokumenten bestand. Mittlerweile arbeiten Webbrowser aber gewissermaßen wie eigenständige Betriebssysteme. Sie verwalten Anwendungen und Programme, was zum Auftreten neuartiger Probleme führen kann.

Das Problem tritt auf, wenn der Browser irgendwelche rechenintensiven Aufgaben übernehmen soll. Nehmen Sie beispielsweise an, dass der Browser einen Schritt eine Million Mal ausführen soll. Das ist nicht sonderlich schwierig, denn dafür reicht bereits eine längere `for`-Schleife aus. Während diese Schleife jedoch abgearbeitet wird, kann der Browser weiter nichts mehr machen. Es bleibt keine Rechenzeit mehr für die Verwaltung der Bedienschnittstelle, die Maus oder andere Aufgaben. Der Browser (und manchmal das gesamte Betriebssystem) reagiert scheinbar nicht mehr, während die CPU mit einem einzigen Problem beschäftigt ist.

Im Bereich der traditionellen Programmierung wird dies dadurch gelöst, dass ein sogenannter *Thread* erstellt wird.

Letztlich handelt es sich dabei um ein neues Miniprogramm, das einen eigenen Platz in der Aufgabenliste der CPU erhält. Erstellen Sie einen Thread, lagern Sie den arbeitsintensiven Code in diesen Thread aus und lassen Sie das Betriebssystem herausfinden, wie es ihn ausführt. Dann bleibt das Hauptprogramm nicht hängen und die Berechnungen können im Hintergrund erfolgen. Wenn die CPU mehrere Kerne besitzt, kann das Betriebssystem hier oft einen der Kerne speziell für den Thread abstellen.

Threading lässt sich bei Webbrowsern bisher noch nicht gut implementieren. Der Browser und der gesamte darin ausgeführte Code lief bisher in einem einzigen Thread, weshalb rechenintensive Aufgabenstellungen leicht Probleme bereiten konnten. Die meisten Programmierer kümmerten sich zudem nicht um das Problem, da die Arbeit mit Threads leicht recht schwierig werden kann. Aber auch wenn es das Auftreten spezieller Probleme wie *Deadlocks* und *Race Conditions* immer zu vermeiden galt, wurde die Thread-Programmierung lange für eine Art schwarze Magie gehalten.

Mit HTML5 wird mit *Web-Workern* eine faszinierende neue Technologie eingeführt. Sie soll leichte und leistungsstarke Möglichkeiten bieten, Browser mit Threading-Funktionen auszustatten.

Im Wesentlichen verrichten Web-Worker ihre Magie wie folgt:

1. **Erstellen Sie Ihre Seite und Ihren JavaScript-Code wie gewohnt.** Web-Worker werden allgemein für Optimierungen benutzt und kommen daher häufig zum Einsatz, wenn irgendwelcher Code zu viel Zeit benötigt. Allgemein isolieren Sie dann einen Codebereich, der die CPU stark belastet.
2. **Identifizieren Sie das *kritische Segment*.** Finden Sie den rechenintensiven Code, der die CPU-Ressourcen verschlingt. Normalerweise handelt es sich dabei um große Schleifen oder umfangreichere Dateninitialisierungen. Dieser Code wird in einen Web-Worker verschoben.
3. **Erstellen Sie eine separate JavaScript-Datei, die das kritische Segment enthält.** Erstellen Sie dazu eine völlig eigenständige Datei mit der Erweiterung `.js`. Diese Datei wird eine oder vielleicht auch mehrere Funktionen mit Code enthalten, der davon profitieren kann, wenn er in einem getrennten Thread läuft.
4. **Erstellen Sie auf der Hauptseite ein `Worker`-Objekt.** Dabei handelt es sich um eine spezielle neue Klasse. Sie erwartet den Namen einer `.js`-Datei (normalerweise auf demselben Server wie die Webseite) als einzigen Parameter. Der Browser erzeugt auf der Grundlage dieser Datei, die das kritische Codesegment enthält, einen Web-Worker.
5. **Geben Sie an, welche Funktion ausgeführt werden soll, wenn Mitteilungen vom Worker zurückgegeben werden.** Web-Worker verwenden einen Algorithmus, bei dem Systembotschaften weitergereicht werden. Der Worker und die Hauptseite sind für die CPU zwei völlig eigenständige Programme. Sie können nur über Botschaften miteinander kommunizieren, die hin- und hergereicht werden. Das `worker`-Objekt besitzt eine eigene Ereignisbehandlungsroutine (einen Handler) namens `onmessage`. Wenn Sie für diese Botschafte eine Funktion einrichten, wird diese jeweils aktiviert, wenn das Hauptprogramm eine entsprechende Botschaften vom Web-Worker erhält.
6. **Schicken Sie dem Web-Worker Botschaften, damit er weiß, was er machen soll.** Der Worker lässt sich ausschließlich über Botschaften steuern. Zu diesem Zweck besitzt das Objekt die Methode `postMessage()`. Wenn Sie dieser Botschaft einen Wert übergeben, wird er an den Worker weitergereicht. Natürlich müssen Sie auch den Worker auf den Empfang der Botschaft vorbereiten und dafür sorgen, dass er dann die richtigen Schritte ausführt.
7. **Erstellen Sie für den Worker eine `onmessage`-Funktion.** Wie die Hauptseite kann auch der Worker (bei dem es sich, wie Sie wissen, ja eigentlich nur um

eine JavaScript-Datei handelt) einen `onevent`-Handler besitzen. Wenn Sie `onevent` mit einer Funktion verknüpfen, wird der Worker diese Funktion immer ausführen, wenn das Ereignis ausgelöst wird.

8. **Schreiben Sie den Code der Funktion.** Beim Worker handelt es sich um ein vom Hauptprogramm völlig unabhängiges Programm. Er weiß nichts von der Webseite oder den dort vorhandenen Objekten. Er kennt nur die ihm übermittelte Botschaft. Er kann (abgesehen von Berechnungen oder der Verarbeitung von Daten) nur Botschaften zurückschicken. Mehr benötigen wir für die meisten Aufgabenstellungen auch gar nicht.

9. **Zerstören Sie das `Worker`-Objekt nach Abschluss der Berechnungen.** Web-Worker benötigen CPU-Zeit und sollten deshalb nach getaner Arbeit terminiert werden, da sie ansonsten im Speicher verbleiben. Der Worker besitzt daher die Methode `terminate()`, die ihn in die ewigen Jagdgründe befördert.

Am besten betrachten Sie dazu ein einfaches Beispiel. Sehen Sie sich erst einmal den folgenden HTML-Code an:

```
<body>
  <h1>Web-Worker-Demo</h1>
  <button onclick = "startWorker()"
          type = "button">
    Web-Worker starten
  </button>
  <button type = "button"
          onclick = "stopWorker()">
    Web-Worker stoppen
  </button>
  <div id = "output">
    0 (Anfangswert)
  </div>
</body>
```

Diese Seite macht kaum mehr, als einige Schaltflächen anzuzeigen, über die die Funktionen `startWorker()` und `stopWorker()` aufgerufen werden. Es gibt auch einen Bereich (`<div id = "output">`) für Ausgaben, in dem die Ergebnisse aller Berechnungen angezeigt werden sollen.

Diese Seite soll von 0 bis 100.000 zählen. Je nach Geschwindigkeit von Rechner und Browser kann dieses Problem durchaus mehr als eine Minute dauern.

Ohne Web-Worker würde Ihr Browser während der Schleifenverarbeitung einfrieren. Mein Code führt die Schleife aber eigentlich gar nicht aus. Stattdessen erstelle ich einen eigenständigen Web-Worker, der die Schleife in einem völlig neuen Prozess ausführt. Der (wie üblich im Header der Seite eingebettete) JavaScript-Code dazu sieht so aus:

```
  //Globale Variablen einrichten
  var worker;
  var output;

  function startWorker(){
    //Worker initialisieren
    worker = new Worker("worker.js");
    output = document.getElementById("output");
    //Wenn Botschaft vom Worker eintrifft,
    //Update-Funktion ausführen
    worker.onmessage = update;
    //Worker starten
    worker.postMessage("start");
} // end startWorker

function update(evt){
  // Seite mit aktueller MeldungBotschaft vom Worker
  // aktualisieren
  output.innerHTML = evt.data;
} // end update

function stopWorker(){
  //Worker stoppen
  worker.terminate();
} // end stopWorker
```

Auch wenn es hier schon um etwas anspruchsvollere Programmierung geht, bleibt der eigentliche Code doch noch recht einfach. Und so wird dieses Beispiel erstellt:

1. **Erstellen Sie einige globale Variablen.** Im gesamten Code muss ich auf ein spezielles `Worker`-Objekt (das ich `worker` nenne) und das `output`-Element zugreifen können. Wie üblich werden die Variablen, die von mehreren Funktionen benutzt werden, außerhalb aller Funktionen deklariert.

2. **Erstellen Sie drei Funktionen.** Mein Code verwendet drei Funktionen (auf einer Website werden später noch mehr hinzukommen). Die Funktion `startWorker()` wird gestartet, wenn ein Nutzer die Schaltfläche WEB-WORKER STARTEN anklickt. Entsprechend wird `stopWorker()` gestartet, wenn ein Nutzer die Schaltfläche WEB-WORKER STOPPEN anklickt. Die Funktion `update()` wird schließlich aufgerufen, wenn das Hauptprogramm eine Botschaft vom Worker-Thread erhält.

3. **Legen Sie fest, welche spezielle Funktion ausgeführt werden soll, wenn eine Botschaft vom Worker empfangen wird.** Dazu nutzen Sie die Eigenschaft `worker.onmessage`. In meinem Beispiel wird die (in Schritt 5 beschriebene) Methode `update()` immer dann aufgerufen, wenn mein Programm eine Botschaft vom Worker erhält. Normalerweise wird dieser Schritt in der Initialisierungsfunktion erledigt.

4. **Übergeben Sie dem Worker eine Botschaft.** Bei einer Botschaft handelt es sich einfach um einen Wert. Da Sie keine andere Möglichkeit haben, um mit dem Worker zu kommunizieren, senden Sie ihm über die Funktion `worker.postmessage()` eine Botschaft. Im Beispiel wird darin einfach der String `"start"` übertragen. Bei der Erstellung des Web-Workers werde ich später noch festlegen müssen, wie er auf diese Botschaft reagieren soll.

5. **Schreiben Sie die `update()`-Funktion.** In Schritt 3 wurde angegeben, dass die Seite bei eintreffenden Botschaften vom Worker eine Funktion namens `update()` ausführen soll. Dazu muss eine Funktion dieses Namens aber auch wirklich existieren. Der Callback-Funktion eines Web-Workers wird automatisch ein einzelner Parameter übergeben, der das aufgetretene Ereignis beschreibt. Dieses Objekt nenne ich `evt` (für »event«).

6. **Geben Sie alle vom Worker eintreffenden Botschaften aus.** Kopieren Sie diese dazu in die `innerHTML`-Eigenschaft des `output`-Objekts. Das Element `evt.data` enthält die vom Worker gesendete Botschaft.

7. **Stopp des Workers auf Anforderung.** Wenn der Benutzer den Worker stoppen will, erledigt die Funktion `stopWorker()` diese Aufgabe. Sie ruft einfach die Methode `terminate()` des Workers auf, die diesen zerstört.

Bisher haben wir nur den Webseitenteil des Systems erstellt. Der Web-Worker befindet sich in einer eigenständigen Datei, die sich glücklicherweise wirklich einfach erstellen lässt. Bei einem Web-Worker kann es sich um beliebigen JavaScript-Code in einer Textdatei mit der Namenerweiterung `.js` handeln. Der Web-Worker wird vom Betriebssystem als eigenständiges, vom Browser völlig unabhängiges Programm ausgeführt. Damit kann es den Browser auch nicht von der Erledigung anderer Aufgaben abhalten. Der Code in einem Worker kann daher aber auch nicht im Bezug zum Browser oder der Seite stehen und mit ihr nicht interagieren. Alle Eingaben erfolgen über Botschaften vom Browser und die Ausgaben erfolgen über an den Browser gerichtete Botschaften. Der Worker kann nicht mit dem lokalen Dokument arbeiten, da er nichts von ihm weiß.

Und so sieht mein einfacher Web-Worker aus, der beim Quellcode in der Datei `worker.js` gespeichert ist:

```
//Das System bei eintreffender Meldung
//runloop ausführen lassen
onmessage = runLoop;

function runLoop(evt){
  if ( evt.data === "start" ) {
      for(i = 0; i < 100000; i++){
        postMessage(i);
      } // end for
      // Am Ende eine Meldung senden
      postMessage("fertig");
  } // end if
} // end runLoop
```

Bei `worker.js` handelt es sich um gewöhnlichen JavaScript-Code, der allerdings Botschaften zur Kommunikation mit der Webseite nutzt:

1. **Ausführung der Funktion `runLoop()` beim Empfang einer Botschaft.** Benutzen Sie das `onmessage`-Verfahren, um den Worker beim Eintreffen von Botschaften die Funktion `runLoop()` ausführen zu lassen.

2. **Erstellen Sie die Funktion `runLoop()`.** Diese übergibt über ihren einzigen Parameter automatisch ein Ereignisobjekt.

3. **Prüfen Sie, ob die Botschaft `"start"` lautet.** Im Beispiel gibt es nur eine einzige mögliche Botschaft. Oft kann es sich aber um mehrere verschiedene Botschaften vom Browser handeln. Daher werden Sie beim eintretenden Ereignis typischerweise prüfen müssen, was getan werden soll.

4. **Starten Sie einen rechenintensiven Prozess.** Im Beispiel zählt der Worker in einer `for`-Schleife bis 100.000. Das dauert in einer gewöhnlichen JavaScript-Schleife lange genug, um den Browser vorübergehend einfrieren zu lassen. Da die Schleife aber in einem separaten Thread ausgeführt wird, sollte der Browser eigentlich überhaupt nicht langsamer werden.

5. **Übergeben Sie den aktuellen Zählerwert zurück an den Browser.** Sie können die Methode `postmessage()` verwenden, um irgendwelche Daten zurück zum Browser zu übertragen. Im Beispiel handelt es sich dabei um den jeweiligen aktuellen Zählerwert. Dieser startet die `update()`-Funktion des Browser, die wiederum den Ausgabebereich aktualisiert.

6. **Übergeben Sie eine andere Botschaft, wenn der Prozess abgeschlossen ist.** Das ist zwar nicht unbedingt nötig, gehört aber zum guten Ton. Dann weiß das Hauptprogramm, dass die Berechnungen abgeschlossen wurden ... und der Worker kann terminiert werden oder es können ihm möglicherweise andere Aufgaben übertragen werden.

Das Worker-Beispiel funktionierte in allen getesteten Browsern (Firefox, Opera und Chrome in verschiedenen Versionen) mit Ausnahme des Internet Explorer. Allerdings waren die Browser außer Chrome dabei erschreckend langsam und erinnerten eher an die Rechner-Urzeiten des IBM-PC, als an moderne Rechner.

Arbeiten mit canvas

In diesem Kapitel ...

- canvas-Grundlagen
- Vorschau auf Füll- und Strichstile
- Einfache geometrische Objekte erstellen
- Komplexe Formen zeichnen
- Mit Bildern arbeiten
- Transformationen
- Animationen implementieren
- Ein Blick auf Pixelmanipulationen

8

Das canvas-Element ist eine der interessantesten Neuerungen in HTML5. Dabei handelt es sich zwar um ein HTML-Tag, das aber ohne JavaScript-Programmierung recht nutzlos ist. Das canvas-Tag stellt einen Grafikkontext und damit eine Art Leinwand oder Zeichenfläche bereit, bei der es sich um einen Bereich der Webseite handelt, in dem mit JavaScript-Befehlen Zeichnungen erstellt werden können.

Das canvas-Element bietet einen reichhaltigen Werkzeugsatz und Zeichenoperationen, die für eine Art Revolution im Web sorgen könnte. Entsprechende Innovationen in Verbindung mit Fortschritten hinsichtlich der Geschwindigkeit der JavaScript-Engines könnten sehr gut zu neuen Nutzungsmöglichkeiten des Webs führen. Einige Programmierer nutzen bereits in den von ihnen entwickelten Spielen das canvas-Tag und JavaScript. Vor ein paar Jahren wäre dafür noch Flash oder Java erforderlich gewesen. Zudem könnte die Flexibilität des canvas-Elements zu völlig neuen visuellen Werkzeugen und Entwicklungen führen, die nicht auf HTML basieren und deutliche Auswirkungen auf die Nutzerfreundlichkeit und Bedienschnittstellen haben könnten.

Das canvas-Tag wird von Chrome, Safari, Opera und Firefox (ab Version 4) und damit von nahezu allen aktuellen Browsern unterstützt. Selbst der Internet Explorer ist seit Version 9 mit von der Partie.

Auch wenn viele der Funktionen des canvas-Elements (Schatten, Transformationen und Bilder) auch von anderen HTML5-Funktionen geboten werden, fällt die Implementierung der verschiedenen `canvas`-Elemente in allen Browsern identisch aus, von denen es unterstützt wird.

Die Quellcodebeispiele stehen unter `www.downloads.fuer-dummies.de` für Sie zum Download bereit.

Wenn Sie das `canvas`-Element in älteren Versionen des Internet Explorer unterstützen wollen oder müssen, sollten Sie sich einmal das Projekt *ExplorerCanvas* ansehen.

canvas-Grundlagen

Beginnen werde ich mit einer einfachen Demonstration des `canvas`-Tags. Die `canvas`-Variante von »Hello World« erzeugt eine einfache Leinwand und zeichnet darauf ein Rechteck.

Das canvas-Element einrichten

Erstellen Sie zunächst ein HTML-Dokument, in dem das `canvas`-Tag verwendet werden soll. Typischerweise geben Sie dabei die Parameter `width`, `height` und `id` für Breite, Höhe und Namen des Elements an:

```
<canvas id = "surface"
        width = "200"
        height = "200">
  <p>Das canvas-Tag wird von Ihrem Browser nicht
     unterstützt ...</p>
</canvas>
```

Innerhalb des `canvas`-Tags können Sie beliebigen HTML-Code einfügen, der dann angezeigt werden soll, wenn es vom Browser nicht unterstützt wird. Typischerweise werden Sie hier einfach irgendeine Mitteilung einfügen, die den Nutzer darüber informiert, dass da etwas nicht funktioniert.

Ohne JavaScript-Code passiert auf der Zeichenfläche rein gar nichts. Häufig werden Sie daher eine Funktion verwenden, die etwas auf den Bildschirm zeichnet.

Meine `draw()`-Funktion die vom `onload`-Ereignis des `body`-Tags aufgerufen wird, sieht so aus:

```
function draw(){
  var canvas = document.getElementById("surface");
  if (canvas.getContext){
    var con = canvas.getContext('2d');
    con.fillStyle = "rgb(255, 255, 0)";
    con.fillRect(40, 140, 150, 50);
    con.strokeStyle = "#FF0000";
    con.lineWidth = "5";
    con.strokeRect(60, 100, 100, 100);
  } // end if
} // end draw
```

Die Funktion `draw()` verdeutlicht alle wesentlichen Ansätze der Arbeit mit dem `canvas`-Tag. So können Sie eine einfache Zeichnung anzeigen:

1. **Erzeugen Sie eine Variablenreferenz für `canvas`.** Um eine Variable zu erstellen, die auf das `canvas`-Element verweist, nutzen Sie das Standardverfahren `getElementById()`.

2. **Übernehmen Sie den Grafikkontext vom `canvas`-Element.** `canvas`-Elemente besitzen einen *Grafikkontext*, bei dem es sich um ein spezielles Objekt handelt, das alle dem `canvas`-Element bekannten Zeichenmethoden kapselt. Die meisten Browser unterstützen heute einen 2D-Kontext, 3D-Unterstützung ist aber geplant.

3. **Setzen Sie die Kontexteigenschaft `fillStyle`.** Diese Eigenschaft gibt an, wie gefüllte Bereiche (wie Rechtecke) mit Farbe gefüllt werden. Bei der grundlegenden Variante geben Sie einen CSS-Farbwert an. Im Abschnitt »Füllstile und -muster« weiter hinten in diesem Kapitel erfahren Sie mehr über das Füllen von Formen mit Farben, Gradienten oder Mustern.

4. **Erstellen Sie ein gefülltes Rechteck.** Der Grafikkontext kennt einige vordefinierte geometrische Formen. Ein Rechteck lässt sich recht einfach erstellen. Dafür werden mit `x`, `y`, `width` und `height` vier Parameter benötigt. Über die Koordinaten `x` und `y` wird die Position der oberen linken Ecke des Rechtecks angegeben. Über die beiden anderen Parameter legen Sie die Breite (`width`) und Höhe (`height`) und damit die Größe des Rechtecks fest. Alle Angaben erfolgen in Pixeln. Im Abschnitt »Einfache Formen zeichnen« weiter hinten in diesem Kapitel erfahren Sie mehr über die verschiedenen einfachen Formen, die Sie erstellen können lassen.

Die Funktionsweise von canvas

Auf Einzelheiten werde ich im weiteren Verlauf dieses Kapitels noch eingehen. Vorab ist es aber hilfreich, wenn Sie bereits einen allgemeinen Überblick über die Funktionsweise von `canvas` haben.

Das `canvas`-Element kennt im Wesentlichen eigentlich nur die beiden Zeichenfunktionen `fill` und `stroke`. Beim Zeichnen handelt es sich zumeist um einen aus zwei Schritten bestehenden Prozess. Erst definieren Sie irgendeine Form (ein Rechteck, einen Bogen oder eine Reihe von Linien) und dann sorgen Sie dafür, dass deren Umrisse und/oder Füllungen gezeichnet werden. `stroke` zeichnet einfach eine Linie. Wenn es sich dabei um ein Rechteck handelt, sehen Sie dessen Umrisse, die aber nicht gefüllt werden. Mit `fill` wird die Füllung der Form und damit deren Innenbereich gezeichnet oder auch ausgefüllt.

Über die Eigenschaft `fillStyle` können Sie einen Füllstil und damit eine Farbe und ein Muster festlegen, die anschließend vom `fill`-Befehl verwendet werden. Sie können über `strokeStyle` auch angeben, in welchem Stil die Umrisse der Formen anschließend von `stroke`-Befehlen gezeichnet werden.

Komplexere Formen lassen sich über Pfade definieren und zeichnen, bei denen es sich um eine Abfolge von Befehlen zum Zeichnen von Linien handelt. Sie können Pfade zum Zeichnen von Linien und gefüllten Formen verwenden.

Sie können komplette Bilder oder Teile derselben auf die Zeichenfläche bringen und dabei auch mit Texten in verschiedenen Schriftarten und -farben arbeiten. Und sogar Schatteneffekte stehen für Ihre Textelemente und Bilder bereit.

Über das `canvas`-Objekt erhalten Sie Zugriff auf die zugrunde liegenden Daten eines Bildes. Sie können die Bilddaten beliebig transformieren und auch die Farbbalance, die Helligkeit und andere Parameter ändern.

Sie können all Ihre Objekte *transformieren*. Über Transformationen können Sie beliebige Elemente (Texte, Zeichnungen oder Bilder), die sich auf der Zeichenfläche befinden, verschieben, in der Größe ändern oder drehen.

Und schließlich können Sie JavaScript-Animationen und Schnittstellenwerkzeuge dazu benutzen, um eigene Animationen zu erstellen, die Elemente in Echtzeit automatisch oder vom Nutzer gesteuert auf dem Bildschirm bewegen.

Füllstile und -muster

Bei nahezu allen `canvas`-Operationen spielen Füll- oder Umrissstile eine Rolle. Um das `canvas`-Element optimal nutzen zu können, müssen Sie verstehen, wie sie funktionieren. Es gibt drei primäre Stilelemente, mit denen Sie Füllungen und Umrisse von Formen gestalten können: Farben, Gradienten und Muster.

Farben

Es gibt einige Stellen, an denen Sie im `canvas`-API Farbwerte angeben können. Allgemein können Sie die in CSS und HTML übliche Vorgehensweise zur Angabe nutzen:

✔ **Sechsstellige Hex-Werte:** Beim gängigsten Verfahren werden Farben über das in CSS übliche Schema mit sechs Hexadezimalziffern verwaltet, bei dem jeweils zwei Ziffern für Rot, Grün und Blau verwendet werden. Dem Hex-Wert wird ein Nummernzeichen (Doppelkreuz) vorangestellt. `#FF0000` steht so beispielsweise für Rot und `#FFFF00` für Gelb.

✔ **Dreistellige Hex-Werte:** In hexadezimalen Werten wiederholen sich oft jeweils zwei Ziffern. Daher können Sie für diese Werte abkürzend auch dreiziffrige Angaben verwenden. Dabei steht `#F00` dann beispielsweise für Rot und `#FF0` für Gelb.

✔ **Farbnamen:** Häufig können Sie vordefinierte Farbnamen verwenden, die der englischen Sprache entlehnt wurden, wie beispielsweise `red` oder `yellow`. Gängige englische Farben funktionieren zwar üblicherweise, die Browser unterstützen aber nicht unbedingt dieselbe Menge von Farbnamen. `lightblue` funktioniert ja zumeist noch, aber mit `papayayellow` (für Melonengelb) dürften Sie wenig Erfolg haben.

✔ **RGB- und RGBA-Werte:** Mithilfe der `rgb()`-Funktion können Sie Farben über Ganzzahlen (`0` bis `255`) oder Prozentangaben (`0%` bis `100%`) festlegen. Rot entspricht dabei beispielsweise `rgb(255, 0, 0)` und Gelb `rgb(100%, 100%, 0%)`. Beachten Sie, dass die `rgb`-Funktion wie alle anderen Farbwerte in Hochkommas verwendet werden muss. Wenn Sie zusätzlich einen Alphawert verwenden wollen, fügen Sie einen vierten Parameter hinzu, der zwischen `0` und `1` liegen muss. Transparent-Rot wäre dann `rgba(255, 0, 0, 0.5)`.

✔ **HSL und HSLA:** Die beiden neuen `hsl`- und `hsla`-Farbformate sollen vom `canvas`-Element ebenfalls unterstützt werden, momentan können Sie sich darauf aber noch nicht bei allen Browsern verlassen.

Beachten Sie, dass die verschiedenen Angaben für die Farbwerte immer in Anführungszeichen gesetzt werden müssen. Beim Farbparameter handelt es sich um einen String, der als CSS-Farbe interpretiert werden kann.

Gradienten

Sie können eine Form auch mit Gradienten füllen. `canvas`-Gradienten werden in zwei Schritten definiert:

- ✔ **Erstellen Sie ein Gradient-Objekt.** Dafür wurden zwei Methoden in das Kontextobjekt integriert. Eine erstellt einen linearen, die andere einen radialen Gradienten.
- ✔ **Fügen Sie `ColorStop`-Punkte hinzu.** Dabei handelt es sich um ein spezielles Element, über das sich Farben zu Gradienten hinzufügen lassen. Sie können beliebig viele Farben hinzufügen und auch angeben, an welcher Stelle sie entlang des Farbverlaufs angezeigt wird.

Der folgende Code erstellt einen radialen und einen linearen Gradienten auf der Zeichenfläche:

```
function draw(){
  var drawing = document.getElementById("drawing");
  var con = drawing.getContext("2d");

  // Linearen Gradienten erstellen
  lGrad = con.createLinearGradient(0,0,100,200);

  lGrad.addColorStop(0, "#FF0000");
  lGrad.addColorStop(.5, "#00FF00");
  lGrad.addColorStop(1, "#0000FF");

  con.fillStyle = lGrad;
  con.fillRect(0, 0, 100, 200);

  // Radialen Gradienten erstellen
  rGrad = con.createRadialGradient(150, 100, 0, 150, 100, 100);
  rGrad.addColorStop(0, "#FF0000");
  rGrad.addColorStop(.5, "#00FF00");
  rGrad.addColorStop(1, "#0000FF");
```

```
  con.fillStyle = rGrad;
  con.fillRect(100,0, 200, 200);
} // end draw
```

Das Ergebnis dieses Codes zeigt Abbildung 8.1.

Abbildung 8.1: Ein linearer und ein radialer Gradient

Bei einem *linearen* Gradienten verlaufen die Farben entlang einer geraden Linie. Um einen solchen Gradienten zu definieren, führen Sie die folgenden Schritte durch:

1. **Erstellen Sie eine Variable zur Aufnahme des Gradienten.** Gradienten sind ein wenig komplexer als einfache Farben, weshalb sie in Variablen gespeichert werden, um wiederholt genutzt werden zu können.
2. **Erstellen Sie den Gradienten.** Nutzen Sie die Methode `createLinearGradient()` des Kontextobjekts, um einen linearen Gradienten zu erstellen.
3. **Definieren Sie den Gradientenpfad.** Die Methode `createLinearGradient()` erwartet vier Parameter (`x1`, `y1`, `x2`, `y2`), die eine Linie definieren. Die Farben stehen rechtwinklig zu dieser Linie, daher müssen Sie vertikale Linien zeichnen, wenn Sie horizontale Farbbänder erstellen wollen. In meinem Beispiel zeichne ich eine diagonale Linie, um schräg verlaufende Farbbänder zu erhalten. Die Linie erstreckt sich typischerweise zwar über die gesamte Breite oder Höhe des Elements, das muss aber nicht so sein. Wenn

die Linie nicht bis zum Rand des Elements reicht, wird dem übrigen Bereich automatisch eine Farbe vom nächsten Ende des Gradienten zugeordnet.

4. **Fügen Sie `ColorStop`-Elemente hinzu.** Farbverläufe wären ohne Farben naturgemäß witzlos. Mit der Methode `addColorStop()` des Gradientenobjekts können Sie einzelne Farben in den Verlauf einfügen. Für die einzelnen `ColorStop`-Elemente müssen Sie jeweils die beiden Parameter Position und Farbe angeben. Bei der Position handelt es sich um einen Wert zwischen `0` und `1`, der angibt, wo auf der Gradientenlinie sich die Farbe befinden soll. `0` steht für den Anfang, `1` für das Ende. Die anderen Werte befinden sich dazwischen. Bei dem Farbparameter handelt es sich um einen Textwert, der als CSS-Farbe interpretiert werden kann. (Dabei können Sie auf alle im letzten Abschnitt vorgestellten Verfahren zurückgreifen.) Sie sollten immer mindestens zwei `ColorStop`-Werte für einen Gradienten definieren (Anfangs- und Endfarbe).

5. **Nutzen Sie den Farbverlauf als Füllmuster.** Weisen Sie dazu der Kontexteigenschaft `fillStyle` den Wert der eben erstellten Variablen zu. Für alle nachfolgenden Füllvorgänge wird dann der Gradient verwendet (sofern `fillStyle` nicht auf einen anderen Wert gesetzt wird).

Bei radialen Farbverläufen gehen Sie ähnlich vor, nur dass bei diesen keine geraden Farblinien, sondern kreisförmige Farbbänder gezeichnet werden. Die erste Farbe wird für die Kreismitte und die letzte für die äußeren Farbbereiche verwendet. Die Abfolge der Befehle ähnelt dann der beim linearen Farbverlauf. Der einzige wirkliche Unterschied ist der Befehl zum Erstellen des Farbverlaufs.

Um einen radialen Gradienten zu erstellen, benutzen Sie die Methode `createRadialGradient()` des Kontextobjekts. Dieser Befehl erwartet üblicherweise sechs Parameter:

- ✔ **`beginX`:** Die x-Position des Anfangspunkts. Dabei handelt es sich oft um den Mittelpunkt Ihrer Form.
- ✔ **`beginY`:** Legt zusammen mit `beginX` die Position des Anfangspunkts Ihres Gradienten fest.
- ✔ **`beginRadius`:** Der Radius des mittleren Kreises. Üblicherweise ist er null; wenn Sie die zentrale Farbe betonen und für eine größere Fläche verwenden wollen, können Sie ihn aber auch größer machen.
- ✔ **`endX`:** Beschreibt die x-Position des Endkreises. Typischerweise ist dieser Wert mit `beginX` identisch.

- **endY:** Definiert zusammen mit endX die Position des Endkreises. Wenn die Anfangs- und Endkreise dieselbe Position haben, erhalten Sie einen kreisförmigen Gradienten. Wenn Sie eine abweichende Endposition verwenden, erhalten Sie einen Farbverlauf, der in eine bestimmte Richtung gestreckt wird.
- **endRadius:** Über den Endradius legen Sie fest, wo sich der letzte Farbgradient befindet. Kleinere Werte für diesen Radius führen zu einem stärker konzentrierten Verlauf (beim Wert 1 bleibt nur noch ein Pixel übrig), während die Farben bei höheren Werten weiträumiger verteilt werden.

Wenn der Gradient erst einmal definiert ist, arbeitet die Methode `addColorStops()` genau wie bei linearen Gradienten. Der vom Befehl `addRadialGradient()` erstellte Wert wird üblicherweise in einer Variablen gespeichert, damit sie für mehrere nachfolgende `fillStyle()`-Aufrufe verwendet werden kann.

Füllmuster

Muster (*Pattern*) sind Bilder, die als eine Art Stempel für Füllungen oder Umrandungen verwendet werden können. Sie können zwar beliebige Bilder als Muster verwenden, zumeist empfiehlt es sich aber, solche zu nehmen, die speziell für die Nutzung als Muster entworfen wurden.

Durch Spiegeln können Sie Bilder in vierfacher Größe erstellen, deren Seiten nahtlos zueinander passen.

Auch für *Kacheln (Tiles)* gibt es im Internet eine Menge Quellen. Wenn Sie erst einmal ein Bild gefunden haben, das Sie als Füllmuster/Stempel verwenden wollen, können Sie es so im `canvas`-Tag implementieren:

```
function draw(){
  var drawing = document.getElementById("drawing");
  var con = drawing.getContext("2d");
  var texture = document.getElementById("texture");

  pFill = con.createPattern(texture, "repeat");
  con.fillStyle = pFill;

  con.fillRect(10,150,190,150);

  con.font = "40px sans-serif";
  con.fillText("Muster!", 20, 80);
```

```
  con.strokeStyle = pFill;
  con.lineWidth = 5;
  con.strokeRect(10, 10, 180, 100);
} // end draw
```

Das Ergebnis dieses Codes zeigt Abbildung 8.2.

Abbildung 8.2: Muster für Rahmen und Füllungen

Derartige Muster lassen sich aus Bildern recht einfach erstellen:

1. **Verschaffen Sie sich Zugriff auf ein Bildelement.** Sie benötigen ein JavaScript-Bildobjekt, das Ihnen als Grundlage für das Muster dienen kann. Dazu stehen Ihnen zwar eine Reihe verschiedener Möglichkeiten zur Verfügung, recht einfach ist es aber, das Bild irgendwo in Ihrem HTML-Code zu erstellen, es mithilfe der Formatanweisung `display:none` zu verstecken und das übliche Verfahren über `document.getElementById()` zu benutzen, um auf das Bild zuzugreifen. (Im Abschnitt »Bilddateien« weiter hinten in diesem Kapitel erfahren Sie mehr über alternative Möglichkeiten zum Laden von Bildern.)

2. **Erstellen Sie eine Variable für das Muster.** Wie Gradienten lassen sich auch Muster wiederholt verwenden und zu diesem Zweck in Variablen speichern.

3. **Erstellen Sie das Muster.** Mit der Methode `createPattern()` des Kontextelements machen Sie ein Bild zum Füllmuster.

4. **Geben Sie einen Wert für die Art der Wiederholung an.** Der zweite Parameter gibt an, wie das Muster wiederholt wird. Der Standardwert lautet `"repeat"`, bei dem das Muster auf der x- und der y-Achse unendlich oft wiederholt wird. Wenn sich Ihr Muster nicht als Kachel eignet, werden Ihnen sichtbare Übergänge zwischen den Bildern auffallen. Sie können für die Wiederholung auch die Werte `reapeat-x`, `repeat-y` oder `no-repeat` angeben.
5. **Weisen Sie die Variable mit dem definierten Muster `fillStyle` und/oder `strokeStyle` des Kontextobjekts zu.** Führen Sie dann die Befehle aus, um die Formen oder deren Umrahmungen zu zeichnen.

Einfache Formen zeichnen

Einige einfache Formen lassen sich direkt in den Grafikkontext zeichnen. Am häufigsten wird es sich dabei um Rechtecke und Text handeln, denen Sie bei Bedarf auch Schatten zuordnen können.

Rechtecke zeichnen

Sie können drei verschiedene Arten von Rechtecken zeichnen:

✔ **`clearRect(x, y, w, h)`:** Löscht ein Rechteck mit der linken oberen Ecke (`x, y`) und der Größe (`w, h`). Generell wird der entsprechende Bereich beim Löschen mit der Hintergrundfarbe gefüllt.

✔ **`fillRect(x, y, w, h)`:** Zeichnet ein Rechteck mit der linken oberen Ecke (`x, y`) und der Größe (`w, h`). Das Rechteck wird entsprechend dem aktuell festgelegten Wert der Eigenschaft `fillStyle` gefüllt.

✔ **`strokeRect(x, y, w, h)`:** Zeichnet ein Rechteck mit der linken oberen Ecke (`x, y`) und der Größe (`w, h`). Das Rechteck wird nicht gefüllt, seine Umrisse werden aber entsprechend dem aktuell festgelegten Wert der Eigenschaft `strokeStyle` und in der aktuell über die Eigenschaft `lineWidth` festgelegten Linienbreite gezeichnet.

Abbildung 8.3 zeigt zwei Rechtecke.

Abbildung 8.3: Zwei Rechtecke

Der Code, mit dem Abbildung 8.3 erzeugt wurde, sieht so aus:

```
function draw(){
  var drawing = document.getElementById("drawing");
  var con = drawing.getContext("2d");

  con.fillStyle = "red";
  con.strokeStyle = "green";
  con.lineWidth = "5";

  con.fillRect(10, 10, 180, 80);
  con.strokeRect(10, 100, 180, 80);
} // end draw
```

Text zeichnen

Das `canvas`-Tag bietet umfassende Textunterstützung. Sie können Text an beliebiger Stelle in beliebigem Stil und in beliebiger Größe auf der Zeichenfläche einfügen.

Abbildung 8.4 zeigt ein wenig Text auf der Zeichenfläche.

Abbildung 8.4: Eine Zeichenfläche mit ein wenig Text

Beim Einzeichnen von Text auf der Zeichenfläche wählen Sie im ersten Schritt die gewünschte Schriftart aus. Diese weisen Sie dann dem `font`-Attribut des Kontextobjekts zu. Das Format entspricht dem Kurzformat, das Sie auch in CSS beim Zuweisen von Schriftarten verwenden können. Sie können alle Merkmale des Fonts in derselben Reihenfolge angeben, die Sie auch bei der CSS-Kurzform verwenden. Das wäre also `style`, `variant`, `weight`, `size`, `family` oder in einem Formatierungsbeispiel `italic small-caps bold 120% myfontname`.

Um den eigentlichen Text auf den Bildschirm zu bringen, verwenden Sie die Methode `fillText()`, die drei Parameter erwartet. Beim ersten handelt es sich um den anzuzeigenden Text. Bei den beiden weiteren handelt es sich dann um die x- und die y-Position der linken unteren Ecke des Textes. Mit diesem Code wurde Abbildung 8.4 erzeugt:

```
function draw(){
  var drawing = document.getElementById("drawing");
  var con = drawing.getContext("2d");

  // Hintergrund leeren
  con.fillStyle = "white";
  con.fillRect(0,0, 200, 200);
```

```
    // Rote Schrift
    con.fillStyle = "red";
    con.font = "20pt sans-serif";
    con.fillText("Canvas Rocks!", 5, 100);
    con.strokeText("Canvas Rocks!", 5, 130);
} // end draw
```

Formen mit Schatten verzieren

Alles, was Sie auf die Zeichenfläche zaubern, können Sie auch mit Schatten verzieren. Um sie zu erstellen, müssen Sie einige Methoden des Kontextobjekts nutzen:

- **`shadowOffsetX`:** Legt fest, wie weit der Schatten entlang der x-Achse verschoben wird. Meist wird dieser Wert zwischen `0` und `5` liegen. Bei einem positiven Wert wird der Schatten nach rechts verschoben. Ändern Sie diesen Wert und `shadowOffsetY`, um die Position der Lichtquelle zu verlagern.
- **`shadowOffsetY`:** Legt fest, wie weit der Schatten entlang der y-Achse verschoben wird. Bei einem positiven Wert wird der Schatten nach unten verschoben. Allgemein sollten Sie für alle Schatten auf einer Seite dieselben Werte für x- und y-Verschiebung verwenden, um den Eindruck einer einheitlichen Beleuchtung zu vermitteln.
- **`shadowColor`:** Legt die Farbe des Schattens fest. Meist dürfte hier Schwarz verwendet werden, bei Bedarf können Sie aber auch andere Farben wählen.
- **`shadowBlur`:** Über diesen Wert können Sie steuern, ob der Schatten scharf oder weich gezeichnet wird. Beim Wert `0` erhalten Sie einen Schatten mit extrem scharfen Rändern. Der Wert `5` führt zu einem viel stärker verwischten Schatten. Zudem führen höhere Werte allgemein zu Aufhellungen der Schattenfarbe.

Wenn Sie Schatten auf Text anwenden, sollten Sie auf dessen Lesbarkeit achten. Möglicherweise werden Sie diese Parameter nachträglich daher häufiger nachregeln müssen. Klare, einfache Schriften sind bei der Verwendung von Schatten jedenfalls meist zu bevorzugen.

Wenn Sie die Schattenmerkmale festgelegt haben, werden sie für alle nachfolgenden entsprechenden Zeichenbefehlen genutzt. Wenn Sie Schatten abschalten wollen, setzen Sie `shadowColor` unter Verwendung des RGBA-Modells auf transparent.

Dieser Code zeigt Text mit Schatten:

```
function draw(){
  var drawing = document.getElementById("drawing");
  var con = drawing.getContext("2d");

  // Hintergrund leeren
  con.fillStyle = "white";
  con.fillRect(0,0, 200, 200);

  // Rote Schrift
  con.fillStyle = "red";
  con.font = "18pt sans-serif";

  // Schatten hinzufügen
  con.shadowOffsetX = 3;
  con.shadowOffsetY = 3;
  con.shadowColor = "black";
  con.shadowBlur = 5;
  con.fillText("Canvas Rocks!", 5, 100);
} // end draw
```

Komplexere Formen zeichnen

Um komplexere Formen zu zeichnen, arbeiten Sie mit Pfaden. Ein *Zeichenpfad (Path)* wird einfach mit einer Reihe von Befehlen definiert, die auf den Grafikkontext angewendet werden. Sie können sich einfach vorstellen, dass zu diesem Zweck Bewegungen eines Zeichenstifts aufgenommen und wiedergegeben werden. Das folgende Beispiel zeichnet ein blaues Dreieck mit rotem Rand:

```
function draw(){
  var drawing = document.getElementById("drawing");
  var con = drawing.getContext("2d");
    con.strokeStyle = "red";
    con.fillStyle = "blue";
    con.lineWidth = "5";
    con.beginPath();
      con.moveTo(100, 100);
      con.lineTo(200, 200);
```

```
      con.lineTo(200, 100);
      con.lineTo(100, 100);
    con.closePath();
    con.stroke();
    con.fill();
} // end draw
```

Mit dem hier abgedruckten Code wurde Abbildung 8.5 erstellt.

Abbildung 8.6: Ein als Pfad gezeichnetes Dreieck

Das Zeichnen von Pfaden ist kaum komplexer als das Zeichnen einfacher Formen, muss aber um ein paar Schritte erweitert werden.

1. **Erzeugen Sie den Grafikkontext.** Am Anfang der Arbeit mit `canvas` erstellen Sie immer zwei Variablen. Eine für die Zeichenfläche und eine für den Grafikkontext.
2. **Legen Sie die Werte für `strokeStyle`, `fillStyle` und `lineWidth` fest.** Dabei handelt es sich zunächst um die Farbe (oder das Muster) der Umrandung, die Farbe (das Muster) der Füllung und die Linienstärke (in Pixeln).
3. **Definieren Sie den Anfang Ihres Pfades.** Bei einem Pfad handelt es sich um eine Abfolge von Zeichenbefehlen, deren Definition mit der Methode `beginPath()` eingeleitet wird.

4. **Bewegen Sie den Zeichenstift mit dem Befehl `moveTo(x,y)` an einen bestimmten Punkt auf dem Bildschirm, ohne dabei zu zeichnen.**

5. **Zeichnen Sie Linien.** Der Befehl `lineTo(x, y)` zeichnet eine Line von der aktuellen Stiftposition bis zu den angegebenen `(x, y)`-Koordinaten. (In den nachfolgenden Abschnitten werden Sie noch weitere Zeichenbefehle kennenlernen.)

Beachten Sie, dass die Linie damit noch nicht angezeigt wird. Dafür wird erst in Schritt 7 gesorgt.

1. **Schließen Sie den Pfad.** Wenn Sie die Pfaddefinition abgeschlossen haben, verwenden Sie die Funktion `closePath()`, um darauf hinzuweisen.

2. **Zeichnen Sie die Linien oder füllen Sie eine von einem Pfad eingeschlossene Fläche.** Wenn Sie einen Pfad definieren, wird er nicht gleich angezeigt. Das passiert erst beim Aufruf der Funktionen `stroke()` oder `fill()`. Der Befehl `stroke()` zeichnet entsprechend den über `strokeStyle` und `lineWidth` festgelegten Parameter eine Linie am definierten Pfad entlang. Wenn der Pfad keine geschlossene Form bildet, zeichnet der Befehl `fill()` eine Linie vom Endpunkt zum Anfangspunkt des Pfades, um die Form zu schließen. Generell füllt `fill()` den Pfad mit der Farbe, dem Gradienten oder dem Muster, die über die Eigenschaft `fillStyle` festgelegt wurden.

Beachten Sie, dass die Funktion `closePath()` Formen schließt und Verbindungslinien zwischen dem ersten und dem letzten Punkt eines Pfades erstellt. Soll ein Pfad offen bleiben, verwenden Sie den Befehl `stroke()` vor `closePath()`. Bevor Sie einen neuen Pfad erstellen können, müssen Sie weiterhin `closePath()` aufrufen.

Die Methode `lineTo()` selbst zeichnet keine Linien! Mit ihr definieren Sie lediglich den Pfad. Dieser bleibt aber unsichtbar, bis einer der Befehle `stroke()`, `closePath()` oder `fill()` ausgeführt wird.

Optionen beim Zeichnen von Linien

Wenn Sie mit der Funktion `stroke()` arbeiten, steht Ihnen zum Ändern der Breite und des Aussehens von Linien eine ganze Reihe interessanter Optionen zur Verfügung. Abbildung 8.6 zeigt ein paar dieser Alternativen.

Abbildung 8.6: Linien in verschiedenen Varianten

Der Code, mit dem Abbildung 8.6 erstellt wurde, sieht so aus:

```
function draw(){
  var drawing = document.getElementById("drawing");
  var con = drawing.getContext("2d");

  // Breite und Farbe der Linien ändern
  con.strokeStyle = "red";
  con.lineWidth = 10;

  con.lineJoin = "round"
  con.beginPath();
  con.moveTo(10, 40);
  con.lineTo(20, 10);
  con.lineTo(30, 40);
  con.stroke();
  con.closePath();

  con.strokeStyle = "blue";
  con.lineJoin = "bevel"
  con.beginPath();
  con.moveTo(40, 40);
  con.lineTo(50, 10);
```

```
    con.lineTo(60, 40);
    con.stroke();
    con.closePath();
    con.lineJoin = "miter";
    con.strokeStyle = "green"

    // Eine einfache Linie zeichnen
    con.beginPath();
    con.moveTo(70, 40);
    con.lineTo(80, 10);
    con.lineTo(90, 40);
    con.stroke();
    con.closePath();

    // Linienenden
    con.lineCap = "butt";
    con.strokeStyle = "red"
    con.beginPath();
    con.moveTo(10, 100);
    con.lineTo(90, 100);
    con.stroke();
    con.closePath();

    con.lineCap = "round";
    con.strokeStyle = "blue"
    con.beginPath();
    con.moveTo(10, 120);
    con.lineTo(90, 120);
    con.stroke();
    con.closePath();

    con.lineCap = "square";
    con.strokeStyle = "green"
    con.beginPath();
    con.moveTo(10, 140);
    con.lineTo(90, 140);
    con.stroke();
    con.closePath();
} // end draw
```

Der Code ist zwar recht lang, aber auch einigermaßen repetitiv. Letztlich finden Sie darin nur ein paar neue Elemente:

- ✔ **`strokeStyle`:** Zur Angabe, wie die Linie gezeichnet werden soll, können Sie diesem Kontextattribut einen Farbwert, einen Gradienten oder ein Muster zuweisen.
- ✔ **`lineWidth`:** Dient der Festlegung der Linienbreite in Pixeln.
- ✔ **`lineJoin`:** Die Eigenschaft `lineJoin` legt fest, wie Ecken im Pfad gezeichnet werden. Die Vorgabevariante ist `"miter"` (erzeugt scharfe Ecken). Sie können auch `"bevel"` (abgekantet) oder `"round"` (abgerundet) wählen. (Diese Varianten werden in Abbildung 8.6 im oberen Beispiel von rechts nach links dargestellt.)
- ✔ **`lineCap`:** Zudem können Sie festlegen, wie die Linienenden gezeichnet werden.

Verwenden Sie `"round"`, um abgerundete Enden zu erzeugen. `"square"` und `"butt"` sorgen für gerade abgeschnittene Linienenden. Beide sehen beinahe identisch aus, aber `"square"` sorgt dafür, dass die Linie optisch auf die gleiche Länge wie mit `"round"` gebracht wird, während sie bei `"butt"` (Stummel) genau bei der angegebenen Länge endet.

Bogen und Kreise erstellen

Für Bogen und Kreise stehen beim Zeichnen von Pfaden spezielle Funktionen bereit. Diese Formen werden ähnlich wie Linien als Teil eines Pfades erstellt. Wenn der Pfad fertig definiert wurde, nutzen Sie die Befehle `stroke()` oder `fill()`, um sie wirklich zu zeichnen.

Bogen und Kreise lassen sich beide mit der Methode `arc()` erstellen. Gehen Sie dazu so vor:

1. **Legen Sie Strich- und/oder Füllstil fest.** Wie bei allen Befehlen, mit denen Sie Pfade zeichnen, müssen Sie diese bei Bedarf vor dem Zeichnen des Bogens ändern.
2. **Beginnen Sie einen Pfad.** Bogen werden als Teil eines Zeichenpfads definiert und können daher bei Bedarf auch mit Linien kombiniert werden.
3. **Legen Sie den Kreismittelpunkt fest.** Da es sich bei einem Bogen einfach um den Teil eines Kreises handelt, können Sie für ihn anfangs einen Kreismittelpunkt festlegen. Bei den ersten beiden Parametern der Methode `arc()` handelt es sich um die Koordinaten des Mittelpunkts eines Kreises.

4. **Legen Sie fest, wie groß der Kreisradius sein soll.** Beim dritten Parameter handelt es sich um den Radius des Kreises, der den Bogen beschreibt.

5. **Legen Sie Anfangs- und Endpunkte fest.** Ein Bogen ist Teil eines Kreises. Um anzugeben, welcher Teil des Kreises gezeichnet werden soll, geben Sie den Anfangs- und Endwinkel an. Bei diesen Angaben handelt es sich um den vierten und fünften Parameter der Methode `arc()`. Beachten Sie, dass die Winkel im Bogenmaß angegeben werden.

6. **Über den letzten Parameter legen Sie die Zeichenrichtung fest.** Verwenden Sie `true` für gegen den Uhrzeigersinn und `false` für im Uhrzeigersinn.

Der nachfolgende Code nutzt `arc()`-Zeichenfunktionen:

```
function draw(){
  var drawing = document.getElementById("drawing");
  var con = drawing.getContext("2d");
  con.strokeStyle = "green";
  con.fillStyle = "rgba(255,0,0,0.5)";
  con.lineWidth = "5";

  // Halbkreis Umriss
  con.beginPath();
  con.arc(220, 140, 50, 0, Math.PI, false);
  con.closePath();
  con.stroke();

  // Vollständiger Kreis gefüllt
  con.beginPath();
  con.arc(220, 220, 50, 0, Math.PI*2, true);
  con.closePath();
  con.fill();
}
```

Dieser Code erstellt Abbildung 8.7.

Die Winkelangaben erfolgen beim Befehl `arc()` in der Maßeinheit Radiant (rad). Diese Einheit wird in der Mathematik häufig anstelle von Grad verwendet. Ein Radiant ist einfach der beschriebene Winkel, wenn Sie den Radius eines Kreises um den Umfang desselben Kreises spannen. Radianten werden normalerweise mithilfe der Konstanten *pi* (π) ausgedrückt, weshalb der Vollwinkel 2π *rad* umfasst. JavaScript kennt die integrierte Konstante `Math.PI`, die uns die Arbeit mit dieser mathematischen Konstanten erleichtert. Mit der folgenden Tabelle können Sie die Hauptwinkel bestimmen.

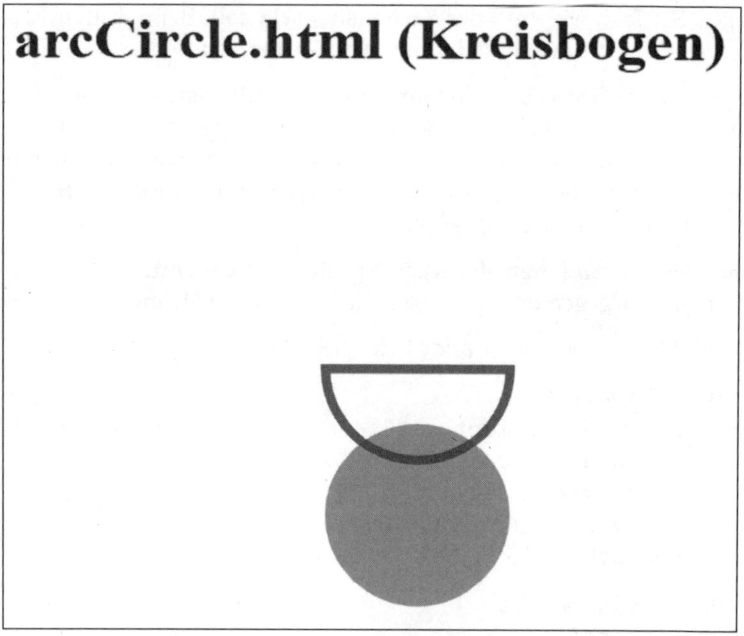

Abbildung 8.7: Mit `arc()` erstellte Kreise

Richtung	Winkel
Norden	`3 * Math.PI / 2`
Westen	`Math.PI`
Süden	`Math.PI / 2`
Osten	`0`

Wenn Sie mit Angaben im Bogenmaß vertraut sind, könnten Sie denken, dass die Winkelangaben auf den Kopf gestellt wurden. (Typischerweise steht `PI / 2` für Norden und `3 * PI / 2` für Süden.) Das liegt aber daran, dass die Werte der y-Achse bei Computersystemen üblicherweise zunehmen.

Quadratische Kurven zeichnen

Das canvas-Element unterstützt weiterhin zwei elegante Verfahren zum Zeichnen von Kurven. *Quadratische Kurven* sind spezielle Kurven mit einem Anfangs- und einem Endpunkt. Die Linie zwischen diesen beiden Punkten wird jedoch von einem Kontrollpunkt beeinflusst. Sehen Sie sich dazu Abbildung 8.8 an. Sie zeigt eine einfache Kurve mit einem Kontrollpunkt.

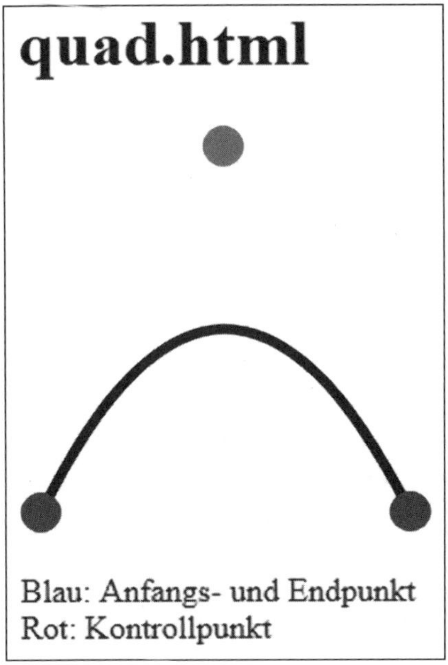

Abbildung 8.8: Eine quadratische Kurve

Sehen Sie sich dazu den Code für die quadratische Kurve einmal ein wenig genauer an:

```
function draw(){
  drawing = document.getElementById("drawing");
  con = drawing.getContext("2d");

  con.strokeStyle = "black";
  con.lineWidth = "5";
  con.beginPath();
```

```
  con.moveTo(10,190);
  con.quadraticCurveTo(100, 10, 190, 190);
  con.stroke();
  con.closePath();

  // Anfang und Ende blau kennzeichnen
  drawDot(10, 190, "blue");
  drawDot(190, 190, "blue");

  // Kontrollpunkte rot kennzeichnen
  drawDot(100, 10, "red");
} // end draw
```

Die Anfangs- und Endpunkte der Linie für die quadratische Kurve werden explizit beschrieben. Der Kontrollpunkt liegt aber üblicherweise nicht auf dieser Kurve, sondern beeinflusst vielmehr deren Aussehen.

So können Sie eine quadratische Kurve erstellen:

1. **Beginnen Sie einen Pfad.** Kurven werden im Kontext eines Pfades gezeichnet.
2. **Bringen Sie den Stift mithilfe des Befehls `moveTo()` an die Position, an der die Kurve beginnen soll.**
3. **Verwenden Sie die Methode `quadraticCurveTo()` zum Zeichnen der Kurve.** Diese Methode übernimmt vier Parameter: die x- und die y-Position des Kontrollpunkts sowie die x- und die y-Position des Endpunkts.
4. **Wenn Sie wollen, zeichnen Sie weitere Kurven.** Um komplexere Formen zu zeichnen, können Sie auch hier – wie bei den meisten Zeichenbefehlen – mehrere Aufrufe von `quadraticCurveTo()` miteinander verketten.

Beachten Sie, dass ich in diesem Beispiel beim Zeichnen der verschiedenen Punkte auf den Bildschirm auf eine selbst erstellte Funktion namens `drawDot()` zurückgreife. Deren Quellcode sieht so aus:

```
function drawDot(x, y, color){
  con.fillStyle = color;
  con.beginPath();
  con.arc(x, y, 10, 0, 2 * Math.PI, true);
  con.fill();
  con.closePath();
} // end drawDot
```

Bézierkurven zeichnen

Mit Bézierkurven können Sie sich verschiedene Zeichenaufgaben ebenfalls erleichtern. Sie ähneln den quadratischen Kurven, nutzen aber zwei Kontrollpunkte. Abbildung 8.9 zeigt eine Bézierkurve.

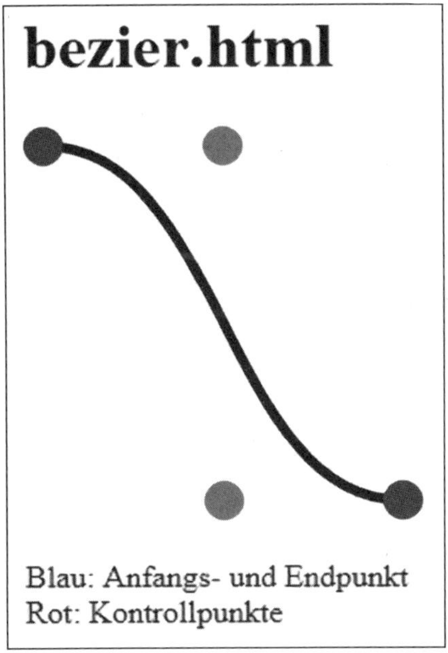

Abbildung 8.9: Bézierkurve mit Kontrollpunkten

Da Bézierkurven mit zwei Kontrollpunkten arbeiten, unterscheidet sich der Funktionsaufruf ein wenig von dem bei quadratischen Kurven. Die Funktion `bezierCurveTo()` erwartet sechs Parameter, nämlich die jeweiligen x-y-Koordinaten vom ersten und zweiten Kontrollpunkt und des Endpunkts. Der Code, mit dem die Bézierkurve in Abbildung 8.9 erstellt wurde, sieht so aus:

```
function draw(){
  drawing = document.getElementById("drawing");
  con = drawing.getContext("2d");

  con.strokeStyle = "black";
  con.lineWidth = "5";
  con.beginPath();
```

```
    con.moveTo(10,10);
    con.bezierCurveTo(100, 10, 100, 190, 190, 190);
    con.stroke();
    con.closePath();

    // Anfang und Ende blau kennzeichnen
    drawDot(10, 10, "blue");
    drawDot(190, 190, "blue");

    // Kontrollpunkte rot kennzeichnen
    drawDot(100, 10, "red");
    drawDot(100, 190, "red");
} // end draw
```

Wie im Beispiel für die quadratische Kurve habe ich auch hier wieder die Funktion `drawDot()` zum Zeichnen der Kreise für die Kontrollpunkte benutzt, deren Quellcode Sie im vorangegangenen Abschnitt finden.

Bilddateien

HTML unterstützt Bilder zwar bereits seit Langem, mit der `canvas`-Schnittstelle wird Bildern im Web aber neues Leben eingehaucht. Bilder können innerhalb der Zeichenfläche angezeigt werden, wo sie gemeinsam mit den Verfahren zum Zeichnen von Vektorgrafiken des `canvas`-APIs genutzt werden können. Sie können auch Teilbereiche von Bildern auswählen, die angezeigt werden sollen, und Bilder auf unterschiedliche Weise transformieren und so interessante Kompositionen und Animationen erstellen.

Abbildung 8.10 zeigt eine Basisvariante dieser Technik, mit einem Bild, das zweimal auf die Zeichenfläche projiziert wird.

Bilddateien auf die Zeichenfläche zaubern

Die einfachste Möglichkeit zur Nutzung von Bildern im `canvas`-Element besteht darin, eine Bilddatei zu verwenden, die bereits irgendwo auf der Webseite benutzt wird. Dann können Sie das Bild mit dem gewöhnlichen `<img>`-Tag in die Seite einbinden und es mit der CSS-Regel `display: none` einfach unsichtbar machen. Alternativ können Sie ein Bildobjekt in JavaScript erstellen und das `src`-Attribut dazu nutzen, um es mit einer bestimmten Bilddatei zu verbinden.

Abbildung 8.10: Zwei Bilder auf der Zeichenfläche

Beispiele für die beiden Techniken finden Sie im folgenden Codeauszug:

```
<img class = "hidden"
     id = "goofyPic"
     src = "andyGoofy.gif"
     alt = "Albernes Bild von mir" />

<canvas id = "drawing"
        height = "400"
        width = "400">
  <p>Canvas wird nicht unterstützt</p>
</canvas>
```

Der folgende JavaScript-Code zeigt das Bild auf der Zeichenfläche an:

```
function draw(){
  var drawing = document.getElementById("drawing");
  var con = drawing.getContext("2d");
  var goofyPic = document.getElementById("goofyPic");
  con.drawImage(goofyPic, 0, 0, 50, 50);

  var image2 = new Image();
  image2.src = "andyGoofy.gif";
  con.drawImage(image2, 100, 100, 70, 50);
} // end draw
```

Der Code funktioniert so:

1. **Erstellen Sie das Bild auf der Hauptseite.** Wenn Sie das Bild im normalen HTML-Code auf der Hauptseite einbetten, können Sie leicht darauf zugreifen. Wenn Sie wollen, können Sie das `<img>`-Tag mit CSS-Code (`display: none`) so verbergen, dass nur die Version im Zeichenbereich sichtbar ist.
2. **Erzeugen Sie eine JavaScript-Variable, die auf das Bild verweist.** Nutzen Sie dazu das normale Verfahren mit `document.getElementByID()`.
3. **Zeichnen Sie das Bild auf die Zeichenfläche.** Die Funktion `drawImage()` übernimmt fünf Parameter. Beim ersten handelt es sich um den Namen eines Bildobjekts. (Dies muss der Name eines JavaScript-`Image`-Objekts und nicht einfach nur der Bilddateiname sein.) Die nächsten beiden Parameter sind die x- und y-Werte der oberen linken Ecke des Bildes und die letzten beiden Parameter geben die Größe des Bildes an (Breite und Höhe).
4. **Erzeugen Sie ein JavaScript-`Image`-Objekt.** Wenn Sie Bilder nicht in die Seite einbetten wollen, können Sie mit JavaScript Bilder auch dynamisch erzeugen. Benutzen Sie dazu den Konstruktor `new Image()`.
5. **Ändern Sie die `src`-Eigenschaft des `Image`-Objekts.** Wenn Sie ein JavaScript-`Image`-Objekt erzeugen, müssen Sie über das `src`-Attribut die diesem Bild zugeordnete Datei angeben. Das Laden des Bildes kann ein wenig dauern.

Das Bild wird nicht angezeigt, bevor es vom Server geladen wurde. Meist sollte dies zwar kein Problem sein, aber zuweilen werden Sie feststellen, dass Sie Ihrem Programm ein wenig Zeit geben müssen, bis das Bild vollständig geladen werden konnte. Das `Image`-Objekt besitzt eine `onload`-Eigenschaft, der Sie eine Callback-Funktion übergeben können. Nutzen Sie diese Technik, um auf die Fertigstellung Ihrer Zeichnung zu warten:

```
image.onload = finishDrawing;
function finishDrawing(){
  // Hierhin kommt der Rest des Codes für das Zeichnen
}
```

Teile von Bildern zeichnen

Manchmal ist es sinnvoll, nur kleinere Ausschnitte einer Originalabbildung darzustellen. In Abbildung 8.11 ist zu sehen, wie ein Programm nur die Mitte eines Bildes mit meinem albernen Gesicht anzeigt:

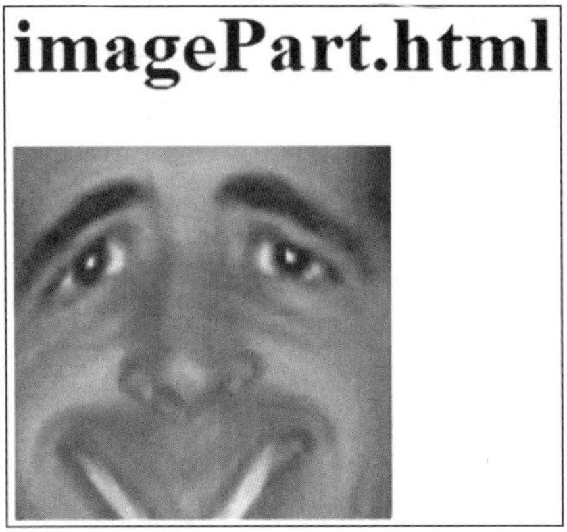

Abbildung 8.11: Bildausschnitt auf der Zeichenfläche

Bildausschnitte lassen sich unproblematisch anzeigen. Dazu verwenden Sie wieder den bereits vorgestellten Befehl `drawImage()`, allerdings diesmal in einer Variante mit neun Parametern:

```
con.drawImage(goofyPic, 60, 70, 90, 90, 0, 0, 150, 150);
```

Diese Parameter haben die folgende Bedeutung:

- ✔ **Bildname:** Beim ersten Parameter handelt es sich um den Namen des `Image`-Objekts. (Das ist nicht der Dateiname, sondern der Name des JavaScript-`Image`-Objekts. Der eigentliche Dateiname wird über die `src`-Eigenschaft angegeben.)
- ✔ **Obere linke Ecke der Quelle:** Im ersten Schritt bestimmen Sie den Ausschnitt des Originalbildes, der angezeigt werden soll. Die nächsten beiden Parameter geben die obere linke Ecke eines Auswahlbereichs im Originalbild an. (Mit Bildverarbeitungsprogrammen wie GIMP oder IrfanView können Sie Position und Größe von Auswahlbereichen ermitteln.)
- ✔ **Höhe und Breite der Quelle:** Die nächsten beiden Parameter geben Höhe und Breite des Auswahlbereichs an.
- ✔ **Position des Zielbereichs:** Bei den folgenden beiden Parametern handelt es sich um die Position der oberen linken Bildecke im `canvas`-Element auf dem Bildschirm.
- ✔ **Größe des Zielbereichs:** Die letzten beiden Parameter beschreiben die Größe des Zielbildes auf der Zeichenfläche.

Die Technik der Arbeit mit Bildausschnitten kann recht nützlich sein, weil sich mit ihr mehrere Bilder in einem einzigen Bild (das manchmal *Sprite-Sheet* genannt wird) kombinieren lassen. Dadurch lässt sich der Overhead bei der Übertragung von Bildern verringern. (Ein großes Bild wird schneller übertragen als mehrere kleine.) Die Technik wird auch häufig in Spielen und Animationen genutzt, weil mehrere Bilder nacheinander angezeigt werden müssen, wenn eine Spielfigur herumwandert oder einen Angriff startet.

Bildtransformationen

Bei Transformationen handelt es sich um mathematische Operationen, die auf beliebige Zeichnungen oder Bilder angewendet werden können, um deren Aussehen zu verändern. Es gibt drei wesentliche Transformationen:

- ✔ **Verschiebung:** Verschiebt ein Objekt um einen Betrag in x- und/oder y-Richtung.
- ✔ **Rotation:** Drehung um einen bestimmten Punkt.
- ✔ **Skalierung:** Ändert die Größe eines Objekts in der x- und/oder y-Dimension.

Das `canvas`-Element erlaubt all diese Operationen für beliebige Zeichnungselemente.

Das `canvas`-Element erledigt diese Aufgaben allerdings mit ein wenig mehr Mathematik, als Sie es normalerweise gewohnt sind. Transformationen im `canvas`-Element lassen sich möglicherweise nur schwer verstehen, wenn man nicht weiß, wie sie wirklich funktionieren.

Mathematisch transformierte Objekte werden nicht wirklich umgewandelt. Dabei wird vielmehr das Koordinatensystem geändert und das Bild im transformierten Koordinatensystem neu gezeichnet. In vektororientierten Zeichenprogrammen ist es nicht ungewöhnlich, dass mehrere Koordinatensysteme im Verborgenen parallel arbeiten. Das ist für die Funktionsweise der `canvas`-Transformationen wichtig. Wenn Sie Transformationen auf ein Objekt anwenden wollen, machen Sie letztlich Folgendes:

1. **Benutzen Sie ein neues, temporäres Koordinatensystem.** Für die Hauptzeichenfläche wird bereits ein Koordinatensystem verwendet, das nicht geändert werden kann. Bevor Sie irgendwelche Transformationen vornehmen können, müssen Sie daher ein neues Koordinatensystem erzeugen, das diese Änderungen aufnimmt. Mit dem (weniger prägnant benannten) Befehl `save()` leiten Sie die Definition eines neuen Koordinatensystems ein und speichern temporär das bisherige.

2. **Verschieben Sie den Mittelpunkt mit `translate()`.** Der Ursprung `(0, 0)` befindet sich standardmäßig in der oberen linken Ecke der Zeichenfläche. Normalerweise werden Sie für Ihre transformierten Objekte einen neuen Ursprung verwenden und diesen zur Platzierung des Objekts verschieben. Wenn Sie `translate(50, 50)` verwenden und dann ein Bild an der Position `(0, 0)` zeichnen, wird das Bild an der Position des Ursprungs des neuen temporären Koordinatensystems gezeichnet, das sich auf der Hauptzeichenfläche an der Position `(50, 50)` befindet.
3. **Drehen Sie das Koordinatensystem mit `rotate()`.** Mit diesem Befehl wird das neue Koordinatensystem um seinen Ursprung gedreht. Über den Parameter `rotation` wird der Drehwinkel in Radiant angegeben.
4. **Bei Bedarf können Sie das neue Koordinatensystem auch in der x- und y-Dimension skalieren.** Auf diese Weise lassen sich leicht gestreckte und/oder gestauchte Bilder erstellen.
5. **Erzeugen Sie Elemente im neuen Koordinatensystem.** Wenn Sie erst einmal alle gewünschten Transformationen angewendet haben, können Sie die gewohnten `canvas`-Zeichentechniken nutzen. Für die Zeichnungen wird dabei aber das neu erstellte virtuelle und nicht das Hauptkoordinatensystem benutzt.
6. **Schließen Sie das temporäre Koordinatensystem.** Allgemein werden Sie unterschiedliche Transformationen auf verschiedene Teile Ihrer Zeichenfläche anwenden wollen. Wenn Sie eine bestimmte Transformation abgeschlossen haben, verwenden Sie den Befehl `restore()`, um die Nutzung des neuen Koordinatensystems zu beenden. Alle nachfolgenden Zeichenbefehle beziehen sich dann wieder auf das Standardkoordinatensystem des `canvas`-Objekts.

Transformierte Bilder erstellen

Da praktische Beispiele leichter verständlich sind, betrachten Sie dazu diesen Code:

```
function draw(){
  var drawing = document.getElementById("drawing");
  var con = drawing.getContext("2d");
  var goofyPic = document.getElementById("goofyPic");
```

```
  con.save();
  con.translate(100, 100);
  con.rotate(Math.PI / 4);
  con.scale(3.0, 1.5);
  con.drawImage(goofyPic, -25, -25, 50, 50);
  con.restore();

  // Rechteck im gewöhnlichen Koordinatensystem zeichnen
  con.strokeStyle = "red";
  con.lineWidth = 5;
  con.strokeRect(0, 0, 200, 200);
} // end draw
```

Dieses Programm erzeugt ein neues verschobenes, verdrehtes und skaliertes Koordinatensystem mit `translate()`, `rotate()` und `scale()`. Es zeichnet ein Bild im neuen Koordinatensystem. Dann wechselt es zurück zum Standardkoordinatensystem und zeichnet einen rechteckigen Rahmen.

Die verschiedenen, vom Programm vorgenommenen Umwandlungen führen zu dem in Abbildung 8.12 dargestellten Ergebnis.

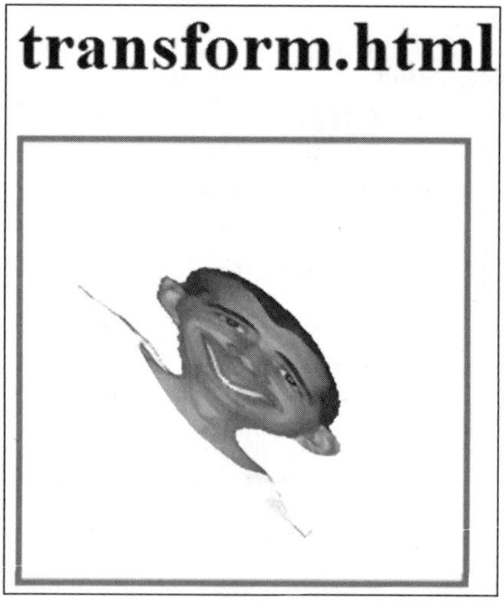

Abbildung 8.12: Ein verzerrtes (transformiertes) Bild

Und so können Sie derartige Bilder erstellen:

1. **Verschaffen Sie sich Zugriff auf ein `Image`-Objekt.** Laden Sie das Bild von der Hauptwebsite (wie im Beispiel) oder über JavaScript-Code. (Mehr dazu finden Sie im Abschnitt »Bilddateien auf die Zeichenfläche zaubern« weiter vorn in diesem Kapitel.)
2. **Leiten Sie die Transformationen mit der Methode save() ein.** Diese Methode hat meiner Meinung nach einen etwas irreführenden Namen. Sie speichert die `canvas`-Daten nicht in einer Datei. Vielmehr speichert sie die Einstellungen des aktuellen Koordinatensystems im Arbeitsspeicher und ermöglicht es Ihnen, ein neues Koordinatensystem zu definieren. Ich hätte diese Methode vielleicht eher `beginTransform()` genannt.
3. **Wenden Sie die gewünschten Verschiebungen an.** Denken Sie daran, dass diese das gesamte Koordinatensystem verschieben. `translate(100, 100)` sorgt im Beispiel dafür, dass das Koordinatensystem so verschoben wird, dass alle nachfolgenden Zeichenoperationen eigentlich von der Mitte meiner 200x200-Zeichenfläche ausgehen.
4. **Drehen Sie das Koordinatensystem bei Bedarf.** Mit `rotate()` können Sie es um seinen Ursprung herum drehen. Um das gewünschte Resultat zu erzielen, werden Sie typischerweise Ihre Bilder so konzipieren, dass sie sich um ihren Ursprung herum konzentrieren und sie mit diesem verschieben. Wenn Ihnen Gradangaben vertrauter sind, können Sie diese Umrechnungsformel verwenden: `rad = deg * (Math.PI / 180)`.
5. **Skalieren Sie das neue Koordinatensystem in der x- und y-Dimension und ändern Sie seine Breite und Höhe.** Die Skalierung entspricht einer Multiplikation. Beim Skalenwert `1` behalten Elemente ihre ursprüngliche Größe. Beim Wert `2` wird die Größe in der entsprechenden Richtung verdoppelt, beim Wert `0.5` halbiert. Sie können dabei sogar negative Werte angeben, um Bilder auf diesem Weg zu spiegeln.
6. **Zeichnen Sie Ihr Bild nach Anwendung aller Transformationen.** Sie können nun alle Ihnen vertrauten `canvas`-Zeichentechniken nutzen, um beispielsweise Pfade, Rechtecke, Bilder oder Texte zu zeichnen. Die Zeichnung wird wie festgelegt transformiert.
7. **Beenden Sie die Transformation.** Benutzen Sie zu diesem Zweck `restore()` (das vielleicht besser `endTransform()` genannt worden wäre). Damit beenden Sie die Arbeit im transformierten Koordinatensystem und kehren wieder zum Standardkoordinatensystem zurück. »Wiederherstellen« (restore)

bedeutet hier also eine Rückkehr zu dem mit dem Befehl `save()` gesicherten Zustand vor dem Beginn der Transformationen.

8. **Nachfolgende Zeichenoperationen verwenden wieder die Standardkoordinaten.** In meinem Beispiel umrahme ich das Bild abschließend noch mit einem gewöhnlichen Rechteck, für das die normalen `canvas`-Koordinaten verwendet werden, da hier nichts mehr rotiert oder skaliert werden soll. Da diese Zeichenoperationen außerhalb des Befehlspaars `save()/restore()` stattfinden, wird wieder das normale Koordinatensystem verwendet.

Ein paar wichtige Dinge zu Transformationen

Transformationen stellen einen äußerst leistungsstarken Funktionssatz bereit. Sie zählen zu den besonders heiß erwarteten HTML5-Funktionen. Hinter ihnen steckt jedoch nicht gerade wenig Mathematik. Sie können die Funktionen zwar nutzen, ohne dazu lineare Algebra (die zugrunde liegende mathematische Theorie) verstehen zu müssen, sollten dabei aber einige wesentliche Ansätze trotzdem nicht vergessen:

- ✔ **Die einzelnen Transformationen werden in Matrizenform gespeichert.** Bei der zugrunde liegenden mathematischen Struktur handelt es sich um die Matrix (wie in diesem abgefahrenen Film). In dieser werden alle Verschiebungen, Rotationen und Skalierungen gespeichert. Wenn Ihnen das lieber ist, können Sie über die Methode `transform()` des Kontextobjekts auch direkt mit der Transformationsmatrix arbeiten.

- ✔ **Die Reihenfolge spielt bei den Transformationen eine Rolle.** Probieren Sie dazu Folgendes aus. Stellen Sie sich mitten in einen Raum. Machen Sie nun fünf Schritte nach vorn und drehen Sie sich dann um 90 Grad nach links. Stellen Sie fest, wo Sie sich befinden. Kehren Sie nun wieder zur Startposition zurück. Diesmal drehen Sie sich um 90 Grad nach links und machen dann fünf Schritte vorwärts. Befinden Sie sich anschließend an derselben Stelle wie zuvor? Vielleicht müssen Sie ein wenig experimentieren, bis die Dinge wie erwartet funktionieren.

- ✔ **Transformieren Sie das System und zeichnen Sie dann auf der Originalzeichenfläche.** Bei den meisten Zeichenoperationen können Sie irgendwo auf der Zeichenfläche zeichnen. Wenn Sie keine Transformationen verwenden, können Sie diese Vorgehensweise dazu benutzen, um Objekte an beliebiger Stelle zu platzieren. Wenn Sie jedoch mit Transformationen arbeiten, ist es viel einfacher, das gesamte Koordinatensystem zu transformieren und die

Elemente in der Nähe des Ursprungs `(0, 0)` zu zeichnen. Ansonsten können Sie (insbesondere bei kombinierten Drehungen und Verschiebungen) schnell höchst seltsame Ergebnisse erhalten.

Animationen

Eine der größten Fragen zum `canvas`-Tag von HTML5 lautet, ob er Flash als Technik bei der Implementierung von Spielen und Animationen im Browser ersetzen kann. Ein abschließendes Urteil wurde hier zwar noch nicht gesprochen, es ist aber relativ einfach, Bilder im `canvas`-Element zu animieren. Eine wesentliche Rolle spielen dabei die Animationsfunktionen, die der Browser bereits bietet.

Grundstruktur der Animationsschleife

Eine Animation erfordert allgemein eine spezielle Organisationsstruktur, die *Animationsschleife* genannt wird. Die Basisstruktur der Animationsschleife sieht in allen Programmiersprachen gleich aus:

1. **Initialisierung.** Erzeugen Sie die benötigten Elemente wie Hintergründe und alle zu verwendenden Objekte. Die in Echtzeit manipulierten Objekte werden dabei normalerweise *Sprites* genannt. Allgemein werden die benötigten Elemente beim ersten Start des Programms erstellt, um später während der Programmausführung Zeit zu sparen. Sie werden vielleicht auch Konstanten für Bildgröße, Bildschirmabmessungen, Bildwiederholrate und andere Werte definieren wollen, die sich während der Ausführung des Spiels nicht ändern.
2. **Legen Sie eine Bildwiederholrate fest.** Animationen und Spiele rufen wiederholt mit vordefinierter Rate eine Funktion auf. In JavaScript verwenden Sie typischerweise die Funktion `setInterval()`, um eine Funktion in bestimmten Abständen wiederholt aufzurufen. Die Wiederholrate gibt an, wie oft die angegebene Funktion aufgerufen wird. Spiele und Animationen arbeiten typischerweise mit Wiederholraten von 10 bis 30 Bildern je Sekunde. Höhere Raten sorgen für eine weniger ruckelige Wiedergabe, lassen sich aber bei weniger leistungsfähiger Hardware möglicherweise nicht realisieren.
3. **Beurteilen Sie den aktuellen Zustand.** Bei den einzelnen Sprites handelt es sich eigentlich um Datenelemente. Stellen Sie bei jedem Bildwechsel fest, ob

etwas Wichtiges passiert ist. Hat der Nutzer eine Taste gedrückt? Soll sich ein Element bewegen? Hat ein Sprite den Anzeigebereich verlassen? Sind zwei Sprites miteinander kollidiert?

4. **Ändern Sie die Sprite-Daten.** Zu den einzelnen Sprites gehören üblicherweise Positions- oder Rotationsdaten, die zwischen den einzelnen Bildern geändert werden können. Üblicherweise geschieht dies über Transformationen (`translation()`, `rotation()` und `scale()`), auch wenn stattdessen zuweilen zwischen Bildern umgeschaltet wird.

5. **Löschen Sie den Hintergrund.** Bei Animationen handelt es sich eigentlich um eine Abfolge von Bildern, die schnell an derselben Position eingeblendet werden. Üblicherweise müssen Sie zu Beginn den Hintergrund der jeweiligen Frames löschen, um das zuletzt gezeichnete Sprite wieder zu beseitigen.

6. **Zeichnen Sie alle Sprites unter Verwendung der geänderten Daten neu.** Die Sprites bewegen sich scheinbar, wenn sie an einer neuen Position oder Orientierung neu gezeichnet werden.

Typischerweise würde ich hier ein Bildschirmfoto einfügen. Bei einer einfachen Animation ist es aber wenig sinnvoll, ein Einzelbild derselben im Buch abzudrucken. Sehen Sie sich `autoRotate.html` auf meiner Website (`www.aharrisbooks.net/h5qr`) an, um das Programm in Echtzeit zu erleben. Alternativ finden Sie das Beispiel auch bei den Quelltexten zur deutschen Übersetzung, die Sie sich unter `www.downloads.fuer-dummies.de` herunterladen können.

Die Konstanten erstellen

Als Beispiel werde ich hier ein Programm erstellen, das ein Bild im `canvas`-Element dreht. Der komplette Code wird hier in mehreren Teilen abgedruckt. Als Sprite verwende ich ein einfaches Bild. Im ersten Schritt werden die verschiedenen Variablen und Konstanten erstellt, mit deren Hilfe sich das Problem beschreiben lässt. Der folgende Code befindet sich außerhalb irgendwelcher Funktionen, da darin Werte definiert werden, die von mehreren Funktionen gemeinsam benutzt werden:

```
var drawing;
var con;
var goofyPic;
var angle = 0;
CANV_HEIGHT = 200;
```

```
CANV_WIDTH = 200;
SPR_HEIGHT = 50;
SPR_WIDTH = 40;
```

Die Variable `drawing` soll sich auf das `canvas`-Element beziehen. Die Variable `con` wird den Zeichenkontext repräsentieren, bei `goofyPic` handelt es sich um das zu drehende Bild und `angle` wird verwendet, um den jeweils aktuellen Drehwinkel des Bildes zu bestimmen. Bei den übrigen Werten handelt es sich um Konstanten, die die Höhe und Breite der Zeichenfläche und des Sprites beschreiben.

Die Animation umsetzen

Wie üblich wird `body onload` als Verfahren genutzt, um nach dem Laden der Seite ein wenig Code auszuführen. Die Seite hat nun aber zwei Funktionen. Die Funktion `init()` übernimmt die Initialisierungen und wird dann wiederholt aufgerufen; sie ist für die eigentliche Animation zuständig. Hier der Code der Funktion `init()`:

```
function init(){
  drawing = document.getElementById("drawing");
  con = drawing.getContext("2d");
  goofyPic = document.getElementById("goofyPic");
  setInterval(draw, 100);
} // end init
```

Die Aufgabe der Funktion `init()` besteht in der Initialisierung einiger Variablen. In diesem Beispiel übergebe ich die verschiedenen Elemente (Zeichenfläche, Kontextobjekt und Bild) an JavaScript-Variablen und richte die Animation ein. Zur Einrichtung der Hauptschleife der Animation wird die Funktion `setInterval()` genutzt. Sie übernimmt zwei Parameter:

- ✔ Eine wiederholt auszuführende Funktion, deren Name über den ersten Parameter übergeben wird. Hier wird die Funktion `draw()` mehrfach aufgerufen.
- ✔ Ein Verzögerungswert als zweitem Parameter, der in Millisekunden (1/1000 einer Sekunde) angibt, wie oft die Funktion aufgerufen werden soll. Ein Wert von `100` sorgt hier für eine Bildwiederholrate von zehn Frames je Sekunde. Der Wert `50` führt zu einer Rate von zwanzig Frames je Sekunde und so weiter.

Die Frames animieren

Die Funktion `draw()` wird über einen längeren Zeitraum hinweg immer wieder aufgerufen. Allgemein soll sie den Frame löschen, jeweils den neuen Sprite-Status berechnen und den Sprite zeichnen. Der entsprechende Code sieht so aus:

```
function draw(){
  // Hintergrund löschen
  con.fillStyle = "white";
  con.fillRect(0, 0, CANV_HEIGHT, CANV_WIDTH);

  // Rahmen zeichnen
  con.strokeStyle = "red";
  con.lineWidth = "5";
  con.strokeRect(0, 0, CANV_WIDTH, CANV_HEIGHT);

  // Drehwinkel ändern
  angle += .25;
  if (angle > Math.PI * 2){
    angle = 0;
  }

  // Neues Transformationssystem definieren
  con.save();
  con.translate(100, 100);
  con.rotate(angle);

  // Bild zeichnen
  con.drawImage(goofyPic,
     SPR_WIDTH/-2, SPR_HEIGHT/-2,
     SPR_WIDTH, SPR_HEIGHT);
   con.restore();
} // end draw
```

Auch wenn der Code ein wenig kompliziert wirken mag, enthält er nichts wirklich Neues:

1. **Löschen Sie den Hintergrund.** Denken Sie daran, dass es bei Animationen um wiederholtes Zeichnen geht. Wenn Sie den Hintergrund nicht jeweils vor dem Zeichnen eines neuen Frames löschen, bleiben Reste des vorherigen Frames auf der Zeichenfläche erhalten. Benutzen Sie die Funktion `clearRect()` des

Kontextobjekts, um einen leeren Hintergrund zu zeichnen, oder eines der anderen Zeichenwerkzeuge, wenn Sie komplexere Hintergrundbilder verwenden wollen. Sie müssen jedenfalls zunächst den Hintergrund löschen, um nachfolgend wieder eine leere Zeichenfläche vorzufinden.

2. **Zeichnen Sie die Elemente, die nicht auf Sprites basieren.** In diesem Beispiel soll um den Frame herum ein roter Rahmen gezeichnet werden. Verwenden Sie dazu einfach die gewöhnlichen `canvas`-Elemente. Ich habe `strokeStyle`, `lineWidth` und `strokeRect()` benutzt, um meine Zeichenfläche mit einem roten rechteckigen Rahmen zu versehen. Beachten Sie, dass ich dabei die Konstanten `CANV_HEIGHT` und `CANV_WIDTH` verwendet habe, um auf die aktuellen `canvas`-Abmessungen zurückzugreifen.
3. **Ändern Sie den Sprite-Zustand.** Im Beispiel soll der Drehwinkel des Bildes geändert werden. Außerhalb der Funktion habe ich bereits die Variable `angle` erstellt, um diesen zu speichern. (Es ist wichtig, dass `angle` außerhalb der Funktion erstellt wurde, damit die Variable ihren Wert auch zwischen den verschiedenen Funktionsaufrufen behält.) Ich erhöhe den Winkel für jeden Frame um einen kleinen Betrag. Wenn Variablen geändert werden, sollten Sie immer (und insbesondere in Endlosschleifen wie bei Animationen) prüfen, ob keine Randbedingungen verletzt werden. Im Beispiel werden Winkelangaben geändert. Der größte zulässige Winkelwert (in Radiant) ist `2 * Math.PI`. Wenn der Winkel diesen Wert überschreitet, wird er auf null zurückgesetzt.
4. **Erstellen Sie eine Transformation.** Bei vielen Animationen handelt es sich eigentlich um modifizierte Transformationen. Das ist jedenfalls hier der Fall. Tatsächlich ändere ich das Bild überhaupt nicht, sondern nur die jeweilige Transformation, die das Bild enthält. Richten Sie eine neue Transformation über die Methode `save()` ein und verwenden Sie die Funktionen `rotate()` und `translate()` zur Umwandlung eines temporären Koordinatensystems. (Im Abschnitt »Transformierte Bilder erstellen« weiter vorn in diesem Kapitel finden Sie Einzelheiten zu den Beziehungen zwischen Transformationen und temporären Koordinatensystemen.)
5. **Zeichnen Sie das Bild in die Mitte der neuen Transformation.** Denken Sie daran, dass der Befehl `drawImage()` das Bild relativ zur oberen linken Ecke zeichnet. Wenn Sie das Bild an die Position `(0, 0)` der neuen Transformation zeichnen, rotiert es scheinbar um seine obere linke Ecke. Üblicherweise sollen Bilder aber um ihren Mittelpunkt herum rotieren. zeichnen Sie das Bild daher so, dass sich dessen Mittelpunkt beim Ursprung befindet. Setzen Sie dazu `x` auf den negativen Wert der halben Bildbreite und `y` auf den negativen Wert der halben Bildhöhe.

6. **Beenden Sie die Transformation.** Beseitigen Sie das temporär definierte Koordinatensystem mit der Methode `restore()`.

Elemente verschieben

Häufig werden Sie Elemente lieber verschieben wollen. Dabei gehen Sie nicht großartig anders als beim Drehen von Elementen vor. Der folgende Code verschiebt ein Bild und setzt es auf die andere Seite der Zeichenfläche, wenn es deren Randbereiche überschreitet:

```
var drawing;
var con;
var goofyPic;
CANV_HEIGHT = 200;
CANV_WIDTH = 200;
SPR_HEIGHT = 50;
SPR_WIDTH = 40;

var x = 0;
var y = 100;
var dx = 10;
var dy = 7;

function init(){
  drawing = document.getElementById("drawing");
  con = drawing.getContext("2d");
  goofyPic = document.getElementById("goofyPic");
  setInterval(draw, 100);
}

function draw(){
  // Hintergrund löschen
  con.clearRect(0, 0, 200, 200);

  //Element verschieben
  x += dx;
  y += dy;

  // Grenzbedingungen prüfen
  wrap();
```

```
    // Bild zeichnen
    con.drawImage(goofyPic, x, y, SPR_WIDTH, SPR_HEIGHT);

    // Rechteck zeichnen
    con.strokeStyle = "red";
    con.lineWidth = 5;
    con.strokeRect(0, 0, CANV_WIDTH, CANV_HEIGHT);
  } // end draw

  function wrap(){
    if (x > CANV_WIDTH){
      x = 0;
    }
    if (x < 0){
      x = CANV_WIDTH;
    }
    if (y > CANV_HEIGHT){
      y = 0;
    } // end if
    if (y < 0){
      y = CANV_HEIGHT;
    }
  } // end wrap
```

Der Code von `wrap.html` ähnelt stark dem des letzten Beispiels, enthält aber andere Funktionen:

- ✔ Protokollieren Sie die Sprite-Position, die sich jetzt ändert. Die wichtigen Variablen sind daher `x` und `y`, die darüber Auskunft geben, wo sich das Sprite jeweils befindet.
- ✔ Sie benötigen zudem Variablen für die Sprite-Bewegung. Die Variable `dx` (»Delta X«) legt fest, wie stark sich der x-Wert zwischen einzelnen Frames ändert. Ähnlich legt `dy` fest, wie stark der Wert `y` von einem zum anderen Frame geändert wird. `x`, `y`, `dx` und `dy` werden außerhalb der Funktionen »global« deklariert.
- ✔ Verändern Sie die Werte des Elements. Addieren Sie bei jedem Frame (in der Funktion `draw()`) `dx` zu `x` und `dy` zu `y`.
- ✔ Prüfen Sie die Randbedingungen. Hier habe ich eine neue Funktion namens `wrap()` erstellt, in der die Randbedingungen geprüft werden. Der Code ist

recht einfach. Wenn der x-Wert des Sprites den der canvas-Breite übersteigt (und damit die Zeichenfläche nach rechts hin verlässt), wird er auf den Wert 0 zurückgesetzt (und das Sprite nach links versetzt). Mit ähnlichen Berechnungen wird geprüft, ob das Sprite die Zeichenfläche an den anderen Rändern verlässt und das Sprite entsprechend auf die gegenüberliegende Seite versetzt.

Auch hier ist es wenig sinnvoll, ein statisches Bild des Beispiels abzudrucken. Den Beispielquellcode zum können Sie sich unter www.downloads.fuer--dummies.de herunterladen.

Bei bounce.html handelt es sich dann schließlich um das im nächsten Abschnitt dargestellte Beispiel.

An den Rändern abprallen

Wenn Sie wollen, dass Ihr Sprite an den Rändern abprallt, müssen Sie nur die Funktion wrap() durch bounce() ersetzen, was so aussehen könnte:

```
function bounce(){
  if (x > CANV_WIDTH - SPR_WIDTH){
    dx *= -1;
  }
  if (x < 0){
    dx *= -1;
  }
  if (y > CANV_HEIGHT - SPR_HEIGHT){
    dy *= -1;
  }
  if (y < 0){
    dy *= -1;
  }
} // end bounce
```

Pixeldaten direkt manipulieren

Das canvas-Tag hat noch einen weiteren aufregenden Trick auf Lager. Sie können die Daten eines canvas-Tags als grundlegende Pixeldaten übernehmen. Wenn Sie wissen, wie Sie diese Daten manipulieren können, bieten sich Ihnen äußerst umfassende Möglichkeiten zur Beeinflussung von Bildern in Echtzeit.

Sie können auf diese Daten dann letztlich selbst Farb- oder Sättigungseffekte oder auch eigene Weichzeichner oder Schärfungseffekte anwenden.

Um das Ganze verstehen zu können, müssen Sie zunächst einmal ein wenig darüber wissen, wie Bilder im Arbeitsspeicher abgelegt werden. Unabhängig von dem für die Speicherung von Bildern im Dateisystem verwendeten Format wird das Bild als eine Liste von Bildpunkten angezeigt. Jedes einzelne Pixel wird (im üblichen 32-Bit-System jedenfalls) von vier Ganzzahlen repräsentiert, die den RGBA-Werten entsprechen. Der R-Wert entspricht dem Rotanteil, G steht für Grün und B für Blau. Das A repräsentiert den Alphakanal, der die Transparenz des Bildes angibt. Diese Werte werden jeweils in einem Byte gespeichert und haben daher einen Wertebereich von 0 bis 255. Wenn Sie ein Bild in das Bilddatenformat umwandeln, erhalten Sie ein riesiges Array (eine Matrix) mit ganzzahligen Werten. Eine aus vier Integer-Werten bestehende Gruppe repräsentiert jeweils ein einzelnes Pixel mit seinen Farbinformationen.

Es folgt ein Beispiel, das Sie in der Datei `pixel.html` finden und das die Farbbalance eines Bildes ändert:

```
function draw(){
  var drawing = document.getElementById("drawing");
  var con = drawing.getContext("2d");
  var original = document.getElementById("original");

  CANV_WIDTH = 200;
  CANV_HEIGHT = 200;

  // Originalbild in das canvas-Element zeichnen
  con.drawImage(original, 0, 0);

  // Bilddaten übernehmen
  imgData = con.getImageData(0, 0, 200, 200);

  // Bilddaten durchlaufen
  for (row = 0; row < CANV_HEIGHT; row++){
    for (col = 0; col < CANV_WIDTH; col++){
      // Aktuelles Pixel auffinden
      index = (col + (row * imgData.width)) * 4;

      // In Farbwerte auftrennen
      r = imgData.data[index];
```

```
g = imgData.data[index + 1];
b = imgData.data[index + 2];
a = imgData.data[index + 3];

// Farbwerte manipulieren
r -= 20;
g += 50;
b -= 30;
a = a;

// Behandlung von Grenzwerten
if (r > 255){
  r = 255;
}
if (r < 0){
  r = 0;
}
if (g > 255){
  g = 255;
}
if (g < 0){
  g = 0;
}
if (b > 255){
  r = 255;
}
if (b < 0){
  b = 0;
}
if (a > 255){
  a = 255;
}
if (a < 0){
  a = 0;
}

// Neue Werte in data übertragen
imgData.data[index] = r;
imgData.data[index+1] = g;
imgData.data[index+2] = b;
```

```
        imgData.data[index+3] = a;
      } // end col for-Schleife
    } // end row for-Schleife

    // Neues Bild in canvas-Element zeichnen
    con.putImageData(imgData, 0, 0);
  } // end function
```

Der Quellcode ist hier zwar ein wenig lang, ist aber nicht allzu schwer zu verstehen:

1. **Zeichnen Sie ein Originalbild.** Bei der verwendeten Technik werden die Daten aus einem `canvas`-Element übernommen. Um ein Bild modifizieren zu können, muss es daher erst einmal auf eine Zeichenfläche gezeichnet werden. Zum Zeichnen meines albernen Gesichts habe ich erst einmal die gewöhnliche Methode `drawImage()` verwendet.

2. **Übernehmen Sie die Bilddaten.** Die Methode `getImageData()` übernimmt das aktuell vom `canvas`-Element angezeigte Bild und überträgt es in ein riesiges, aus Integer-Werten bestehendes Array.

3. **Erstellen Sie eine für die Verarbeitung der Zeilen zuständige Schleife.** Die Bilddaten sind in Zeilen und Spalten organisiert. Die Zeilennummern gehen von `0` bis zur Höhe der Zeichenfläche. Erstellen Sie also eine `for`-Schleife zum Durchlaufen der Zeilen.

4. **Erstellen Sie eine weitere Schleife für die Spalten.** Diese sind innerhalb der Zeilen von `0` bis zur Breite der Zeichenfläche nummeriert, also erstellen Sie eine zweite Schleife innerhalb der ersten. Es ist üblich, paarweise verschachtelte `for`-Schleifen zum Durchlaufen zweidimensionaler Array-Daten, wie Bilder, zu verwenden.

5. **Ermitteln Sie den Index in `imageData` für die aktuelle Zeile und Spalte.** Das Array `imageData` enthält vier Integer-Werte für die einzelnen Pixel, weshalb Sie ein wenig rechnen müssen, um festzustellen, wo sich der erste Integer-Wert des jeweiligen Pixels befindet. Bei der einfachsten Formel wird die Zeilennummer mit der `canvas`-Breite multipliziert. Dazu wird die Spaltennummer addiert und das Ergebnis wird dann mit `4` multipliziert.

6. **Übernehmen Sie die entsprechenden Farbwerte für den jeweiligen `index`-Wert.** An der Position des `index`-Wertes befindet sich der Rot-Wert des aktuellen Pixels. Der nächste `int`-Wert enthält den Grün-Wert, dem der Blau-Wert und schließlich der Alpha-Wert folgt.

7. **Manipulieren Sie die Farbwerte ganz nach Belieben.** Wenn Sie die Farbbalance ein wenig verschieben wollen, wie ich es im Beispiel gemacht habe, können Sie dazu einfach Werte hinzuzählen oder abziehen. In meinem Beispiel verstärke ich Grün ein wenig und reduziere Rot und Blau leicht. Den Alphakanal lasse ich unangetastet. Wenn Sie Bilder auf der Pixelebene manipulieren wollen, lassen sich hier allerdings die anspruchsvolleren Änderungen vornehmen.
8. **Prüfen Sie die Grenzbedingungen.** Pixelwerte dürfen nur zwischen 0 und 255 liegen. Also sollten Sie prüfen, ob diese beiden Grenzen eingehalten werden und die Werte im zulässigen Bereich bleiben.
9. **Übertragen Sie die manipulierten Werte wieder zurück in das Array `imgData`.** Sie können die Werte zurück in das Array kopieren und Sie müssen das auch machen, damit die Änderungen sichtbar werden.
10. **Zeichnen Sie die Bilddaten zurück in den Canvas.** Die Funktion `putImageData()` zeichnet das aktuelle Bild als gewöhnliches Bild zurück auf die Zeichenfläche. Die neue Bildversion gibt die vorgenommenen Änderungen wieder. In meinem Fall sehe ich im Bild absichtlich ein wenig krank aus.

Änderungen der Farbbalance lassen sich in Schwarz-Weiß-Bildschirmfotos nicht geeignet wiedergeben. Laden Sie sich also das Beispiel von `www.downloads.fuer-dummies.de` auf Ihren Rechner hinunter.

Stichwortverzeichnis

D

E

F

K

L

M

N

O

P

T

U

V

W

X

Z

HTML5 Schnelleinstieg für Dummies – Schummelseite

Neue HTML-Tags

Die folgende Tabelle enthält Kurzbeschreibungen der in HTML5 hinzugekommenen Tags (mit Ausnahme der Ruby-Tags).

Tag	Beschreibung
`<article>`	Markiert einen Artikel (aus Fremdquellen)
`<aside>`	Weiterführende, ergänzende Inhalte zum Seitenthema
`<audio>`	Einbindung von Audiodaten
`<bdi>`	Isoliert einen Textsegment, der möglicherweise anders als der umgebende Text formatiert werden soll
`<canvas>`	Zeichenfläche, auf der skriptgesteuert (meist JavaScript) Grafiken erstellt werden können
`<command>`	Definiert eine Befehlsschaltfläche
`<datalist>`	Dient der Definition einer Liste vordefinierter Optionen in Formularelementen
`<details>`	Zusätzliche Details, die Benutzer ein- oder ausblenden können
`<embed>`	Definition eines Containers für externe Anwendungen oder interaktive Inhalte
`<figcaption>`	Auszeichnung von Bildunterschriften (Beschreibung bei `<figure>`-Elementen)
`<figure>`	Auszeichnung von Abbildungen
`<footer>`	Definition eines Fußnotenbereichs
`<header>`	Definition eines Kopfzeilenbereichs
`<hgroup>`	Gruppenüberschrift für Elemente (`<h1>` bis `<h6>`)
`<keygen>`	Feld zur Schlüsselerzeugung (in Formularen)
`<mark>`	Auszeichnung zur Hervorhebung von Text
`<meter>`	Maßangabe/Füllstandsanzeige mit bekanntem Wertebereich
`<nav>`	Navigationslinks definieren
`<output>`	Auszeichnung von Rechenergebnissen (Ausgabebereich)
`<progress>`	Darstellung des Fortschritts einer Aufgabe (»Fortschrittsbalken«)
`<section>`	Auszeichnung eines Dokumentabschnitts
`<source>`	Angabe mehrerer Ressourcen für Medien-Elemente (`<video>` und `<audio>`)
`<summary>`	Definiert eine sichtbare Überschrift für ein `<details>`-Element
`<time>`	Auszeichnung von Datum/Uhrzeit
`<track>`	Auszeichnung von Textspuren zu Medien-Elementen (`<video>` und `<audio>`)
`<video>`	Auszeichnung eines Videos oder Films
`<wbr>`	Kennzeichnung der Positionen möglicher Zeilenumbrüche

HTML5 Schnelleinstieg für Dummies – Schummelseite

Entfallene Tags

Folgende Tags werden von HTML5 nicht mehr unterstützt:

`<acronym>`, `<applet>`, `<basefont>`, `<big>`, `<center>`, `<dir>`, `<font>`, `<frame>`, `<frameset>`, `<noframes>`, `<strike>` und `<tt>`.

Eine einfache HTML5-Vorlage

Wenn Sie CSS3 und HTML verwenden, können Sie das Gerüst Ihrer HTML-Dateien reichlich spartanisch halten:

```
<!DOCTYPE html>
<html lang="de">
<head>
  <link rel="stylesheet" type="text/css" href="/CSS/MyCSS.css">
  <title>Mein Seitentitel</title>
</head>
<body>
  <!-- ... Hierhin kommt Ihr Text -->
</body>
</html>
```

Ein dazu passendes CSS3-Gerüst

Sofern keine Kompatibilitäts- oder sonstigen Probleme auftreten, lässt sich der Rest (nebst ein paar Schriftarten) bereits komplett in eine CSS-Datei auslagern:

```
meta { http-equiv: "X-UA-Compatible"; content: "chrome=1";
       charset: "ISO-8859-1"; }

@font-face { font-family: 'headfont';
             src: url('myHead.eot'); src: url('myHead.otf'); }
@font-face { font-family: 'bodyfont';
             src: url('myBody.eot'); src: url('myBody.otf'); }

@page { margin: 1em; }
body  { background-color: #999999; }
p     { font-family: bodyfont; }
h1    { font-family: headfont; margin-top: 1em; }

/* Und hier folgen die weiteren Formate
   ... */
```

Sollten Schwierigkeiten auftreten, was bei den `meta`-Tags und den Schriftarten durchaus denkbar ist, können Sie diese in den `<head>`-Bereich Ihrer HTML-Datei hinüberschieben. (Im Test hat lediglich der eine oder andere Browser recht lange für das Laden von Schriftarten gebraucht.)